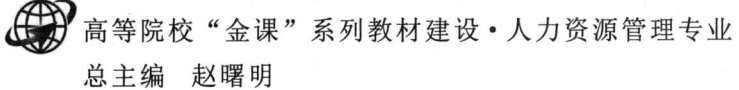

高等院校"金课"系列教材建设·人力资源管理专业

总主编 赵曙明

人力资源培训与开发

杨 东 杜鹏程 主编

立体化资源

南京大学出版社

图书在版编目(CIP)数据

人力资源培训与开发 / 杨东,杜鹏程主编. — 南京：南京大学出版社,2021.4
ISBN 978-7-305-24233-5

Ⅰ.①人… Ⅱ.①杨… ②杜… Ⅲ.①人力资源管理—高等学校—教材②人力资源开发—高等学校—教材 Ⅳ.①F243②F240

中国版本图书馆 CIP 数据核字(2021)第 025880 号

出版发行　南京大学出版社
社　　址　南京市汉口路 22 号　　邮　编　210093
出 版 人　金鑫荣

书　　名　人力资源培训与开发
主　　编　杨　东　杜鹏程
责任编辑　尤　佳　　　　　　　编辑热线　025-83592315

照　　排　南京南琳图文制作有限公司
印　　刷　南京人民印刷厂有限责任公司
开　　本　787×1092　1/16　印张 15　字数 361 千
版　　次　2021 年 4 月第 1 版　2021 年 4 月第 1 次印刷
ISBN　978-7-305-24233-5
定　　价　46.00 元

网　址：http://www.njupco.com
官方微博：http://weibo.com/njupco
官方微信号：njupress
销售咨询热线：(025) 83594756

＊版权所有，侵权必究
＊凡购买南大版图书，如有印装质量问题，请与所购
　图书销售部门联系调换

高等院校"金课"系列教材建设·人力资源管理专业

编委会

主任委员　赵曙明
副主任委员　刘　洪　李燕萍　龙立荣　刘善仕
　　　　　　唐宁玉　罗瑾琏
委　　员　（按姓氏笔画排序）
　　　　　　王德才　龙立荣　刘　洪　刘　燕
　　　　　　刘善仕　刘嫦娥　孙甫丽　杜　娟
　　　　　　杜鹏程　李燕萍　杨　东　张　弘
　　　　　　张　捷　张正堂　张戌凡　陈志红
　　　　　　罗瑾琏　周路路　赵宜萱　赵曙明
　　　　　　秦伟平　贾建锋　唐宁玉　黄昱方
　　　　　　曹大友　蒋建武　蒋昀洁　蒋春燕
　　　　　　程德俊　潘燕萍　瞿皎姣

总　序

改革开放后,我国一些学者将西方人力资源管理理论和方法引进国内,率先在个别高校开设人力资源管理课程,如我1991年由美国学成回国后,在南京大学率先开设"人力资源管理与开发"课程。后来,一些高校开设人力资源管理专业培养专门人才,如1993年中国人民大学在全国首次开设人力资源管理专业招收本科生。在这些高校的带动下,我国高等院校人力资源管理专业教育经历了一个从无到有、从课程到专业、从单一性到综合性的发展过程,现在又呈现出从独立专业到学科方向的良好发展态势。从事人力资源管理问题研究的学者越来越多,人力资源管理已成为一个独立的、专门的研究领域。目前越来越多的高校开设了人力资源管理本科专业,不少高校还开设了人力资源管理学科方向的硕士、博士研究生专业,甚至建立了人力资源管理方向的博士后流动站,为国家经济建设和社会发展培养了一大批人力资源管理专门人才。

作为实践性很强的专业,人力资源管理专业的发展离不开国内企事业组织人力资源管理的持续变革与创新实践。1978年改革开放以来,中国经济快速发展,市场竞争日趋激烈,企业经营管理面临着日益复杂多变的环境,人力资源管理实践更是实现了从计划经济体制下的劳动人事管理向现代人力资源管理的巨大跨越,并依次经历了人力资源管理理念的导入、人力资源管理的探索、人力资源管理的系统深化以及近年来的人力资源管理创新时期,相应地,人力资源管理专业教育教学也顺势而变,进入了一个前所未有的变革时代。

回顾过去,才能更好地理解现在,展望未来。作为国内较早开展人力资源管理教学和研究的学者,我有幸亲历了整个过程。20世纪80年代初期,人力资源管理在美国兴起,并迅速成为美国管理研究的热点之一。然而在20世纪90年代初期的中国,无论是政府管理部门还是企业界,仍以为"人力资源管理"就是"人事管理",很多人甚至连"人力资源"这个词都没有听过。我当时就深切地感觉到,要改变这种状况,首要任务就是要系统地了解和研究发达国家在人力资源管理领域的理论、思想与方法。于是,我倾力撰写了《国际企业:人力资源管理》一书(1992年由南京大学出版社出版第一版,到2016年出版了第五版),系统地介绍西方发达国家在该领域的研究成果和发展趋势,以使读者不仅能够概括了解西方人力资源管理的全貌,而且能够接触到学术研究的前沿,把握其发展规律。

人力资源管理在当时的我国还是新兴的研究领域,最大的困难在于如何构建具有中国特色的知识体系。于是从1993年开始,我的主要精力都集中在解决这一关键问题上。受国家自然科学基金科研项目资助,经过两年多的研究,我于1995年完成并出版了《中国企业人力资源管理》这部专著,从宏观的角度探讨了我国人力资源的配置机制和政策体系,从微观的角度分析了中国企业人力资源管理各环节的优势和劣势。自1995年起,我开始集中研究中国企业人力资源管理的模式选择,这是中国国有企业推行科学管理所面临的紧迫课题。到20世纪90年代末期,我着手进行"中国企业集团人力资源管理战略"等国家自然科学基金资助的课题的研究,力求从战略人力资源管理的视角,探索中国企业的战略人力资源管理模式。21世纪以来,我和我的研究团队又相继开展了"企业人力资源开发的理论基础与管理对策""转型经济下我国企业人力资源管理若干问题研究""中国企业雇佣关系模式与人力资源管理创新研究""基于创新导向的中国企业人力资源管理模式研究"等国家自然科学基金重点课题的研究,着手对中国情境下的人力资源管理理论与实践问题进行更加深入的研究和探讨,以期在中国的人力资源管理领域做出一些贡献。

回顾这些年来中国人力资源管理发展之路,我最深刻的印象就是变化无处不在,人力资源管理的运作环境、管理职能和运行边界正日益复杂化、动态化和模糊化。首先,人力资源管理的环境发生了极大改变。经济全球化、信息网络化、知识社会化、人口城镇化、货币电子化等构成了这个时代的主要特征。每个人都身处移动互联网、大数据、云计算、物联网、人工智能之中,这些正在影响着我们的工作和生活方式,甚至取代了许多人赖以为生的岗位。这些变化对组织人力资源管理的能力提升提出了新的、更高的要求,例如,如何通过培训帮助员工尽快适应转岗等现实问题已迫在眉睫。

其次,组织结构和组织管理体系发生了变化。伴随着创新驱动发展带来的新业态、新组织、新技术的出现以及共享经济的兴起,企业组织从高度集权的金字塔式的组织结构,逐步地向扁平化、网络化、虚拟化、平台化的方向发展,中国一些企业开始学习和引进发达国家先进的人力资源管理理论并在实践中不断进行创新,如腾讯和阿里巴巴采用的三支柱模式、阿米巴经营模式等,均取得了明显成效。在这个过程中,一些企业还结合中国实际,将西方国家人力资源管理理论与中国企业管理实践相结合,创造性地提出具有中国特色的人力资源管理新模式、新方法,受到越来越多的关注,如华为的员工持股计划、海尔集团的"按单聚散、人单合一"模式、苏宁的事业经理人制度等。这些成功的案例启发我们,组织结构和组织管理体系的变化,需要我们从战略高度上去设计新的人力资源管理理论框架和知识体系。

第三,员工的需求日益多元化。员工忠诚度一直是人力资源管理的重要命题之一。新的趋势是从过去强调员工的忠诚度转变到员工幸福感与员工忠诚度并重,强调工作、家庭、生活与学习的多重平衡。尤其是"90后""00后"等新生代员工现已成为职场的主力军,他们对待工作的态度、个性特点、需求特征均与以往代际的员工有所不同,他们更加关注工作、家庭和生活的平衡,更多地追求和强调幸福感,员工体验甚至已经成为吸引、保留、激发人才活力的新战略和新方向。在此背景下,组织如何留住这些新生代员工,要给他们什么样的发展空间,如何满足他们多样化的需求,不断提升他们的满意度和幸福感,就成为人力资源管理中迫切需要解决的现实问题。

第四,工作方式日益创新。在零工经济背景下,远程办公、移动工作、灵活用工、共享员工等取代了传统单一的雇佣方式。零工经济是由一组相互作用但又半自治的实体借助网络平台实现精准交易的生态化经济系统。传统上,雇佣关系是组织进行人力资源管理的逻辑前提,但零工经济下的多方参与实体之间并不存在可识别的直接雇主与雇员关系。网络平台一方面极力避免与零工建立雇佣关系,但另一方面又在工作时间、工作地点、工作效率、工作行为和产出等方面对零工行使控制权。那些在传统组织下频繁进行的人力资源管理活动已成为网络平台实现零工生态系统治理的手段,而当前对网络平台的人力资源管理实践模式及其运作机理还知之甚少。

第五,人力资源管理的外延和对象有所拓展。党的十九大提出要加快建设人力资源协同发展的产业体系,着重发展人力资源服务业。人力资源服务业作为第三产业服务业的分支,能满足组织对于成本管控和人才优化配置的需求,是一个令人瞩目的朝阳产业。过去人力资源管理的对象更多的是组织内的员工,而现在人力资源管理的外延在扩大,对象也变得多元化。此时,人力资源管理在职能边界、知识体系与内容构成等方面均与传统的基于组织内部的人力资源管理有很多区别。

上述五方面的变化需要我们重新思考人力资源管理教学的知识体系与理论框架。总体来看,人力资源管理专业建设取得了长足发展,但在人才培养目标、课程设置、知识体系、教材建设上却滞后于经济社会发展的时代需求。当前,传统商科走向了新商科,在以大数据、云计算、物联网、人工智能、区块链等新商业技术为支撑的商科专业发展背景下,人力资源管理专业人才的培养也面临着新的机遇和挑战。教育部发布的《关于加快建设高水平本科教育 全面提高人才培养能力的意见》中也特别指出,要注重新商科人才的培养。尤其是在一流专业建设和金课建设工作中,课程教材改革需要与时俱进,因为教材是专业建设的核心要素,直接影响人才培养质量。人力资源管理专业作为一门实践性、应用性很强的专业,教材建设必须紧紧把握时代发展趋势和潮流。

南京大学人力资源管理研究和教学团队一直非常重视人力资源管理专业教材编写和课程教学工作。从1991年起,我作为课程负责人开始在南京大学开设"人力资源管理"课程。2000年开始采用电子信息化教学手段和相应的教学方法。该课程后来成为南京大学重点建设课程,并于2003年入选第一批国家精品课程。多年来,我同时致力于人力资源管理专业师资的培养。作为教育部指定的人力资源管理课程师资培训基地,南京大学商学院已成功举办20届全国人力资源管理师资培训研讨会,全国几千名人力资源管理教师参加了培训。该研讨会现已成为我国人力资源管理学科领域参与专家人数众多、最具规模和最具影响力的师资研讨会,为推动我国高等院校人力资源本科专业教育以及MBA教育做出了应有贡献。为了给全国从事人力资源管理研究的学者搭建一个学术交流的平台,由南京大学商学院、华中科技大学和《管理学报》等联合发起的、由我任主席的中国人力资源管理论坛于2012年成功举办,至今已举办了8届,产生了良好的学术影响。

基于多年的科学研究、教学实践、师资培训、人才培养、同行交流等方面的经验,结合当前人力资源管理的发展变化趋势,我们精心梳理了人力资源管理专业相关教材的内容,出版了这套人力资源管理系列丛书。

本套丛书是南京大学出版社在教育部工商管理类专业教育指导委员会的支持下,邀请国内具有丰富人力资源管理教学经验的学者精心编写而成的,旨在为人力资源管理专业的师生提供一套专业、系统、前沿、理论与实践并重的人力资源管理系列教材,并为业界人士发现、分析和解决企业人力资源管理实践中遇到的问题提供分析方法和工具。

本套丛书共分十三册,包括:《人力资源管理总论》《人力资源战略与规划》《组织设计与工作分析》《员工招聘管理》《人力资源测评》《人力资源培训与开发》《员工职业生涯管理》《绩效管理与评估》《薪酬管理》《企业劳动关系管理》《创业企业人力资源管理》《国际企业:人力资源管理》《人力资源专业英语》等。本套丛书有以下五个特点:

(1) 注重体系完整性。本套丛书从人力资源管理战略的高度审视各个模块的相互联系,每个模块都有非常完整的知识体系设计,让读者能从企业经营管理的整体视角去理解人力资源管理各个模块的内容。

(2) 强调知识的前沿性。将当前外部环境的变革融入到教学内容中,如新生代员工管理、大数据、共享经济、网络型组织结构、企业大学、疫情危机下的企业人力资源管理等知识点,在本套丛书中均有所体现。特别值得一提的是,在创新创业这一时代主旋律下,人力资源管理对创业企业的存续与发展产生日益重要的影响。本套丛书基于创业企业在人力资源管理中的特殊性,编写了《创业企业人力资源管理》一书,希望人力资源管理能够真正成为推动创业企业发展的核心要素。

(3) 注重知识的实用性。本套丛书有大量的实例及案例素材,分别以开篇案例、章后应用案例等形式体现。案例教学内容从知识点的讲解出发,通过案例说明知识点的具体适用范围,从而帮助学生透彻地掌握相关知识点。学生通过对案例的分析与解读,可以将这些知识点与未来工作情境相关联,培养学生发现问题、分析问题并解决问题的能力。

(4) 融入当前企业人力资源管理新实践。本套丛书吸收了当前企业人力资源管理中的新模式、新经验,如三支柱模式、阿米巴经营模式、华为的员工持股计划、海尔集团的"按单聚散、人单合一"模式、苏宁的事业经理人制度等,在本书中均有所体现。

(5) 用全球化的视野思考人力资源管理问题。本套丛书特别设计了《国际企业:人力资源管理》《人力资源专业英语》,希望借此引发读者对人力资源管理国际化的思考。中国企业家曹德旺先生的福耀玻璃在美国开工厂遇到的工会问题以及解决措施等内容,在书中均有所介绍。

总之,本套丛书力图在人力资源管理专业知识体系和内容结构上有所创新,使读者既能够把握人力资源管理专业完整的基础理论知识,同时还能够感受到专业学科发展前沿和未来发展趋势。付梓之际,衷心希望该丛书对我国人力资源管理专业人才的培养产生积极作用。

本套丛书的出版得到了南京大学出版社的大力支持!南京大学出版社社长金鑫荣教授在该套丛书建设研讨会上提出了宝贵建议,使我们受到很多启发;南京大学出版社高校教材中心蔡文彬主任对本套丛书的出版自始至终给予了很多关心和帮助;南京大学出版社责任编辑们对本套丛书进行了精心编校。在此向他们一并表示衷心感谢!

在本套丛书编写过程中,我们力求完美,但囿于能力,存在的问题和不足之处在所难免,敬请各位读者批评指正!

南京大学人文社会科学资深教授
商学院名誉院长
行知书院院长
博士生导师

2020 年 12 月

前　言

在多变的现代化经营环境下，企业面临着内外部和全球化的竞争，消费者要求服务不断升级的同时，企业人才亦难寻难留。如何在这样一个复杂的不可控的环境下生存下来，并求得发展，是现代企业面临的问题和挑战。

随着科学技术的迅猛发展，尤其是近些年来知识经济的崛起，科学技术成为企业发展、社会经济发展最主要的动力，科学技术在竞争中的地位日益重要；同时，知识更新、技术更新的周期也越来越短。因此，对人才以及人力资源的开发和培训就显得更为重要。

在企业组织里面，通过对人力资源的开发与培训，可以使企业组织的人力资源队伍不断更新知识、技术和观念，走在新技术革命的前列。同时，人力资源开发与培训着眼于提高人的素质，而人正是企业最根本、最主要的竞争优势。所以，企业想要在激烈的竞争中立于不败之地，就必须重视培训。

基于以上的重要意义，我们编写了这本本科生教材，希望通过理论和实践的融合来提升学生的实际能力。本书的编写以人力资源培训与开发的基本理论为指导，在力求夯实通用性理论知识的基础上，比较全面而又系统地对学生进行"厚基、明道、优术、践行"的多方训练，并通过案例讨论、实际操作内容的编写，提高整个教材的实用性，加强实践内容的延伸和完善。

另外，本书也希望以全新的视角和开放的视野，将中国本土环境下的人力资源培训与开发经验与国外先进的人力资源理论紧密结合，以开阔读者视野，并提高读者关注现实、运用所学理论知识分析和解决实际问题的能力。

本书共分为十个章节，每个章节末尾设置本章小结、复习思考题与案例讨论，旨在提升知识学习后的总结与应用能力。第一、二章主要阐述人力资源开发与培训的基本问题，概述人力资源开发与培训的主要类型与方式方法；第三章为组织人才发展内容，针对人才画像、人才盘点的技术和应用展开；第四章主要介绍人力资源培训的技术手段,包括多媒体、远程学习和当下较为流行的虚拟学习、智能辅助等;第五、六章阐述培训体系的设计与需求分析,属于培训开发的前端设计;第七章以内训师为主体,阐述学习项目设计的具体内容,强化企业内训师的职责与技能;第八章为培训总结,即培训效果评估,选取了一些通俗有效的方法对培训效果进行评价;第九章着重介绍企业大学的建设,阐述一所好的企业大学的标准和对学、育、用一体的企业培训环境的优化;第十章介绍企业的数字化学习与智慧教育,结合互联网时代的浪潮对智慧教育提出见解。

  本书付梓之际,感谢所有参编人员的精诚合作,感谢大家为本书的完成所付出的巨大努力。时间仓促,编写未免有所疏漏,欢迎各界专家和广大读者不吝赐教。

编者
2021 年 3 月

目 录

第一章 人力资源培训与开发的概述 ... 1
- 第一节 人力资源培训与开发的基本问题 ... 1
- 第二节 人力资源培训与开发在我国的研究进展 ... 26
- 本章小结 ... 29
- 复习思考题 ... 30
- 案例讨论 ... 30

第二章 人力资源的开发方式与方法 ... 31
- 第一节 人力资源开发的类型 ... 31
- 第二节 人力资源开发的方式 ... 35
- 第三节 人力资源开发的方法 ... 41
- 本章小结 ... 47
- 复习思考题 ... 47
- 案例讨论 ... 48

第三章 组织人才开发的内容 ... 49
- 第一节 组织人才画像概述 ... 49
- 第二节 组织人才画像 ... 52
- 第三节 组织人才盘点 ... 54
- 本章小结 ... 60
- 复习思考题 ... 60
- 案例讨论 ... 60

第四章 人力资源培训与开发技术 ... 62
- 第一节 多媒体培训 ... 62
- 第二节 网络培训和远程学习技术 ... 67
- 第三节 虚拟现实培训与智能指导系统 ... 72
- 本章小结 ... 79
- 复习思考题 ... 79
- 案例讨论 ... 80

第五章 培训体系设计 ... 82
- 第一节 培训管理设计 ... 82
- 第二节 培训课程设计 ... 86
- 第三节 培训师资设计 ... 90
- 本章小结 ... 92

复习思考题 …………………………………………………………… 93
　　案例讨论 ……………………………………………………………… 93

第六章　培训需求分析 …………………………………………………… 95
　第一节　培训需求分析概述 ………………………………………… 95
　第二节　培训需求分析的实施 …………………………………… 102
　第三节　新员工培训需求分析 …………………………………… 110
　本章小结 …………………………………………………………… 114
　复习思考题 ………………………………………………………… 114
　案例讨论 …………………………………………………………… 115

第七章　内训师与学习项目设计 ……………………………………… 116
　第一节　内训师的角色与能力 …………………………………… 116
　第二节　内训师的教学实施与评估 ……………………………… 124
　第三节　学习项目设计 …………………………………………… 130
　本章小结 …………………………………………………………… 144
　复习思考题 ………………………………………………………… 145
　案例讨论 …………………………………………………………… 145

第八章　培训效果评估 ………………………………………………… 147
　第一节　培训效果评估的基本问题 ……………………………… 147
　第二节　培训有效性评估的不同阶段 …………………………… 160
　第三节　培训效果评估的常见问题 ……………………………… 163
　本章小结 …………………………………………………………… 165
　复习思考题 ………………………………………………………… 166
　案例讨论 …………………………………………………………… 166

第九章　企业大学建设 ………………………………………………… 167
　第一节　企业大学概述 …………………………………………… 167
　第二节　企业大学的历史沿革与发展趋势 ……………………… 177
　第三节　如何建立高绩效企业大学 ……………………………… 186
　本章小结 …………………………………………………………… 193
　复习思考题 ………………………………………………………… 195
　案例讨论 …………………………………………………………… 195

第十章　企业数字化学习与智慧教育 ………………………………… 197
　第一节　企业数字化学习概述 …………………………………… 197
　第二节　企业数字化学习的实践模式 …………………………… 201
　第三节　智慧教育 ………………………………………………… 206
　本章小结 …………………………………………………………… 221
　复习思考题 ………………………………………………………… 223
　案例讨论 …………………………………………………………… 223

参考文献 ………………………………………………………………… 225

第一章　人力资源培训与开发的概述

教学目标

学习本章后,应该能够:
- 了解人力资源培训与开发的基本目标
- 熟悉人力资源培训与开发的理论基础
- 掌握人力资源培训与开发的研究进展

第一节　人力资源培训与开发的基本问题

本节案例

共享经济下人力资源管理面临新变化
赵曙明

人力资源管理应深刻认识"共享经济"带来的新机遇、新变化和新挑战,强化"共治、共生、共赢、共创"的发展思路,全面推动人力资源管理的转型变革。

共享经济,又被称为分享经济,最早可以追溯到马丁·L.威茨曼(Martin Lawrence Weitzman)的共享经济理论。所谓共享经济,一般是指组织与组织、人与人之间基于交换、共用等手段实现对某类资源的共同分享,从而达到资源优化配置的经济活动总和。2013年,《经济学人》杂志的封面文章《崛起中的共享经济》为我们描绘了未来共享社会的发展图景。现阶段,共享经济已不仅仅是一种利润分配制度,而是演变为一种新业态、新理念乃至新革命。

第一,消费者多维度需求是共享经济的天然养分。随着生活节奏的日益加快,消费者更加注重快捷、低成本、多样化的需求满足方式,共享经济应运而生。从开始的交通、住房领域到现在的生产生活领域,共享经济使各个行业呈现百花争艳的格局。《中国分享经济发展报告 2017》显示,2016 年我国分享经济市场交易额约为 34 520 亿元,分享经济的提供服务者人数约为 6 000 万人。未来几年分享经济仍将保持年均 40% 左右的高速增长,到 2020 年分享经济交易规模占 GDP 比重将达到 10% 以上,到 2025 年占比将攀升到 20% 左右。

第二,信息革命带来的技术飞跃是共享经济的催化剂。近年来,日益兴起的移动互联网、大数据、云计算、物联网、人工智能等信息革命正在颠覆现有世界,并且潜移默化地改变着我们的生产关系、生活关系以及人与人的关系。基于共享平台使供需双方将闲置的资源能随时随地地进行交易,一方面满足了需求方的生活需求,另一方面又部分实现了供给方的个人价值,网络化效应随之而来。

第三,新型商业模式重构是共享经济的新动力。当前,与共享经济裹挟而来的是信息技术更迭、资源配置方式转变、客户需求的及时反馈,并且正在重新构建世界的新型商业模式。比如,当今世界最大的出租车提供者优步(Uber)没有车,最大的零售者阿里巴巴没有库存,最大的住宿提供者空中食宿(Airbnb)没有房产。可以说,面对经济、技术等大趋势的瞬息万变,以往"单打独斗、一支独大"的传统思维已不再适应社会发展的要求。"我为人人,人人为我"不再停留在口号上,"跨界联动、交互协同"的管理理念已经成为社会的共识。

"共享经济"下人力资源管理面临新变化。组织经营模式正日益变革。现阶段,企业间竞争更多体现在个性化、多元化、定制化产品和服务的竞争。围绕提升资源配置效率,需要我们重新审视社会资源再组合、再分配等现实问题。当前,移动互联网下的经营模式日益受到企业界的关注和重视,专业化、分工化、互惠化成为共享经济背景下企业生存和发展的不二法则。

资料来源:新华日报网站,http://xh.xhby.net/mp3/pc/c/201801/17/c433018.html,2018-01-17。

请分析:共享经济的特征有哪些?企业人力资源培训与开发如何适应这些新特征?

一、人力资源培训与开发的概念和意义

1. 人力资源与人力资本的概念

财力、物力、人力和时间等要素构成了企业内的资源。人力资源顾名思义就是以"人"和人所具备的能力、精力等"力"共同构成的资源。在英文中,人力资源为"human resource",同样反映了"人"是一种资源。从宏观的角度来看,人力资源就是一个国家或地区,在一定时期内能被企业所拥有的全部劳动人口之和;从微观的角度来看,人力资源就是某个企业内所具备的全部人员和这些人员具备的能力(或资源)。

在人力资源的基础上,"人力资本"的概念逐渐被接受。人不仅是企业内的重要资源,而且还成了影响和决定传统资本实现增值的新型资本,即人力资本。对人力资本投资所产生的经济效益远大于物质资本投资所产生的经济效益。人力资本体现为人所具备的知识、能力、技能等,这些要素无法脱离"人"而存在,需要通过教育进行积累。

2. 人力资源培训与开发的概念

早期,与人和劳动有关的管理被称为"人事管理"。从字面意思进行理解,就是对工作中的人和工作中的事进行管理,可以发现人和工作都被视为实现组织目标的工具。在这样的管理思想下,人被视为一种成本,只有控制住该成本才有利于组织的增值。但是,随着社会经济的发展,人力管理思想的弊端逐渐显现。知识、技能等要素的重要性不断提升,"人力资源管理"的概念逐渐得到发展。企业和管理者发现了人是一种特殊的资源,对其合理地利用能够带来巨大的经济效益。于是,应运而生了人力资源管理的"六大模块":人力资源规划、招聘与配置、培训与开发、绩效管理、薪酬福利管理和员工关系。其中,培训与开发模块就包含了对员工所展开的教育。

（1）人力资源培训与开发的概念

人力资源培训与开发是人力资源培训和人力资源开发的总称。人力资源培训（Human Resource Training，HRT）是对人力资源进行培训的过程。员工在当前工作中所掌握的知识和技能和所从事工作的要求之间存在一定的差距，通过对该差距的分析，利用一些短期项目，补充员工所需的知识和技能，以此实现短期内的工作绩效提升。

人力资源开发（Human Resource Development，HRD）是对人力资源进行开发的过程。从宏观上看，是一个国家或地区增加国民教育投入，提高人口质量，促进充分就业，保障社会福利等活动的集合；从微观上看，就是企业或组织以现有人力资源为基础，按照企业战略目标，为员工提供学习机会或学习计划来帮助员工提高技能，改变他们的态度和行为，以此提升人力资源水平，并帮助组织实现预期目标。对于企业或组织而言，人力资本积累需要同时考虑外部和内部两个方面，其中内部人力资本就是内部人力资源通过人力资源开发而转化的。

（2）人力资源培训与开发的区别

培训与开发是人力资源管理的重要职能，虽然二者都体现了共同的目标，但是从传统的理论视角来看，二者仍然存在一定的差别。

① 二者的目的不同。培训的目的是为了在短期内提升工作绩效；而开发的目的则是为了在未来的发展中提升员工的能力，使员工在未来的工作中承担更大的责任。

② 二者的视角不同。培训更突出短期视角，即发现当前工作中出现的问题，并通过较短的时间解决该问题；而开发更突出长期视角，即通过持续的教育和学习，使员工满足未来的工作要求。

③ 二者的参与方式不同。培训通常是强制针对目标群体参加，如新员工入职培训；而开发则鼓励有潜力的员工自愿参加，如管培生计划。

虽然人力资源培训与开发存在一定的区别，但是二者的初衷都是为了提高员工的能力，提升企业的绩效。从该角度来看，二者的界限十分模糊。在实践中，企业培训同样会强调知识与技能的掌握和企业未来发展方向等长远观点；而人力资源开发也需要依托多种培训手段才能实现。因此，我们通常会把二者统称为培训与开发。培训与开发的根本目的是提升企业绩效，满足员工职业发展需求，最终实现企业和员工的共同发展，是一套有方向、有计划、有系统的完整管理体系。

3. 人力资源培训与开发的作用

随着人力资源观念深入人心，人力资源培训与开发也受到了企业的高度重视。人力资源培训与开发不仅有助于提升员工的综合素质，对企业的发展也存在诸多积极作用。

（1）人力资源培训与开发对员工的积极作用

① 提升员工在工作中的表现。通过培训与开发活动，发现员工当前工作中的问题，分析工作现状与工作预期的差距，以此进行培训与学习活动，弥补员工在该方面的欠缺，以解决当前工作中出现的问题和未来工作中可能出现的问题，最终实现工作绩效的提升。

② 提高员工知识和技能的储备。通过培训与开发活动，员工拥有了接受教育、进行学习的机会，能够吸收和掌握更多的知识和技能。员工所具备的知识水平和技能水平得以提升，进而实现综合素质的提升，有助于他们在未来的工作中更好地应对变化和不确定性。

③ 改变态度、观念和行为。通过人力资源培训与开发活动,员工能够更清晰地认识工作中的职责与义务,客观全面地了解自身的优势与不足,树立持续学习与改进的观念,养成团队合作的精神,以更加积极主动的行为,提升自我价值,最终实现自我发展的目标。

(2) 人力资源培训与开发对企业的积极作用

① 提升人与岗位匹配的程度。人岗匹配是理想化的人员配置方式,但员工并不一定能完全满足岗位需求,因此通过人力资源培训与开发活动,可以弥补员工某些方面知识与能力的缺陷,尽可能地实现人岗匹配。

② 有助于人力资源向人力资本转化。人力资源与其他类型的资源一样,都是影响企业经济活动的生产要素。人力资源是企业实现人力资本增值的重要途径,通过人力资源培训与开发活动,可以将企业内的人力资源转化为人力资本,伴随着人力资本的增值而实现企业价值的提升。

③ 实现企业的战略目标。企业战略目标需要企业内的人力资源进行配合,通过人力资源培训与开发活动,企业内的人力资源存量得以提升,能够应对更多的工作要求,有助于战略目标的实现;员工综合素质的提升,能够提高任务完成的质量和效率,增强员工在工作中的灵活性,同样有助于战略目标的实现。

4. 人力资源培训与开发的战略意义

战略人力资源管理的发展,提出了"将人力资源管理上升到企业战略层面"的观点,该观点得到了理论和实践界的共同认可。作为人力资源战略中的构成要素,人力资源培训与开发同样具有战略性的意义。主要体现为:

(1) 人力资源培训与开发是一项企业的长期战略

一方面,企业战略目标的实现需要人力资源的支持。企业的战略目标是一种长期目标,决定了企业在未来发展方向上的人力资源需求。企业或组织为了满足该需求,需要通过内、外两条路径,实现人力资源的供给。其中,内部人力资源供给的重要渠道就是人力资源培训与开发。所以,企业内的人力资源培训与开发活动需要具备长期视角,进行长远规划,以满足企业经营战略对人力资源的需求。在对战略进行调整时,也需要及时调整人力资源开发计划。另一方面,人力资源培训与开发并非一朝一夕就能完成。教育和学习等活动需要一定时期的积累和沉淀,许多新的知识和技能都需要经历相当长的时间才能够被个体熟练地掌握和运用。所以,人力资源培训开发活动必须具备长期视角,进行长远规划,以实现知识和技能的熟练掌握。

(2) 人力资源培训与开发能够促进组织变革,提升组织的综合实力

一方面,企业或组织的发展并非一条路走到头,而是需要不断地进行调整和变更,即使是经营战略也需要定期进行修整。企业或组织在决定新的发展方向时,其人力资源的存量能够起到一定的作用。组织内具备的知识和技能,提供了可能的发展方向。当组织内的员工都掌握了外语能力时,组织就能够很快地开展跨国经营。当组织内的员工缺乏决策的能力时,组织就很难实现扁平化管理。另一方面,人力资源培训与开发活动有助于企业和员工全面、客观地了解自己,在此基础上更能够进行针对性的"查漏补缺",填补未来发展所欠缺的知识与技能,帮助企业顺利调整发展方向。

(3) 人力资源培训与开发能够将企业的战略和愿景融入员工的工作中,提高员工对企

业的认同感和归属感。

企业的战略和愿景回答了企业"应该做什么""能做成什么样"的问题。前者最终会分解为员工应该做什么的问题,后者则会分解为员工能做成什么样的问题。之后,企业通过人力资源培训与开发的一系列活动,培养和发展员工完成上述工作所需的知识和技能。员工在该过程中则会发现完成上述工作能够实现自身的发展,于是感受到企业对他们成长和发展的重视,进而形成对于企业更高的认同感和归属感。

二、人力资源培训与开发的目标和内容

想一想

古人云:"开源节流",日常生活中,开源和节流的根本作用是什么?如果企业希望进行人力资本的积累,那么应当如何"开源节流"呢?

1. 人力资源培训与开发的目标

人力资本是新时代背景下,企业或组织的重要资本。资本的积累有助于企业或组织获取更多的收益,所以人力资本与物质资本一样,也需要在企业或组织内进行积累。早期的人事管理思想,体现了"节流"的思想,即通过管理和协调,减少工作中的劳动力浪费。当前的人力资本思想,则体现了"开源"的思想,即通过人力资源管理的各项职能,获取更多的人力资本。其中,招聘与配置相当于将外部的人力资本引入企业内部,而培训与开发则相当于内部人力资本的增值。当企业或组织内人力资本的积累增加时,企业便有了更强大的能力进行生产与经营,形成更高的绩效水平。

可见,人力资源培训与开发的核心目标便在于:第一,挖掘员工的潜力,提高个人的能力和综合素质,实现个人人力资本的积累;第二,提升企业或组织内的人力资本积累水平,实现企业或组织绩效水平的提升,增强企业或组织在未来经营中的灵活性和应对能力。

2. 人力资源培训与开发的内容

人力资源培训与开发的内容主要包括培训与开发的对象、培训与开发的项目和培训与开发的形式三个方面。针对不同对象、设置不同项目、采取不同的形式,便形成了培训与开发的不同活动内容。

(1) 培训与开发的对象

① 一线业务员工。一线业务员工是从事企业主要经营业务的员工,是企业营业收入的直接来源。通过对一线业务员工的培训,能够帮助他们掌握工作所需的知识与技能,提高劳动生产率,培养积极的工作态度和在工作中的主动性。以更好的工作表现,提升企业在主要经营业务中的收入。

② 基层管理员工。基层管理员工是管理岗位的一线员工,从事与管理有关的基础性活动。虽然企业不会通过一线管理岗位直接实现资本增值,但是基层管理人员的工作为一线业务员工顺利完成任务提供辅助,基层管理人员工作表现的好坏同样会关系到企业的经营成果。

③ 中层管理员工。中层管理岗位是各部门的直接管理者,应当精通部门内的各项业务,熟悉部门内的工作流程与工作关系,其工作表现更多地体现在人际关系协调和问题解决

能力等方面。中层管理者管理效果的好坏将会在很大程度上影响该部门的经营成果，进而影响到整个企业的经营成果。

④ 高层管理员工。高层管理岗位是企业内重大事项的决策者，其工作重点在于战略的制定和各种重要决策。战略和决策的质量直接关系到企业未来的经营发展方向，对企业未来的经营成果产生重大影响。

（2）培训与开发的项目

① 知识培训。旨在提高员工知识水平的培训项目，包括一般性的知识和专业知识两方面培训。通过知识培训能够更新员工的知识水平，帮助员工更科学地展开工作。

② 技能培训。旨在提高员工实操能力的培训项目，包括一般性技能和专业技能两方面的培训。通过技能培训能够帮助员工获得工作所需的技能，帮助员工更高效地展开工作。

③ 态度培训。旨在改变员工工作和生活态度的培训项目。通过态度培训，能够改善员工对生活和工作的认知，形成对工作更高的积极性和认同感，唤醒对生活的热情，帮助员工以更加健康的方式面对工作和生活。

④ 思维培训。旨在改变员工思维方式的培训项目。通过思维培训，打破员工固有的思维模式，形成具有创新性、系统性、建设性等特征的思维方式，提高员工分析问题和解决问题的能力，激发员工在工作中的自主性和创造性。

⑤ 心理培训。旨在改善员工心理感知的培训项目，包括记忆力、动机、情感、情绪等智力和非智力因素。通过心理培训，能够引导员工形成积极的心理感知，培养正向的情感和情绪，开发积极主动的动机，帮助员工以更加成熟的心智模式开展工作。

（3）培训与开发的形式

① 岗前培训。在进入工作岗位前的培训，主要培训对象为新入职的员工。岗前培训的目的是帮助即将进入工作岗位的员工掌握从事该岗位工作所必需的知识和技能，以便进入工作岗位后可以尽快适应工作要求，高效地开展工作。

② 在岗培训。在工作岗位进行工作时开展的培训，主要培训对象为需要提升某项知识、技能等水平的员工。在岗培训通常会利用员工的闲暇时间（如下班后、午休时或周末等）进行培训，其目的是为了帮助员工提升知识和技能水平，以便正确、高效地完成本职工作。

③ 离岗培训。离开工作岗位进行的培训，主要培训对象为需要全方位提升知识、技能等水平的员工。离岗培训通常会离开工作岗位一段时间，在此时间内进行完整的、系统的培训，其目的是全面培养员工的综合素质，使员工在重回岗位后，具有更强的适应力和发展潜力。

④ 轮岗培训。以更换工作岗位的形式进行培训，主要培训对象为需要熟悉更多工作，掌握新的岗位知识和技能的员工，企业对管培生经常使用的培训方式就是轮岗培训。轮岗培训来源于工作设计中的工作轮换，其目的是帮助员工积累不同的知识和技能，提高工作中的新鲜感，使员工积累更加多元化的知识和培养多元化的技能。

⑤ 集中培训。对大部分员工同时进行培训，例如，岗前培训通常就会采用集中培训的方式。集中培训通常是对同质化的内容进行大范围学习，由企业集中开发适合本企业的培训内容，体现了集约性的优势。通过集中培训，能够帮助大量员工快速掌握开展工作所必需的知识与技能。

⑥ 个别培训。与集中培训相反,对少量员工单独开展的培训。个别培训通常是针对某个或某几个员工的特殊需求,设计相应的学习内容,帮助员工掌握他们所需要的知识与技能。由于需要按照不同的需求开发差异化的课程,成本通常较高,管理较为复杂。但是,个别培训更具针对性,能够帮助员工有效掌握自身所需要的知识与技能。

【动动脑】

判断下列培训分别属于什么培训方式?
① 大学军训
② 开学典礼
③ 补习班
④ 交换生计划

大学军训实际上是本该上课的时间进行的培训,所以可以理解为离岗培训;开学典礼是正式上学之前的培训,所以可以理解为岗前培训;补习班是利用上课之余的时间积累知识,所以可以理解为在岗培训;交换生计划通常需要办理当前学校停学,然后再外出学习,可以理解为离岗培训。

三、人力资源培训与开发的历史发展

历史资料:人力资源在我国的历史沿袭

1949年10月,中央人民政府成立政务院人事局,这是原国家人事部的前身;1949年9月,中央人民政府部劳动部成立,这是原劳动保障部的前身,二者构成了我国早期管理人事与劳动者就业问题的基础。1982年,随着经济体制改革的进展,涉及人事与劳动的机构进行了大范围的调整,原国家劳动总局、国家人事局、国家编办和国务院科技干部局合并成立劳动人事部;1988年,国务院机构再度进行改革,原先的劳动人事部分离,分别成立了人事部和劳动部;1998年,在劳动部的基础上,组建劳动与社会保障部,管理劳动事务和社会保险等保障事务;2008年,为了实现人力资源强国战略,人事与劳动保障相关机构进行合并,人力资源和社会保障部应运而生,不再保留人事部、劳动部和社会保障部。可见,人力资源的概念逐渐上升到了国家战略层面,人力资源和社会保障部的成立也是中国人力资源开发事业的里程碑。

正如人力资源管理在我国的经历一样,人力资源培训与开发的概念自提出至今,也经历了相当长的发展进程。人力资源培训与开发源于早期的学徒制度,直到20世纪80年代,才真正进入了蓬勃发展的阶段。

1. 早期的学徒制度

早期的经济社会主要以农业、畜牧业和手工业为主。农业和畜牧业很大程度上依赖于自然,而手工业的发展则出现了最早的技术工人——工匠。由于工匠的手艺存在差别,为了提升手工产品的质量,出现了学徒制度。通过向工匠拜师学艺,提升制作手工产品的技能,这便成了最早的培训与开发制度。学徒制一直沿用至今,在当代企业的培训与开发职能中同样具备活力。

2. 早期的职业教育

18世纪后期,第一次工业革命兴起,大规模生产器械代替了传统的手工劳动。这时,想要在工厂中谋生的员工所需要的不再是手工艺技能,而是需要进行专业化分工,掌握使用机器进行生产的技术。1809年,戴维特·克林顿在纽约城建立了第一所私人职业学校。该学校为学员提供手工技能培训,帮助失业和有犯罪记录但缺乏谋生技能的青年人掌握工作所需的技能,以便找到合适的工作。这是职业教育的雏形。

19世纪后期,第二次工业革命兴起,人类进入了"电气时代",工业生产与自然科学进行了充分的结合。1911年,泰勒提出科学管理制度,指出了工人需要掌握标准化的操作方法,必须为工作挑选第一流的工人。此时,对于工人的技能培训成为人力资源管理的重中之重。1917年,美国国会通过了《史密斯-休斯法案》,联邦正式认可了职业教育的价值,并同意拨款在学校中建立职业教育课程,此举也标志着职业教育体系的正式开端。

3. 工厂学校的出现

随着工业革命的进展,制造业得到了飞跃式的发展,一大批大型工厂的涌现,导致技术工人严重不足,于是便萌生了工厂办学的理念。1872年,美国一家名为厚和的印刷机制造商创立了第一所由工厂举办的学校。虽然美国厚和公司创办的学校是历史资料中记载的第一所,但福特公司的工厂学校更具代表性。1913年,福特创立了汽车行业的第一条装配流水线,印证了泰勒的科学管理制度,将工人的工作流程进行拆解以实现高效率,这种方法也被称为"福特制"。标准化的大批量生产具有高度的机械化、自动化特征,创造极高的劳动生产率,同时也对工人的操作能力提出了新的要求。为此,福特建立了早期的技术学校,用于培训工人的专业化技能,并且为移民开设英语学校,帮助他们尽快适应新的生活环境。随着福特模式的推广,越来越多的工厂投入到办学的事业之中,将工人技能培训作为提高生产率的关键。

4. 培训职业诞生,专业培训师横空出世

二战期间,美国军方对军工产品的需求剧增,美国的军工制造商们不断寻找提高生产力的方法。罗斯福领导的美国政府提出了"行业内部培训机构(TWI)"的应急服务项目,帮助企业提高生产力。具体包括:工作指导培训、工作方法培训和工作关系培训。为了实现大规模的培训,TWI内的课程开发者负责培训培训师,再由培训师训练培训专员,而培训专员则进入各个企业,对员工进行培训,这便形成了培训职业的雏形。之后,TWI的项目方法在全球范围内开始推广,中国、日本等国家也先后在工业化过程中采取该方法进行培训。

1942年,美国成立了培训指导协会,面向企业提供培训项目和培训师,并对培训师进行认证,以指导企业内培训的顺利开展。

5. 人力资源开发领域进入高速发展期

20世纪60—70年代,企业内的员工对于自由选择培训项目的呼声高涨,培训的需求发生了巨大的变化,也对培训师提供的项目和指导提出了更高的要求。于是,美国培训指导协会顺势更名为美国培训与开发协会(ASTD),面向全球范围的职场人员提供培训与发展服务项目,旨在为各会员企业开发和设计适合企业实际情况的培训课程与教材,利用管理者和培训师完成培训项目,帮助企业和员工更新知识、掌握能力,从而促进企业的发展。

如今,ASTD已经发展成为全球培训和绩效评估领域中最大的职业协会,分支机构遍布全球。2014年,随着企业对人力资本的重视,美国培训与发展协会(ASTD)宣布更名为人才

发展协会(ATD),将"内容为主"的培训目标,调整为"绩效改进"的发展目标,其关键就在于对企业内人才的培养与开发。企业内的管理者借助人才发展协会的培训服务(包括培训师和培训项目)实现内部人才的培养与开发,最终改善企业的绩效。此次更名,去掉了美国地区的色彩,进一步将ATD的理念推广至全球。在过去的70多年里,培训与发展领域经历了天翻地覆的变化,ATD此次更名也正是了顺应了变化的趋势,加强了对人力资源开发战略角色的关注,强调绩效提升才是企业培训和开发的直接目标,将企业建设成高绩效工作系统则是培训与开发的最终目的。无论是ASTD还是ATD都在人力资源开发的进程中做出了巨大的贡献。

在中国,随着国家层面对人力资源开发的关注,中国人力资源开发研究会应运而生。1988年,中国人力资源开发研究会正式成立,是隶属于国家发展和改革委员会的国家一级社团,旨在推动中国人力资源开发的理论和实践建设。先后成立了中国人力资源管理教学与实践分会、女性人才分会等一系列分会,将全国范围内的人力资源机构整合到统一的平台,共同推动中国人力资源的开发与建设。

四、人力资源开发的基础模型

1. ADDIE 模型

ADDIE模型是教学与培训课程的经典模型之一,就像说到汽水就会想起可乐一样,如果你是培训与开发的从业者,ADDIE模型是必须要知道的内容。ADDIE是五个主要步骤的缩写,分别为分析(Analysis)、设计(Design)、开发(Develop)、执行(Implement)和评估(Evaluate)。各步骤的具体内容如图1-1所示。

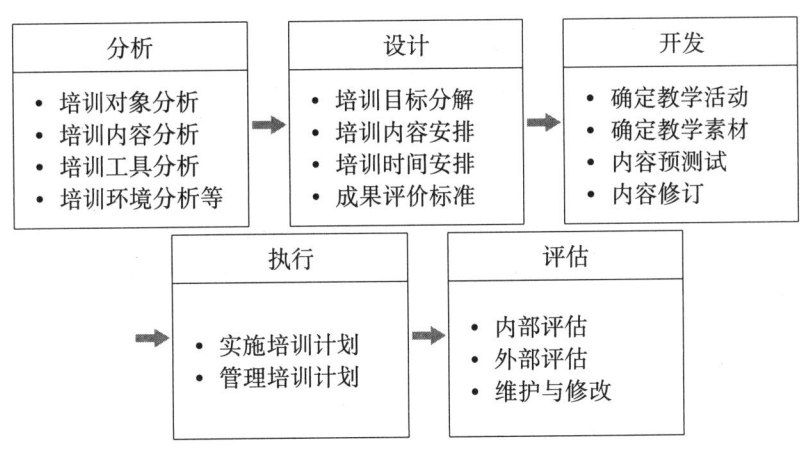

图 1-1 ADDI 模型图示

① 分析阶段。此阶段需要明确此次培训或开发计划的目的是什么,哪些人需要参加计划,通过该计划能够实现什么样的成果等问题,并对企业内现有的培训与开发技术、培训与开发项目内容、学习者的可利用时间等进行分析,判断企业内是否具有开展预期培训所需要的资源。

② 设计阶段。此阶段需要对整个培训与开发计划的内容进行规划。首先,对提出的学习目标进行拆解,形成不同学习主题的单元;其次,按照各主题之间的联系,确定各学习单元的先后顺序;再次,根据各学习单元的内容与难度,规划学习时间;最后,提出各学习单元的

学习成果标准,用于检验每个学习单元的学习效果。

③ 开发阶段。此阶段需要确定各学习单元的内容和素材。首先,根据各学习单元的主题与目标,确定所需的教学活动;其次,根据确定的教学活动,确定完成该内容学习所需的教学素材;再次,将教学活动与教学素材进行组合,并在项目开始前邀请学员进行预测试,分析该组合是否可行;最后,对预测试结果进行分析,解决预测试中出现的问题,并以此对教学活动和教学素材进行修订。

④ 执行阶段。此阶段需要对制定好的培训与开发计划实施。在实施过程中可能出现诸多问题,需要帮助学员解决出现的问题,并在必要时提供帮助与支持。此外,还需要对培训与开发计划的实施过程进行控制,让培训计划朝着预期的方向发展。

⑤ 评估阶段。此阶段需要对整个培训与开发过程进行评价。评价的内容包括:教学活动评价、教学材料评价、教学过程评价、学习者的反应、学习者的成果等方面。可以通过管理者进行评价,也可以通过外部专家进行评价。对效果较好的教学活动和素材予以总结、保留,对于效果不佳的教学活动和素材,分析原因并进行改善。

对于企业而言,无论是人力资源培训还是开发,都可以采用该模型进行。通过 ADDIE 模型可以明确三个方面的问题:学什么? 怎么学? 以及学得如何? 基于 ADDIE 模型,企业能够设计出适合本企业实际和学院基础的培训与开发计划,最终实现理想的学习成果。

2. CBET 模型

CBET 模型(Competency Based Education and Training Model)是能力本位训练模型的缩写,起源于早期技术工人的职业教育,是一种以岗位要求为标准进行培训的模式。该模型通常具有明确的教学目标和评价标准,通过该模型能够将学员的潜能转化为岗位所需的能力。CBET 模型的具体内容如图 1-2 所示。

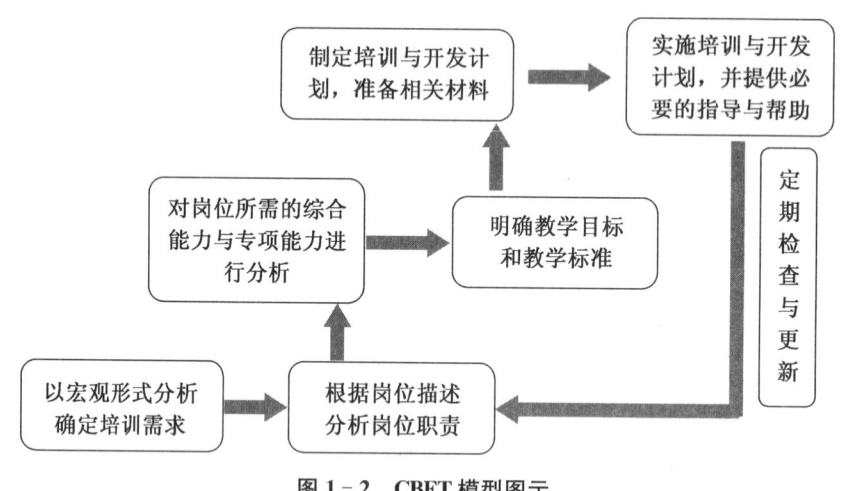

图 1-2 CBET 模型图示

CBET 模型在企业培训与开发中进行应用时体现为三种方式:单一岗位应用、岗位群类应用和具体技术应用。单一岗位应用是指针对某个岗位,分析其所需的能力,并进行针对性教学,帮助该岗位学院掌握所需技能。岗位群类应用是指针对某一类型岗位的共同特征,分析完成此类共同任务所需的能力,并进行针对性教学,帮助某类型岗位的全部学员掌握完成该类型岗位共同任务的能力。具体技术应用是指针对某种特定技术(如包装技术)而展开的培训，其目的是帮助员工掌握完成某项特定任务的技术。CBET模型以能力需求为导向，作为培训与开发计划的标准，将员工的能力提升作为核心宗旨。

CBET该模型体现了不同类型的能力需要设置不同的培养规格和培养模式，不存在统一的教学标准。但是，该模型过于强调能力观，将完成任务的能力简单叠加为员工综合能力。虽然完成每项任务的能力视为可以通过培训习得，但这样的简单叠加显然不能描述员工的综合能力，这也是CBET模型的主要局限。

3. HPT模型

HPT模型（Human Performance Technology，人类绩效技术）是由国际绩效改进协会提出用于改善员工绩效的模型，结合了行为心理学、教学设计和人力资源管理等多学科内容，实施对员工的干预措施。HPT模型强调对当前和预期绩效水平的全面分析，识别差距形成的原因，在此基础之上利用帮助、教育等方式进行干预，指导变革管理过程并评价结果。HPT模型的基本内容如图1-3所示。

① 绩效分析阶段。该阶段需要进行各种类型的严密分析。主要包括对组织的愿景、使命、价值、目标、战略等进行分析；对岗位的工作内容、职责、绩效标准、任职资格等进行分析；对组织所处的经济环境、行业环境等外部环境和组织内的工作环境、工作设施、工作设备等内部环境进行分析；对组织内的员工构成、知识构成、技能构成等员工素质进行分析。

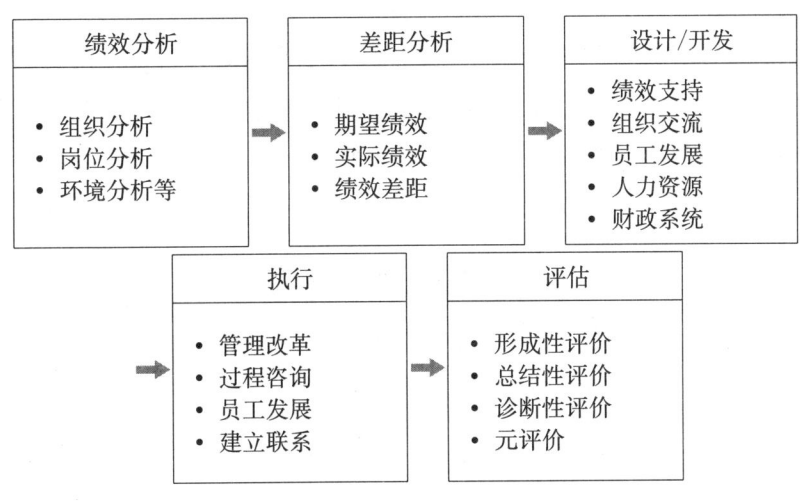

图1-3 HPT模型图示

② 差距分析阶段。该阶段需要找出导致差距形成的原因。通过前一阶段绩效分析的结果，先识别出期望的绩效水平，再确定当前的实际绩效水平，根据二者的差距寻找导致该差距的原因，并对可能导致差距的原因进行详尽的报告。该阶段是HTP模型的关键阶段，HTP模型的核心内容就是寻找差距和缩小差距，以提升绩效水平。

③ 设计/开发阶段。该阶段需要形成有助于缩小绩效差距的方案。根据差距分析阶段的结果，识别导致差距的关键因素后，针对各项差距原因输出具体的解决方法，如培训、新的工作流程、工作环境再设计、新的经济补偿制度等，再将不同的方法进行组合，形成完整的解决方案。

④ 执行阶段。该阶段需要执行完整的解决方案，并对产生的变革进行管理。由于形成

的方案对于培训对象而言是陌生的,所以需要对培训对象提供一定的咨询、帮助和指导,以便方案顺利实施。还需要对方案实施的过程加以控制,观察绩效水平和行为是否朝着预期的方向变化。

⑤ 评估阶段。该阶段需要评价干预的价值和影响。形成性评价是在绩效提升方案实施过程中进行的评价,是对于"寻找绩效差距原因—制定缩小差距方案—方案实施后结果"的过程评价,有助于方案实施过程中的及时调整;总结性评价又称事后评价,是方案执行结束后对于方案成功与否的评价,可以通过培训人员的反应和能力变化进行评价;诊断性评价是开启下一阶段绩效干预的准备,通过对当前阶段的成果,评价培训对象是否具备所需的能力,并采取区别对待,安置不同对象进入下一阶段的绩效干预。元评价是对评价本身进行的评价,元评价不仅面对绩效改进方案做出整体评价,还可以在上述三种评价进行后,对上述三种评价做出总结性的评价,最终总结出有效的"绩效差距—绩效改进"经验。

通过 HTP 模型,企业能够有效地确定绩效差距的来源,并据此进行干预,获得预期的员工绩效。该模型突出了低成本、高效率、高效益的问题解决方案。

4. ISD 模型

ISD 模型(Instructional System Design),即教学系统设计模型,是一种基于传播理论、学习理论和教学理论,运用系统理论的观点,分析教学中的问题与需求,并找出最佳解决方案的方法。ISD 模型包含五个步骤:分析,即对教学内容、学习内容和学习者特征等因素进行分析;设计,即对学习资源、学习场景、学习工具、学习策略等进行设计;开发,即根据内容和设计,形成所需的课程;实施,即根据开发出的培训课程,在组织内展开培训;评估,即对培训结果进行评价并形成评估报告。ISD 模型在企业培训中运用十分广泛,其应用过程如图 1-4 所示。

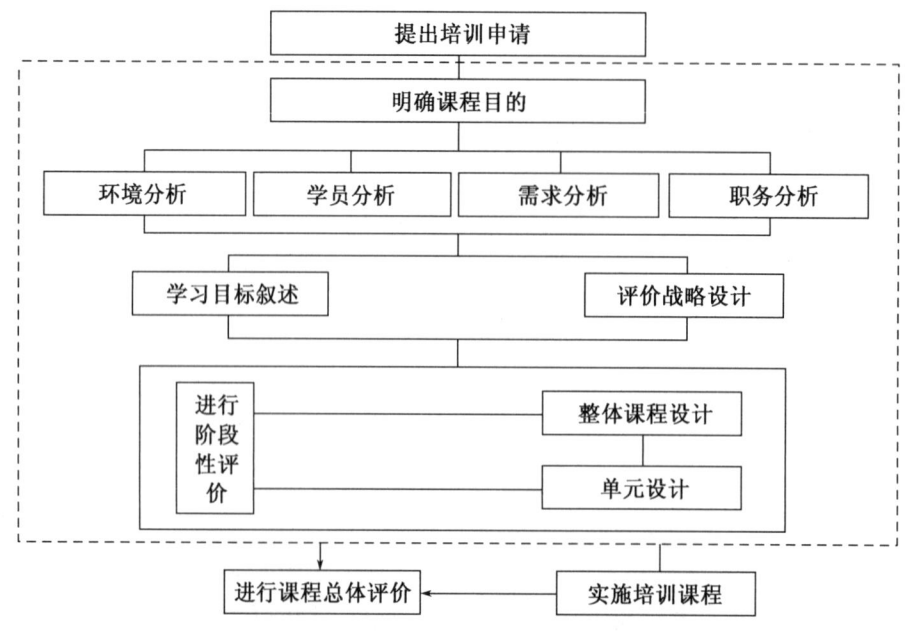

图 1-4　ISD 模型图示

ISD模型的应用体现了7个重要的过程要素,依次为:

① 培训需求分析,寻找关键的培训需求并分析出现该需求的原因,对需求的轻重环境进行分类排序,这是 ISD 模型的关键。

② 培训内容分析,针对出现的培训需求,识别哪些培训内容能够满足培训需求,解决存在的问题。

③ 培训对象分析,针对培训需求,识别哪些群体需要进行培训,明确培训的目标对象。

④ 培训课程目标叙述,向培训对象解释培训的目标是什么,培训需要解决哪些问题,培训包含哪些类型的能力训练,在培训时需要做哪些工作,培训完成后会形成什么成果,以及如何才算完成培训等问题。

⑤ 培训策略制度,根据培训课程目标,选择合适的培训方式,合理地安排培训计划。

⑥ 培训媒体选择,根据不同的培训课程内容,选择不同的教学媒体。

⑦ 培训课程设计评价,开发科学的评价工具对培训过程和结果进行评价,解决培训是否带来变化,变化是否按照预期进行等问题。评价不仅要在结果出现时进行,还需要在培训进行过程中不断进行,以便及时发现问题,进行调整。

ISD模型强调了学习的重要性,对于特定知识和特定技能导致的培训需求具有高度有效性。在实践中,ISD模型十分简洁,企业结合自身条件与需求,对 ISD 模型进行灵活运用,便能科学有效地开展所需的培训与开发。

五、人力资源开发的理论

想一想

当我们说某个人很"聪明"时,"聪明"体现在哪些方面呢?擅长语文的人"聪明"吗?擅长数学的人呢?

1. 多元智能课程开发理论

霍华德·加德纳(Howard Gardner)在其 1983 年出版的《智力的结构》一书中提出多元智能理论(Theory of Multiple Intelligences)的观点,并指出"智力(Intelligence)代表了个体在某种社会环境的价值标准下,解决自身遇到的问题或创造出有效产品所需要的能力"。加德纳强调了智力是一种动态发展的过程,智力的潜能在环境和教育的作用下得以激发并持续发展。这是加德纳提出的智力理论与传统的智力理论的最大区别,传统智力理论认为个体的智力由遗传因素决定,先天的智力基础难以改变,后天的努力只能起到轻微改善的作用。同时,传统治理理论认为智力是单维的。但是,多元智能理论则在认知科学、神经科学、人类学等研究的基础上,指出"人的心理和智能是由多层面、多要素组成,没有任何所谓的方法可以仅用纸笔就合理地测量出来"。之后,加德纳提出了智力的八个维度,依次为:数理逻辑智力、口头语言智力、人际关系智力、身体动觉智力、音乐智力、视觉空间智力、自知自省智力、自然观察者智力。

数理逻辑智力表示个体利用数学和逻辑进行推理的能力,如快速阅读、有条理地整理材料等;口头语言智力表示个体运用语言或书写文字的能力,如把一件微小的事件描述为引人入胜的故事、快速地掌握一门新语言等;人际关系智力表示个体能够识别他人情感、动机和想法的能力,如协调人与人之间的合作、提供他人期望的奖励等;身体动觉智力表示个体能够熟练地控制自己的身体并移动目标物体,如运动员的运动能力、舞蹈演员的舞蹈能力等;音乐智力表示个体解读并理解声音、节奏、音调和音高的能力,如音乐家的谱曲能力和作曲能力、乐手的演奏能力等;视觉空间智力表示个体将所看到的东西在脑袋中形成记忆,并准确表达出来的能力,如画家将看到的事物记在脑海中再绘制到画纸上、船长将航线记在脑海中再进行航行等;自知自省智力表示个体不断进行反省、重新认识自己、发现自己的优点与缺点并进行改善的能力,如哲学家的辩证思维等;自然观察者智力表示个体认识世界、适应世界的能力,如植物学家改良植物基因的能力、设计师将自然科学融入设计理念的能力等。

多元智力理论将人的智力视为上述八种智力的组合,不同类型的智力具有各自的高低水平,不同水平的智力组合则形成了不同个体的独特性智力水平,这也是人与人之间智力差别的原因之一。例如,一个具有高水平人际关系智力和语言智力的人很可能成为一名优秀的翻译;而一个具有高水平音乐智力和语言智力的人则可能成为一名优秀的音乐家。同一类型的智力在不同个体身上表现为不同的形式,具有不同的发展速度,即使是两个人在某项智力上同时具有高水平,二者的能力评价也会存在巨大差异。例如,两个运动员都具有高水平的身体动觉智力,但是一个人可能大器晚成,另一人则可能年少有成。正是由于多元智力理论提出了智力的多种类型和智力的发展性特点,它在教育学领域得到了较多的应用。近年来,一些教育学成果被逐渐引入到人力资源培训与开发活动中来,同样发挥着重要的作用。

多元智力理论对于人力资源培训与开发的启示主要体现在教育观念的变化上。首先,教育需要关注学习者个体的智力差异。每个学习者在智力方面都存在自身的独特性,学习者在某方面表现不佳并不意味着他就是"差生"。充分地尊重不同学习者的智力特点,"对症下药"设计针对性的学习类型、学习方法和发展方向,并采用多种方式结合实际生活与学习情境进行评价,才能造就真正的人才。其次,教育的目标是帮助学习者学以致用。教育并不提倡培养"十八般武艺样样精通"的全才,而是主张根据学习者的具体情况来确定他们的发展道路。一些基础的知识或技能的培养应当是实现"学以致用"的工具,而不应该作为学习的目标。智力的表现形式包括解决实际问题和创造有效产出两个方面,二者均体现了真正意义上的"学以致用"。所以,教育目标不应该只是培训学习者特定的学科内容和技巧为主,而是要让学习者在自己特长的智力类型上形成深入理解,形成独立思考和解决问题的能力。最后,由内而外提高学习者的主动性。教育的过程不应该来自教育者的"外力",而应该来自学习者的"内力"。学习者的智力特点只有学习者自己最为清楚,以"个人为中心"的教育设计,缺少了学习者的配合将难以实现。为学习者提供更多可选的课程范围,让学习者进行自主选择,对学习者的选择进行分析与评价,判断学习者的智力特点,并在学习过程中予以帮助。向学习者提供基于不同情景、不同智力特点的全面学习反馈与评估报告,帮助他们进行反思,更加全面地了解自己,以此实现更加主动地学习。

> **想一想**
> 大学选课时,你为什么会选某门课程呢?

2. 职业需求导向的课程开发理论

20世纪60年代，美国流行着能力本位制的教育体系，基于职业导向的课程开发理论应运而生。所谓的职业导向就是以人才的技能培训为主，以满足职业需求为目标。职业导向的课程开发就是针对技能和职业需求，合理安排课程内容、课程项目和课程标准等要求，以此实现课程目标的过程。职业导向的教育与学科导向的教育存在截然不同的特点：学科导向的教育通常基于"基础—基础专业—专业"的教育模式，强调学习者对知识与技能的接收；而职业导向的教育则根据实际工作岗位的知识和技能要求进行教育，强调学习者对某个职业或岗位的胜任。正是由于与学科导向教育的区别，基于职业导向的课程开发形成了具有自身特色的理论体系。

基于职业导向的课程开发理论可以概括为：一个模式、两个领域、三个目标、四个维度、五门学科和六种方法：

① 一个模式，就是基于职业导向的课程开发模式。以工作或岗位要求为主，因材施教，突出职业能力的培养，课程开发的全部内容都要围绕着这样的方向进行。

② 两个领域，就是基于职业导向的课程开发理论的适用范围。基于职业导向的课程开发理论主要用于教育和培训两个领域。

③ 三个目标，就是预期实现的长期、中期和短期课程目标。职业导向课程开发的目标通常基于职业需求，职业在不同时期有不同的需求，这是确立课程目标的依据。长期目标通常是以完善学习者全方位能力，提高学习者全方位素质为依据，同时包含学习者职业心理和职业生涯发展等方面的内容，使学习者表现出持续的竞争力；中期目标通常是以指导学习者完成阶段性职业生涯发展，提高学习者的职业或岗位适应力、职业转换能力、创业能力以及一些关键性基础能力（如外语能力、软件处理能力等）为依据，使学习者在职业生涯的不同阶段都能够有效胜任工作，并且有能力进行职业生涯或工作岗位的转换；短期目标通常是以帮助学习者胜任当前工作或岗位，提高就业能力为依据，使学习者能够迅速掌握专业化分工形成的专业知识与技能，并进入合适的岗位迅速开展工作。

④ 四个维度，就是构建一门教育或培训课程的四个方面。课程开发的四个维度依次为职业活动开展顺序、职业能力形成顺序、职业资格获取顺序和职业素质养成顺序。职业活动开展顺序通常遵循一定的规律。例如，人力资源管理中先有招聘，后有录用，那么在设计培训课程时就需要先强调招聘方面的知识与技能，后关注录用方面的知识与技能。职业能力形成顺序通常表现为由简单至困难、由单一至复合的规律。所以在进行课程设计时，需要按照能力的形成顺序，由简及难、由单一至多元地进行设计。职业资格通常按照由低到高、由核心向周边扩散的顺序获取。所以在进行课程设计时，需要先关注核心专业的基础知识和技能，再关注核心专业的高阶知识和技能，最后转向相关专业的知识和技能。职业素质的形成通常包括探索阶段、建立阶段、成长阶段、维持阶段和衰退阶段，探索阶段决定了职业素质的基点，该阶段的课程设计应当以帮助员工找到合适的发展方向为主；建立阶段、成长阶段是职业素质进行积累的阶段，该阶段的课程设计应当以帮助员工掌握更多所需知识和技能为主，并关注员工的心理健康、职业生涯观念的方面的素质；维持阶段和衰退阶段是职业素质达到顶峰后的下降阶段，该阶段的课程设计则应当以帮助员工更新现有知识和技能，降低素质衰退速度为主。

⑤ 五门学科，就是基于职业导向的课程开发理论所涉及的五个学科，包括社会学、经济

学、管理学、心理学和教育学。职业能力并非仅由某种或某个专业的知识与技能构成,而是由多个领域的知识与技能构成。社会学是一门涉及人类的活动、关系和结构等方面的学科,职业活动中会涉及人的活动、人际关系等社会问题。因此,在课程开发时增加该学科内容,有助于学习者提高社会活动方面的能力。经济学是一门涉及社会经济活动规律和经济价值的创造、转化与实现等方面的学科,职业活动中会涉及各种经济问题。因此,在课程开发时增加该学科内容,有助于学习者形成参与经济活动的能力。管理学是一门涉及管理活动现象与规律等方面的学科,职业活动中会涉及活动的管理、活动的决策与执行等问题。因此,在课程开发时增加该学科内容,有助于学习者提高管理与决策等方面的能力。心理学是一门涉及人类心理现象和在该心理现象影响下精神功能和行为功能发生变化等方面的学科,职业活动中的任何内容都会导致人的心理发生变化。因此,在课程开发时增加该学科内容,有助于学习者提高自身的精神与行为控制能力以及理解他人内心感受的能力。教育学是一门涉及人类教育活动及规律等方面的学科,职业能力和素质的提升离不开教育。因此,在课程开发时增加该学科内容,有助于学习者获得更好的学习效果并形成帮助他人有效解决问题的能力。

⑥ 六种方法,就是基于职业导向的课程开发理论中常用的六种职业分析方法,包括功能分析法、岗位分析法、项目分析法、技术分析法、产品分析法和任务分析法。功能分析法是一种通过分析事物的功能和作用,形成对该事物认知的分析方法。例如,计算机具有计算功能,工作中需要进行计算任务时就可以借助计算机实现,但是操作计算机需要一定的技能,如果无法掌握则不能使用,于是课程开发中就可以设置计算机操作的内容。岗位分析法是一种通过对各类型岗位的性质、内容、职责、劳动条件和环境、任职资格等方面进行研究,形成对该岗位描述的分析方法,在工作分析中广泛运用。通过岗位分析法能够细化岗位所需的各项知识和技能,在课程开发时就可以有目标地进行设计。项目分析法是一种通过对项目内容、流程、安排、成本、收益等内容进行分析,全面认识和理解项目的分析方法。通过项目分析法能够了解项目需求、项目目标、项目所需人员、项目所需知识与技能等方面的内容,在课程开发时就可以有针对性地进行设计。技术分析法是一种通过收集技术情报、了解技术发展趋势以寻求技术使用途径的分析方法,在质量管理中运用普遍。通过技术分析法能够掌握某项技术的功能、特色、适用范围、如何使用等方面的内容,如果想利用该技术"抢占先机",就可以在课程开发中设置与该技术有关的内容,帮助学习者掌握该技术,并创造预期的价值。任务分析法是一种诊断性的分析方法,关注个体在任务中的具体表现、任务的内容与步骤等内容,将任务所需的知识与技能进行分解,发现任务中出现的问题,并进行纠正。任务分析法是教育与培训课程中的常用方法,尤其适用于任务出现问题时。通过任务分析法能够明确各项任务内容所需的知识与技能,在课程开发时便可以有针对性地设置相关内容,确保学习者具备顺利完成的能力。

基于职业导向的课程开发理论为人力资源培训与开发提供了重要的启示。第一,课程目标要以职业能力培养为导向。基于职业导向的课程开发理论强调了通过增强个体职业能力,实现个体在工作中的胜任,所以职业能力的培养是核心目标。第二,课程内容以实践性知识和经过筛选的相关理论知识为主。过于关注理论知识容易与特定情境下的工作实践法产生脱节,而宽泛的知识与技能类别缺乏针对性,同样不利于个体快速适应职业需求。所以,在设置课程内容时要有针对、有取舍地进行设置,突出当前工作、下一阶段工作和整个知识生涯等不同时期所需的知识与技能。第三,课程教学要以项目和任务形式来引导。职业需求聚焦较强的实践性,以项目和任务的形式开展教学,不仅能够激发学习者完成学习内容的主动性,而且更接近学习者将来适用知识和技能的场景,有助于学习者更好地学以致用。第四,教学方式要结合课堂教学、实验教学、实践教学等多种方式。职业所需的知识与技能具有很强的实践性,课堂教学的方式很难达到实践性知识与技能理想学习效果,因此需要结合实验和实践教学等方式,理论学习与实际操作并重,帮助学习者有效提升职业能力。第五,教学过程要以工作情景为载体。基于职业导向的课程开发,所学习的知识与技能最终需要在工作情景下进行应用。以工作情景为载体的教学过程有助于学习者在工作中使用他们所学习的知识与技能。第六,考核形式要结合过程考核和结果考核。结果导向的考核方式虽然标准明确,但是很多领域的知识与技能无法制定明确的标准,所以存在一定的局限性。过程导向的考核方式弥补了上述局限,在合理设置开放课程的基础上,只要确保每个阶段教学安排都能够按照既定目标实施,那么实际培训结果与预期结果通常不会相差太大。结合过程和结果导向的评价方式,有助于全面了解学习者的学习效果,既有助于学习者在工作中学以致用,同时也有助于培训者总结培训经验,完善培训课程。

3. 发展动力原理

想一想

哪些原因让你努力学习呢?

"动力"的概念来源于物理学科,用于描述物体运动的规律。之后,动力的概念被引入其他学科,用于表述事物动态变化的规律,其中就包括了管理学。一切管理活动都经历了产生、发展、变化和终结的动态过程,而发展和变化的程度与方向均与事物的"内力"和"外力"有关。在人力资源培训与开发的过程中,该规律同样得以体现。发展动力原理是一系列动力原理的集合,人的行为会受到"内外动力"的影响,利用这些动力调动人的积极性,以此实现人的行为变化与发展。

(1) 欲望动力原理

欲望动力原理也被称为"布登勃洛克式动力",来源于一本名为《布登勃洛克一家》的畅销小说。该小说描述一个家庭由盛及衰的过程,老布登勃洛克从事粮食贸易,四处奔走,积累财富,最终成为富甲一方的富翁。他的儿子托马斯·布登勃洛克继承了他的财产,怎奈衣食无忧的托马斯无心经营父亲留下的巨额财富,而是对社会地位产生追求,最终成了当地的参议员。托马斯死后,其儿子汉诺·布登勃洛克继承家业。但是汉诺自小有权有势,既无心从商,又无心从政。最终,汉诺泯然众人,家族由盛及衰,日趋没落。罗斯托在《经济成长阶段》一书中,将该现象提炼为"布登勃洛克式动力",并逐渐发展为当前的欲望动力原理。

欲望动力原理的核心内容就在于三代人的欲望差别。第一代人追求金钱与财富,致力于收入最大化,通过财富积累成为"富翁";第二代人追求权力与地位,致力于加官晋爵,通过追求权力成为"高官";第三代人丧失了追逐金钱和权力的欲望,致力于精神生活,通过享受生活成为理想中的"生活家"。欲望动力原理想表达的并不是"富不过三代、仕不出三代"的观点,而是体现了下一代人并不会满足前人所追逐的目标,他们总是寻找新鲜的目标来满足自己的欲望。在新的欲望驱使下,人们产生了新的行为动力。这便为人力资源培训与开发提供了重要启示。

在人力资源培训与开发中,首先正确地引导学习者形成新的欲望。人的欲望会依次更替,寻求精神欲望并非坏事,但是仅仅贪图享乐便会导致不良影响,如果不加以引导便会形成"富不过三代、仕不出三代"的现象。通过创造新的欲望并进行正确的引导,利用欲望激发学习者的动力,便可以达到人力资源培训与开发的目的。其次,针对不同代际员工,设计不同的培训与开发目标。处于不同代际的学习者,具有不同的欲望特征。根据他们不同的欲望设定人力资源培训与开发的目标,使目标与他们的欲望更加契合。此时,便会形成更加有效的人力资源培训与开发成果。

(2) 生存动力原理

罗恩·哈伯德指出"人作为一种生命形态,其全部目标和行为的背后都被'生存'所支配"。生存即人类行为的根本动力。在原始社会,人类为了在与动物竞争的世界中获得生存,而形成思考、制造工具、狩猎等能力;在当代,自然资源的挥霍让许多不可再生资源出现枯竭,人类为了延续生存而开发出了新能源技术和更加高效的资源利用技术。人类的生存涉及方方面面,一旦生存受到威胁时,便会迫使人类的行为做出改变。生存动力原理也为人力资源培训与开发提供了重要启示。

在人力资源培训与开发中,"小富即安"的思想,是丧失生存动力的原因,也是导致个人止步不前的根源。因此,需要持续向学习者传递危机意识,唤醒他们的生存动力,让学习者自发地做出改变。随着学习者综合素质的提升,应当引导他们形成更高水平的生存标准,从而维持他们的危机意识。对于工作或学习中存在问题的学习者,也应当严格指出他们的问题,让他们感到自身的不足,由此引发一定的危机意识。

(3) 需要动力原理

马斯洛在需求层次理论中提出,人类具有五种层次的需要,依次为生理需要、安全需要、社交需要、尊重需要和自我实现需要。需要是驱动人类行为的根源,人类的任何行为与活动均是某种需要的体现。在该理论中,马斯洛还提出了两个重要观点:第一,只有尚未得到满足的需要才会对人的行为产生影响;第二,上述五种需要的层次由低及高,只有低一级需要被满足时,高一级的需要才会得以显现。也就是说,某种需要得到满足后,即使进一步满足该需要,人类的行为也不会发生改变;如果该需要并未得到满足,那么更高一级的需要也不会出现。只有当需要出现且未被满足时,该需要才会激发个体改变行为的动力。事实上,需要动力原理在一定程度上也体现了欲望动力原理的内容。在欲望动力原理中,第二代正是因为拥有了巨额的财富,所以生理需要和安全需要得到了满足,财富的进一步积累也无法增加他们的满足感,所以他们才对财富积累失去兴趣,转而投入到更高级的即社交和尊重需要中;而第三代的前四层需要均得到满足,所以他们对财富和地位均没有兴趣,而是投入到精神生活即自我实现需要之中。需要动力原理对人力资源培训与开发存在重要启示。

企业在进行人力资源培训与开发时,忽视被培训或被开发者的需求,则无法调动他们的积极性,培训与开发的效果也会事倍功半。因此,需要将被培训或被开发者的需求与人力资源培训与开发的目标进行协调,才能达到理想的效果。首先,在确定人力资源培训与开发目标时,应该分析员工的需要层次,因人而异地设计培训与开发课程,满足他们的不同需要,以此调动他们内在的动力,做出行为上的改变,切忌"一刀切、大锅饭"式的培训与开发项目。

其次，切勿急功近利，根据员工的需要层次，循序渐进。当员工在低一级需要尚未得到满足时就盲目开展下一阶段培训与开发课程，无法发挥需要对员工的动力激发作用。所以，在培训与开发项目的内容、顺序与考评等过程都应当关注员工的需要满足情况，在确保员工需要得到真正的满足后，再开展下一阶段的课程。最后，将员工个人需求与企业的人力资源培训与开发目标进行融合。例如，让具有社交需要的员工参与沟通能力的培训与开发课程，既可以满足员工的需要，又能够达到企业的预期。个人目标与企业目标的整合，有利于人力资源培训与开发形成有效的产出。

（4）自主动力原理

"自主"顾名思义就是在不受他人的影响下，自己决定自己所要从事的事物。自主是"以人为本"思想的体现，显示了人所具有的主动性。一个人如果能在"自主"的情况下进行工作，将会释放其巨大的潜能。个体根据自己的动机和外部环境因素，做出行为决策。当环境因素与个体动机一致时，便会产生"这件事正是我想做的"的感知，于是个体便会主动完成该事务。也就是说，内部动机是个体表现某种行为的"内部推力"，而外部环境因素则是个体表现某种行为的"外部拉力"，二者方向一致时便会相得益彰，产生理想的效果。自主动力原理对人力资源培训与开发存在重要启示。

企业在进行人力资源培训与开发时，培训项目的目标与被培训者或被开发者的动机不一致，则无法让他们感到"培训与开发项目是为自己设置的"，于是效果大打折扣。因此，在设计人力资源培训与开发的项目时，需要考虑被培训或被开发者的内在动机。首先，提供必要的诱因，改变员工内在动机。内在动机虽然比较稳定，但并非不可改变。动机产生于需求，在分析员工需求的基础上，提供一定的诱因条件，引发员工的内在动机变化，使其内部动机和培训与开发项目的目标相互协调。其次，针对员工的不同动机，确定不同的培训与开发目标，并设计相应的培训与开发项目。例如，员工具有较强的成就动机时，如果该员工具有提升的潜力，那么就可以为他设置管理技能的培训与开发项目，以此实现内部推力与外部拉力的方向一致，优化培训与开发项目的效果。最后，在工作和培训与开发中，赋予员工一定的自主权。实现"自主"的关键在于是否有足够的权限进行自主决策，所以无论在工作中还是在培训与开发项目中，企业都应当为员工提供一定的自主权，以便他们在产生某项行为动机且组织也需要该行为时，能够将动机转化为实际行为。

（5）目标动力原理

"目标"是对某项活动结果的预期，对活动的开展起指引方向。人的活动都是具有目的性、方向性的，受到目标的指引而表现出某些行为。动力是推动人类行为的重要力量，而动力之所以会产生便是受到了目标的影响。在目标动力原理中，最出名的两个论点分别来自维克托·弗鲁姆（Victor H. Vroom）提出的期望理论和爱德温·洛克（Edwin A. Locke）提出的目标设置理论。

期望理论的核心观点可以概括为"动力＝期望值×效价"，其中动力表示个人调动积极性、发挥自身潜力的强度；期望值表示个人根据经验所判断出目标实现的可能性；效价则表示目标一旦实现所能满足的个人需求价值。该公式表明，一个人的积极性会受到目标的影响，目标的实现程度越高，个人积极性就越高；目标实现所能满足的个人需求越多，个人的积极性就越高。效价受到个人的价值观、个性、特长等因素的影响，人与人之间存在差异。期望表示现实出现的概率,容易实现的目标会降低个体的成就感,反而失去动力效果;太难实现的目标会破坏个体的信心,同样会失去动力效果。因此,目标的设置只有让个体通过努力才能完成,再努力就能超额完成时才更加有效。期望理论的观点为调动员工在学习中的积极性提供了重要启示。

在设置人力资源培训与开发项目时,企业需要考虑项目目标的设定问题。一方面,企业需要根据不同的学习者设置不同的培训与开发目标,使该目标所对应的结果成为该学习者期望获得的事物。另一方面,企业需要根据学习者的不同能力、态度等因素,设置难度不同的培训与开发目标。对于综合能力较强的学习者设置难度较大的目标,避免轻而易举实现目标而导致内在动力的下降;对于综合能力一般甚至较弱的学习者设置难度较小的目标,避免遥不可及的目标降低员工的内在动力。要想提高员工在学习中的积极性,需要注意以下三方面的内容。第一,让员工明白学习能够向他们提供所需要的东西;第二,让员工明白他们所需要的东西与学习成果的关系十分密切;第三,让员工明白只要努力学习就能优化学习成果。此外,企业还可以通过正强化和负强化来干预学习者的内在动力。当期望结果高于实际结果时,采用负强化的方法可以增强个体的积极性,这是因为负强化降低了期望水平,形成了期望结果较差的感知,此时所获得的实际结果反而"变好了";当期望结果低于实际结果时,可以采用正强化的方法增强个体的积极性,这是因为正强化提升了期望水平,而现实也正是如此,于是提升个体的信心,此时内在动力会被进一步激发。

目标设置理论的核心观点在于"外部刺激都是通过影响目标来改变个体行为动机的"。目标会把人们的需求转化为动机,使人们朝着某个方向努力,在努力的过程中还会将现状与目标进行比对,进行调整,以实现目标的结果。该过程不仅体现了目标的动力作用,还体现了自我管理的过程。目标设置理论的关键在于目标的设置,有效的目标包含了两个维度,分别为明确度和难度。目标的内容可以是清楚的也可以是模糊的。例如,"在一个月内完成3门课程的学习"就是一个清楚的目标,而"在一段时间内完成所需的课程学习"就是一个模糊的目标。显然,清楚的目标提供了更加明确的方向,有利于引导个体付出努力。因此,明确的目标更有利于引导个体的内在动力。但事实上,明确的目标通常对应着明确的结果,其结果变化也较小。相反,模糊的目标通常对应着不确定的结果,其结果变化也较大。所以,模糊的目标并非是坏事。目标在明确的基础上,留有一些模糊的余地可能是更加理想的情况。目标可以遥不可及也可以轻而易举。例如,"在一天之内看完一百本书"就是一个难以实现的目标,而"在一天之内看完1篇新闻"则是一个十分容易的目标。显然,过难或过易的目标都不利于内在动力的激发,合理的难度才是理想情况。但事实上,每个人的"理想难度"都存在差异。例如,当一个人具有足够的能力时,任务越难,绩效越高。所以,目标的难度也要结合个人能力、组织支持、反馈等许多因素进行考量。目标设置理论同样对企业的人力资源培训与开发项目提供了重要启示。

在确定人力资源培训与开发项目的目标时,企业应当注意以下方面。第一,设置明确的学习目标。明确的学习目标能够提供清楚的方向,使员工能够"有的放矢",将全部努力集中投入到该方向的学习之中。有时,也可以允许一定的模糊性存在,给有能力的员工提供更大的发挥空间。第二,设置有挑战性的学习目标。过难和过容易的学习目标都无法激发出员工在学习过程中的积极性。研究表明,稍高于员工能力范围的目标最具挑战性,对内在动力的激发效果也更加理想。所以,学习的内容应适当超出员工当前的知识与技能水平。第三,让员工参与目标的设定。员工自身的能力、态度、特质等要素会影响他们对目标明确度和难度的看法。让员工参与目标设定的过程,不仅能够增强目标设置的合理性,也能增加员工的参与感,提高他们在学习过程中的主动性。第四,合理利用干预措施。目标设置理论不仅强调了目标的重要性,同时还指出了个体在实现目标过程中的自我管理行为。个体会将实际情况与预期目标进行比较,此时如果可以通过干预的方法,则可以调整个体努力的方向。例如,增加对员工学习情况的反馈,员工便可以了解目前学习状况与预期学习目标的差距,并主动进行调整以实现预期学习目标。

(6) 压力动力原理

压力来源于物理学研究领域,压力与动力的关系是物理学家们关注的重要问题。压力的本意是两个物体接触时,表面所产生的作用力,也就是动力的来源之一。之后,压力的概念被引入心理学领域,表示导致压力感知的心理来源所引起的认知和行为反应过程。从定义上看,压力感知的来源是个体的外在因素,受到该外在因素的影响,个体认知与行为会发生变化。这与物理意义上的作用力十分类似。因此,压力动力原理成了物理领域压力在心理学和管理学等领域的扩展。

压力动力原理的核心内容在于"压力是动力的源泉",但压力并非越大越好。压力的增加能够带来动力的提升,但过高的压力水平则会让一个人疲惫不堪,而过低的压力则让一个人丧失动力。所以,适度的压力是一种理想化的情况。压力来源于完成目标所需资源超出现有资源的程度,该程度为顺差时,压力才能转化为动力。但是,不同员工对于压力的承受能力存在差异。例如,一些体力更加充沛的员工,一定的工作量并不会让他们感到压力。压力也可能来源于竞争机制。在有竞争的情况下,个体出于避免成为"表现最差的人"的目标,便会增加努力工作的动机。压力还可能来源于考评机制。员工为了达到更好的绩效评价,并以此获得自己所期望的报酬,便会增加努力工作的动机。所以,压力的不同来源都能够在不同程度上转化为个体努力的动力,这为企业的人力资源培训与开发提供了启示。

企业在设计人力资源培训与开发项目时,可以利用压力动力原理,增加个体在项目中的积极性。企业可以增加对以下几个方面的关注。第一,在确定培训与开发目标时,需要设置一定程度上超出被培训或被开发者能力与资源范围的目标。当学习目标超过学习者学习能力或学习资源的程度过高时,学习者会产生极高的挫败感,反而无法达到预期的学习效果;当学习目标并不需要消耗学习者多少资源时,学习者反而会感到无聊,同样无法达到预期的学习效果。第二,在设计培训与开发课程时,要注意竞争机制的建立。当学习者在学习中缺乏竞争时,便会降低学习的动力;但是如果培训与开发项目过于强调竞争,则会加剧学习者的疲劳感,甚至导致学习者将过多的精力从工作中转移到培训与开发项目中,从而无法完成工作,得不偿失。第三,在设计培训与开发课程时,要注意健全评价机制。学习效果的评价对于学习者而言也是压力的来源之一,评价能够起到反馈作用,让学习者认识到现状与目标之间的差距,从而形成缩小差距的动力。但是,学习过程中存在诸多无法使用结果衡量的因素。过度关注学习结果,会导致不切实际的期望,学习者在学习过程中也会产生极大的疲劳感,疲于完成各项硬性指标,降低了学习效果;过度关注学习过程,则会导致学习者在学习过程中丧失自主性,学习结果考核的缺失也无法掌握学习者真正的学习效果。因此,需要将过程与结果的考核方式进行权衡。第四,增加员工在培训与开发项目中的学习压力时,需要关注不同学习者的能力、个性等方面差异。例如,对于能力较强的学习者,可以增加其学习压力,保持该类型学习者的动力;对于能力较弱的学习者,可以适当降低其学习压力,避免重压之下的无力感与挫败感。

(7) 群体动力原理

人类是一种群居性生物,组织也是一种群居的体现,组织中的个人无法脱离他人而存在,必然受到他人的影响。群体行为的出现,往往是因为个体在决策时受到周围人群的影响。于是,库尔特·勒温(Kurt Lewin)提出了群体动力理论,解释群体成员之间的相互关系和相互影响,并说明群体内成员为何出现。群体本身就是一种影响力的来源,群体内的规范、传统、共同意识等因素会对人的行为产生各种驱动力和抑制力,制约着人们的行为。

群体动力原理的核心内涵可以用"$B=f(P,E)$"表示,其中 B 代表行为方向或强度;P 代表个体特征或内在动力;E 代表个体所处环境的影响方向与强度。该公式表明,个体的行为是由内在因素和外在因素共同决定的,群体的行为也是由群体内因素和群体外因素共同决定的。群体不是个体的简单加总,而是个体相互作用后形成的结果,可能大于总和或等于总和,也可能小于总和。个体不会脱离群体而存在,所以个体所处的环境可以理解为群体的特征。这些特征包括群体的目标、群体内的领导方式、群体内的规范、群体规模、群体构成等。这些特征是维系一个群体存在的基础,也是区分一个群体与另一个群体的关键。勒温对这些群体特征也提出了自己的观点。第一,群体的目标是个体行为的驱动力之一,出于对共同目标的认同,个体会将群体目标视为自己的内在目标,并持续努力。第二,群体内的规范对成员影响巨大。群体内存在一些共同的准则,置身于该群体的时间越长,受到这些准则的影响就越大,在进行决策时就越容易将群体准则视为自身的标准。第三,群体内的领导形式能够影响成员甚至群体行为。无论是正式还是非正式组织,都需要领袖人物来维护群体的运行。领导方式分为专制、民主和自由放任三种。民主的领导方式主要体现为征求成员观点与意见、鼓励成员参与决策和协调成员关系等,能够更好地提升群体内的凝聚力。第四,群体内的人员结构、群体规模等特征能够预测群体行为与绩效。群体内的成员可以分为正式成员、非正式成员和孤立者三种类型,正式成员越多,群体的目标和规范就越容易被接受,目标和规范的驱动力也就越强。群体的规模较小时,成员之间的交往更加密切,也更容易取得协调一致的观点;群体规模较大时,成员之间的交往反而变得稀少,也难以取得协调一致的观点,群体规模通常在 7~12 人时比较合理。群体动力原理为人力资源培训与开发提供了重要启示。

企业在设计人力资源培训与开发项目时,应当考虑群体的作用。首先,在设计人力资源培训与开发项目时,可以以团队形式进行培训与开发。当两个或两个以上学习者共同学习时,他们相互学习共同进步,其效果可能超过单独学习的效果。其次,设定合理的群体目标,塑造良好的群体内规范。群体目标和群体规范都是影响该群体内成员行为的重要驱动力。将学习目标呈现为群体目标的形式,有助于群体内成员对该学习目标的认同,激发他们的内在动机;在群体内营造有利于学习目标实现的氛围,形成成员共同认可的行为规范,驱动员工的学习行为。最后,培养民主型的团队领袖。即使是学习团队,也需要领导者履行监管职能。员工在学习方面不仅需要有足够的自主权,也需要对学习成果进行检验,所以民主型领导者的作用更加有效。在学习团队内自发或推选出合适的领导者,并将其培养为民主型领导,有助于群体动力的激发。最后,构建结构与规模合理的培训与开发团队。明确培训与开发团队内成员的身份,避免他们成为非正式成员或孤立者;控制团队规模的大小,将培训或开发团队设置为7~12人的范围内,更好地发挥团队的作用。

4. 素质开发原理

> **想一想**
>
> 你在小学、中学和大学阶段的学习内容差别大吗?10年前的大学课程和现在的大学课程内容差别大吗?学过的东西你还想再学一遍吗?

管理学中的"素质"是个体在完成任务时所需的全部知识、技能、能力等要素的集合,包含了心理素质、生理素质、文化素质和个性素质,是个体行为表现的基础。个体在工作中完成各种任务时,都需要一定的知识、技能或能力。因此,当个体现存知识、技能或能力无法满足当前或未来的工作要求时,就需要进行培训与开发,以掌握工作所需的素质。但是,在素质开发的过程中,针对不同的开发阶段、不同素质水平的被开发者等因素,应当遵循一定的规律进行素质开发,这样一系列的素质开发规律统称为素质开发原理。在素质开发的过程中,根据这些原理所开展的人力资源培训与开发活动更具效率。

(1) 生态限制因子改变原理

限制因子本是一个来源于化学领域的概念。1840年,尤斯图斯·李比希(Justus Liebig)在研究化学物质对植物生长的影响过程中发现,植物的生长质量并不会因为生长所需化学物质的大量投入而提高,反而会因为某种生长所需化学物质的投入不足而受到限制。于是,他将这些微量元素称为限制因子,因为这些元素限制了植物的生长。只要稍微增加这些元素的投入,植物的生长水平很快就得以提升。李比希的发现也被称为"李比希最小定律"。之后,关于限制因子和李比希最小定律的使用范围被逐渐扩大,直至管理学领域。在管理学中,可以将人们工作或学习的水平视为植物生长水平,而人的各种素质要素就是提高工作或学习水平的"微量元素"。当某种素质要素低于最低要求时,无论其他素质要素水平有多高,都无法提高个体的工作或学习水平,甚至会导致工作与学习水平的下降。生态限制因子改变原理为人力资源培训与开发活动提供了重要启示。

人力资源培训与开发活动,能够增加个体工作或学习所需"微量元素"的存量,当个体需要在工作或学习中投入该元素时,便有足够的存量可以投入,避免受到这些元素的限制。在对员工素质进行开发时应当注意一下几个方面。首先,分析个体和组织的"限制因子"有哪些,并针对这些"限制因子"进行开发。李比希最小定律的核心观点就通过避免限制因子水平过低而产生的负面影响。所以,识别"限制因子"有哪些,才可以对症下药。那么在人力资源培训与开发的过程中,首先就需要借助素质测评方法,识别员工和组织究竟在哪方面的素质水平较低。其次,设定培训与开发的最低目标。通过设定最低的培训与开发标准,使全部参与培训与开发项目的员工均可以将某项或某几项素质达到特定水平,从而避免了这些素质水平过低而对工作或学习产生抑制效果。一般来说,培训与开发的最低标准应当高于岗位的基本要求。最后,完善企业内的工作动态考评制度。企业内的考评制度是发现员工或企业素质不足的重要来源。所以,企业不仅要在培训与开发项目上下足功夫,寻找"限制因子"并有针对性地进行开发,还需要定期对员工的工作表现进行考评,及时发现员工或企业某项素质不足或提前预防某项素质不足的潜在可能。

(2) 适合环境的整体性原理

环境的整体性来源于地理学科。人类赖以生存的地理环境是由多个相互联系、相互影响和相互嵌入的要素构成的整体,包括气候、土壤、地貌、生物和水,其中任何一个要素的变化都会引起整个地理环境系统的变化。这种系统性的观点逐渐被用于描述人类的活动,在管理学领域内也得到了应用。组织也是由许多相互联系、相互影响和相互嵌入的工作要素构成的系统,包括任务、岗位、员工、知识、技能等,任何一个要素的变化,都可能引起整个组织的变化。同样地,组织也是社会系统中的构成要素,不仅会受到社会内其他构成要素的影响,也会对其他构成要素乃至整个社会产生影响。因此,管理者对企业中的任何要素进行干预时,都需要以系统性的眼光看待问题,注意某种要素变化所引起的系统性变化,还要注意组织外要素发生的变化。适合环境的整体性原理为人力资源培训与开发活动提供了重要启示。

人力资源培训与开发活动会引起员工、知识、技能等组织内要素的变化,也会受到职业发展趋势、信息技术发展等组织外要素的影响。所以,组织在进行人力资源培训与开发时需要关注以下几个方面的问题。首先,培训与开发的目标要与组织战略目标结合。组织的战略目标是未来一段时间内的发展方向。在战略目标下,组织内的员工、知识、技能、任务等要素都需要围绕该目标进行。在设置培训与开发目标时,要遵循系统性的思路进行设定,各项要素都需要有所涉及,并明确各项要素对目标实现的贡献。其次,培训与开发的目标与外部要素变化趋势一致。组织作为社会系统的构成要素之一,会受到外部环境的影响。所以在进行培训开发前,首先要弄清楚组织现状与外部环境发展趋势之间的差距,或分析可能遇到的外部问题,提前做好预防性规划。最后,在进行培训与开发考评时,也需要从系统的角度出发进行考评。由于组织内外的各项要素都是相互联系、相互影响的,这种"牵一发而动全身"的现象导致学习效果的分散化。某个要素在经过培训与开发后可能并未达到预期标准,但是该项要素之外的其他要素有可能发生变化,总体来看仍然实现了培训与开发的目的。所以,在进行培训与开发效果的评价时,也要完善系统性的评价体系。

(3) 结构优化原理

结构是对组成整体的各要素进行搭配和安排的模式。组织是一系列要素构成的整体,必然存在一定的结构。在组织中,可以从两个方面理解结构,一是组织中的劳动者构成,即人员结构;二是组织内各种工作的安排,即组织结构。即使企业内的人员构成相同,但是采用的组织结构不同,其组织效能存在巨大差别。同样地,即使企业采用了相同的组织结构,但是人员构成的差别也会导致组织效能的差异。无论是人员结构还是组织结构都对组织目标的实现产生巨大影响。因此,需要对人员结构和组织结构进行协调,这便体现了结构优化原理。结构优化原理指出,在人力资源培训与开发的过程中,要首先确定合适的组织结构,在此基础上针对该组织结构进行合理的人员配置,形成组织内的结构,从而达到人员结构和组织结构的协调,实现结构优化。结构优化原理为人力资源培训与开发提供了重要启示。

组织在进行人力资源培训与开发时,首先要根据企业的经营战略和组织结构,确定培训与开发的需求。组织的经营战略决定了企业的业务类型。不同类型的任务需要配合不同的组织结构,如果当前组织结构不符合经营战略的要求时,便需要进行人力资源培训与开发。例如,低成本战略下,组织需要通过严格的规章制度、标准化的工作流程等方法来约束员工的行为。此时,如果企业相应的规章制度和流程并不完善,那么就需要对相关人员进行培训与开发,完善相应制度和流程建设,确保组织能够快速转变组织结构。其次,在确定培训与开发的需求时,还需要考虑组织的经营战略和人员结构。经营战略的实现不仅需要组织结构的配合,还需要员工的支持。当员工的知识、技能等要素不足以支持战略目标的实现时,同样需要进行人力资源培训与开发。在分析人员素质与预期要求之间差距的基础上进行培训与开发,使组织在未来的发展过程中具有足够的人力资源应对新的工作要求。最后,根据组织结构和人员结构,进一步调整培训与开发的需求。"好马配好鞍",有能力的员工需要在合适的组织结构下工作,符合企业战略方向的组织结构也需要配置有胜任能力的员工才能真正发挥作用。所以,根据预期的组织结构和人员结构,以二者协调一致为目的,调整培训与开发的需求,使员工和组织在经过培训与开发后,真正实现优化。

(4) 能级层序对应原理

"能级"来源于物理学领域。在一个能量系统内,电子围绕着原子核运动。电子本身存在不同的能量,于是便会围绕着不同的原子核运动。这便形成了能量的等级和秩序。不同能量电子与不同等级原子核的对应关系便被称为"能级对应"。该原理同样存在于管理学领域。无论是组织、法规还是人,都具有不同的能量。例如,央企的能量通常高于地方直属企业;《合同法》的能量高于地方性的管理条例;工程院院士的能力通常高于基层员工。根据能量的高低便形成了一定的标准、规范和层次。达到某个层次就必然需要某种水平的能量,也就是说某个层次的岗位必须赋予对应的权利和义务,任职者必须具备该岗位所需的能力,以运用该岗位的能量。因此,建立合理的能级,并把具有不同能量的员工安排到不同能级上,实现能级层序的对应,既不"大材小用",也不"小材大用",才能真正做到人尽其才。能级层序对应原理为人力资源培训与开发提供了重要启示。

组织在进行人力资源培训与开发时,首先必须按照能级进行管理。根据职位的重要性、复杂程度、难度等因素,对组织内的全部职位进行能级划分,形成统一的能级层次。这是能级管理的基础,也是组织进行人力资源培训与开发的依据。其次,根据能级的高低,明确权力、责任和能力等要素。权力、责任和能力等要素构成了职位的能量,职位的能量需要借助任职者才能得以发挥。在组织中,个人的能量是通过"在其位"实现的,组织的能量则是各个职位能量的总和。根据能级,确定职位的能量,才能找到人力资源培训与开发的方向。最后,能量可以积累。人的能力会不断增长,即使权利和责任没有发生变化,也仍然会形成更多的能量。所以,固定的能级显然无法与人的能量对应。随着能量的积累,对应的职位也应当提升。同理,如果为了将某个任职者提高至某个能级,那么便可以在权力、责任和能力等方面寻找差距,并进行针对性的培训与开发。所以,动态地平衡个人能量和职位能级,才能真正地实现能级层序对应。

(5) 互补增值原理

组织是由许多个体组成的群体,个体嵌入在群体之中。组织目标的实现不仅依赖于个体,还依赖于个体间的协同作用。互补增值原理恰好反映了这样的观点。该原理认为,个体之间存在诸多差异,利用集体的优势,扬长避短,更有利于目标的实现。互补可以体现在以下五个方面。第一,知识互补。每个员工都具有不同类型、水平的知识,术业有专攻。很显然,让一个人掌握全部的知识是不现实的,但是深入掌握某个领域的知识则是可以实现的。

不同个体的知识相互补充,便能形成完整的知识体系,帮助组织实现目标。第二,性格互补。不同性格的个体在完成工作时存在较大差异。例如,有些员工属于"急性子",他们完成任务的速度较快但质量可能不佳;有些员工属于"慢性子",他们完成任务的速度很慢但质量较高。此二者便可以产生互补,既快又好地完成任务。第三,能力互补。与知识互补类似,每个员工都具有不同类型、水平的技能。让一个人掌握全部技能不太现实,仅掌握一种技能时,即便再怎么熟练也无法完成任务。所以,具有不同技能的个体在一起工作,便具备了完成目标所需的全部技能。第四,年龄互补。年龄层次的差异,使得不同代际的个体在思维方式、关注点等方面存在诸多区别。年龄小的个体更具创造力,但思考也相对片面,执行任务的过程中可能碰到诸多困难;年龄较大的个体思考更加全面,经验丰富。二者的互补,则更容易将新想法转化为成果,有利于组织目标的实现。第五,性别互补。心理学中存在一种有趣的现象叫作"异性效应"。无论是男性还是女性,在与异性一起工作时,会变得更有动力、更有效率。这与我国"男女搭配,干活不累"的俗语十分相似。事实上,男性和女性都有各自更加胜任的方面,二者互补,有利于组织目标的实现。第六,关系互补。每个个体都具备特殊的社会关系,社会关系因人而异,未重叠的社会关系便会形成关系上的互补,构建出更加完整的集体关系网络,有利于组织目标的实现。互补增值理论的核心观点就在于集众人之所长,避个人之所短,实现集体增值。这对人力资源培训与开发提供了重要的启示。

组织在进行人力资源培训与开发时,首先必须厘清不同个体的优劣。互补增值原理的核心就是集众人之所长,避个人之所短。所以,分析全部个体的优势与劣势就是利用该原理的第一步,只有弄清楚每个员工的长处与短处才能有针对性地形成互补。其次,根据职位要求,确定培训与开发需求。如果能够通过互补的方式满足职位要求,那么便可以通过配对的方式进行互补;如果无法通过互补的方式满足职位要求,那么就需要有针对性地进行培训与开发,以确保有足够的知识、技能等资源完成任务。最后,在培训与开发的过程中也要注意互补。让学习能力强的员工与学习能力弱的员工互补;保持适当的男女比例等。在培训与开发过程中也产生互补增值效应。

第二节 人力资源培训与开发在我国的研究进展

本节案例

企业大学步入人们的视野

2019年12月13日,由上海交通大学海外教育学院主办的《2019年度中国最佳企业大学排行榜》在上海隆重揭晓。中国移动学院、中兴通讯学院、东风日产大学、三一集团企业大学、吉利企业大学、广东医药有限公司沙槐学院、海能达学院、中铁四局集团企业大学、红星美凯龙集团管理学院、万达学院分列全国最佳企业大学排行榜1~10名。该榜单自2012年开始发布,至今已经第7个年头。最佳企业大学榜单中的学校也发生了翻天覆地的变化。

早在1872年,美国的厚和印刷机制造厂就已经兴办了企业学校。1913年,福特创办的技术学校则更具代表性,但该学校主要用于培训技术工人。在中国,1993年才成立第一所企业大学,由摩托罗拉中国公司创办,成了企业管理人才的培养基地。之后,西门子、爱立信、惠普等企业的商学院也先后创办。企业大学也逐渐从技术工人的培训学校转变为企业家的"摇篮"。尽管如此,我国的企业大学在2008年才迎来真正的高速发展。2008年至2012年的四年间,通过媒体公开报道已经建立或正在筹建的企业大学达到1186家。

企业大学是人力资源培训与开发的理想体系,是学习型组织的有效形态。因而,企业大学成了人力资源培训与开发领域新的关注点。

资料来源:中国最佳企业大学排行榜网站:http://www.ctoplist.com/index.html。

想一想,你还知道什么人力资源培训与开发的新方式?

在VUCA(易变性、不确定性、复杂性和模糊性)时代的背景下,社会处在不断发展变化的状态,人力资源培训与开发的新需求层出不穷,这也推动了人力资源培训与开发领域的研究进展。现阶段,人力资源培训与开发的关注点主要集中在三个方面的问题:人力资源培训与开发的微观问题、学科互涉的研究视角问题以及合理使用多元方法的问题。

一、聚焦人力资源培训与开发的微观问题

关于人力资源的培训与开发问题,我国学者早在20世纪80年代就已经展开探索。1989年,欧阳泽华在《中国劳动关系学院学报》上发表了题为"人力资源开发理论研讨会综述"的文章,对中国首次举办的人力资源开发研讨会进行总结,从经济、文化的角度,对中国的人力资源开发进行宏观分析。1993年,葛寿昌在《中国人力资源开发》上发表了题为"关于我国人力资源开发理论和机制的探讨"的文章,从宏观角度对我国的人力资源开发理论和机制进行探讨,对我国宏观人力资源开发过程中的问题和原因进行分析,并指出构建具有中国特色的人力资源开发理论体系十分必要。1997年,董克用也在《中国人力资源开发》上发表了题为"关于人力资源开发的理论思考"的文章,同样从宏观的角度阐述了人力资源开发在我国的地位并从国家的角度提出未来人力资源开发的宏观方向。

2007年,人才强国战略的提出,将人力资源培训与开发上升至战略地位。关于人力资源培训与开发的研究方向也从宏观视角逐渐转向微观视角。张德信、李军鹏、薄贵利等在《国家行政学院学报》上发表了题为"人力资源开发的基本理论与方法"的文章,提出包含人力资本理论、知识管理理论、学习型组织理论在内的人力资源开发理论体系,以及政策开发、制度开发、投资开发、使用开发等人力资源开发的方法,从微观角度关注了人力资源开发。萧鸣政、谢凌玲、张玉霞等在《中国人力资源开发》上发表了题为"人力资源开发实践中的几个理论问题"的文章,提出了人力资源开发的系统性观点,将个人的能力、品德和生理素质视为关键要素。同时,他们在人力资源开发方法方面,提出了个人开发、组织开发、国家开发和国际开发的多层次体系,再次强调了微观视角人力资源开发的重要性。胡容华在《企业改革与管理》上发表了题为"基于职业锚定论的人力资源开发"的文章,从个人的职业发展需要出发,探讨如何进行人力资源开发的程序与步骤。

之后,自我认同、胜任特征等微观视角逐渐获得了学者们的关注,人力资源培训与开发的研究重心也从国家人才结构、宏观经济形势等方面,扩展至科技人才、高校人才、企业中的员工行为等更加微观的角度。人力资源培训与开发的基本立足点还是人的能力、素质和品

德等因素,所以微观角度的人力资源培训与开发主题仍将是未来的研究趋势。

二、基于学科互涉的研究视角

学科体系来源于科学的专业化分工,这也导致了各个学科自身的"独立性"。"术业有专攻""隔行如隔山"正反映了学科相互独立的场景。但是,管理学是一门来源于实践的科学,实践中的场景不断发生变化,管理学的知识和理论便需要持续更新与创造。学科之间的"独立性"不利于知识的交流、更新与创造。于是,学术圈又出现了与"分科立学"截然不同的"学科互涉"观点。人力资源培训与开发领域的研究涉及社会学、人类学、管理学、心理学等多个学科领域,所以需要借助学科互涉的视角进行发展与完善。

欧阳忠明、刘琼在《理论与改革》上发表了题为"学科互涉视角下的人力资源开发理论研究"的文章,从学科互涉的角度探讨了人力资源开发的理论、研究范式与方法等方面的变化,指出学科知识的内外互涉有助于知识体系的完善。刘雪梅在《农业经济问题》上发表了题为"我国家庭农场人力资源开发的途径探索"的文章,以人力资源开发的视角切入农业经济学科,为发展中国家庭农场和培育农民企业家提出了行动计划。任改梅、汪晓东、郑艳敏等在《远程教育杂志》上发表了题为"教育信息化发展过程中的人力资源开发"的文章,指出人力资源开发的目标就是对人的教育,从而结合了教学学科的视角,对教育信息化事业发展过程中的人力资源开发问题做出回答。刘永芳在《心理科学》上发表了题为"心理学:人力资源管理和开发的一条独特途径"的文章,指出了心理学在人力资源管理与开发中的重要性。人的行为归根结底与自身的认知、意识等因素有关,弄清个人的"内心"才能切实起到管理与指导的作用。

人力资源培训与开发虽然是一门独立的学科,但是其与其他学科之间的互动十分密切。人力资源培训与开发领域与心理学、经济学等学科的交叉研究是当前的主流,这种学科互涉的研究趋势仍然是未来的发展方向。

三、实现多元方法的合理使用

不同的学科体系存在着不同的研究范式与研究方法。随着学科互涉趋势的发展,人力资源培训与开发领域的研究也呈现出多元范式、方法的趋势。质性研究和量化研究是两种经典的社会科学研究范式,质性研究回答"为什么"的问题,量化研究则回答"是多少"的问题。结合了经济学、心理学等"硬"学科特点的人力资源培训与开发研究,倾向选取量化研究的路径,基于"假设—验证"的研究范式,对问题进行测量和解释;结合了教育学、人类学等"软"学科特点的人力资源培训与开发研究,倾向选取质性研究的路径,基于"正、反、合"的逻辑思维,对问题进行深层次地诠释。但是,无论是量化研究还是质性研究,二者都存在自身的局限性。前者虽然可以进行预测与控制,但是很难对问题进行系统化、动态化的解答;后者虽然能够系统地、动态地解答问题,但是研究者本人却会对研究结论的可靠性施加额外影响。

理想的研究范式应当是二者的结合。利用质性研究,从当事人的角度,更加系统、动态、细致地理解问题;利用量化研究,从旁观者的角度对问题的"答案"进行大样本验证与推广。在此基础上,Onwuegbuzie、Rennie等学者们均提出了关于研究范式的新观点。他们指出,应当弱化量化和质性两种范式,推广探索性和验证性研究方法。具体来说,存在三种整合模式:第一,对于新出现的问题使用质性研究进行探索性研究,构建假设;再利用量化研究进行验证性研究,对假设进行验证与推广,这也被称为先后式整合。第二,同时采用探索性和验证性研究方法对问题进行分析,结论相同之处直接保留,不同之处进一步探讨,形成最终结论,这也被称为平行式整合。第三,对于较为复杂的研究问题而言,需要分阶段进行分析。在不同的阶段,交替使用两种研究方法,直至得到最终结论,这也被称为交叉式整合。

通过多元研究方法的整合与合理使用,能够发挥研究方法之间的协同效应,集各家之所长,避各家之所短;能够更好地发现人力资源培训与开发领域中问题的本质,并得到更加全面、科学的结论。近年来,在人力资源培训与开发领域,案例研究、扎根理论、模糊集定性分析、元分析等方法的普及,与社会调查方法进行了不同程度的结合,都体现出了多元方法的整合思想。这也将是人力资源培训与开发领域研究的发展趋势。

本章小结

本章内容结构如下所示:

人力资源培训与开发的概述
- 人力资源培训与开发的基本问题
  - **人力资源培训**:对人力资源进行培训的过程
  - **人力资源开发**:对人力资源进行开发的过程
  - **人力资源培训与开发的战略意义**:是制定人力资源战略的依据,有助于组织战略的顺利实施
  - **目标**:挖掘员工的潜力,提高个人综合能力;提升组织内的人力资本积累水平,增强组织的灵活性和应对能力
  - **内容**:对象、项目、方式
  - **发展历程**:学徒制阶段、职业教育阶段、工厂学校阶段、项目培训阶段、人力资源开发阶段
- 人力资源培训与开发的基本原理
  - **常见的培训与开发模型**:ADDIE模型、CBET模型、HPT模型、ISD模型
  - **常见的培训与开发理论**:多元智力理论、基于职业导向的课程开发理论、发展动力原理(欲望动力原理、生存动力原理、需要动力原理、自主动力原理、目标动力原理、压力动力原理、群体动力原理)、素质开发原理(生态限制因子改变原理、适合环境的整体性原理、结构优化原理、能级层序对应原理、互补增值原理)
- 人力资源培训与开发在我国的研究进展
  - **聚焦人力资源培训与开发的微观问题**:科技人才、高校人才、企业中的员工行为、能力、素质和品德等因素
  - **基于学科互涉的研究视角**:人力资源培训与开发领域的研究涉及社会学、人类学、管理学、心理学等多个学科领域,所以需要借助学科互涉的视角进行发展与完善
  - **实现多元方法的合理使用**:把多学科的方法进行整合,产生协同效应

 **复习思考题**

1. 人力资源培训与开发的异同有哪些?
2. 人力资源培训与开发的战略意义有哪些?
3. 简述人力资源培训与开发的内容。
4. 简述 ADDIE 模型的主要内容。
5. 结合压力动力原理,谈谈你对"996"工作制的看法。
6. 结合互补增值原理,谈谈你对"培训小组"的看法。

 案例讨论

合肥市教育局:义务教育学校严禁设立重点班

2020年4月27日,合肥市教育局发布了《关于进一步加强中小学管理工作的通知》。《通知》中指出,"义务教育学校严禁设立重点班、快慢班和各种形式的实验班、双语班、特色班等,严禁组织分班考试或依托各类培训机构变相组织分班考试,切实保障适龄儿童少年公平接受义务教育的权利"。

事实上,早在一周前,陕西省教育厅也发布了类似的通知,要求陕西省内义务教育学校严禁设立重点班。同日,云南省也出台了类似规定,要求义务教育学校严禁设立重点班。同年5月9日,贵阳市教育局也发布了《关于做好2020年义务教育招生入学工作的通知》,其中规定严禁学校以任何名义设立重点班、快慢班、实验班。

关于"鸡头"与"凤尾"之争的讨论由来已久,中学阶段的分班被誉为"未来的分水岭"。一些家长为了让子女取得更好的考试成绩,想尽办法挤破头将孩子送入"重点班";而也有一些家长认为,"重点班"负担太重,不仅不利于孩子的健康成长,还有可能伤害到孩子的自信心,"宁做鸡头,不做凤尾"成了他们的选择。

资料来源:合肥市教育局网站:http://jyj.hefei.gov.cn/public/8761/104868031.html。

讨论:

1. 你支持让孩子成为"鸡头"还是"凤尾"?
2. 结合本章提到的原理,谈谈为什么家长拼命想让孩子进入"重点班"?

第二章 人力资源的开发方式与方法

教学目标

学习本章后,应该能够:
- 熟悉人力资源的教育开发、人力资源的政策型开发
- 理解人力资源的使用型开发
- 掌握人力资源开发的在职开发、脱产开发的方法
- 熟悉人力资源能力开发的方法
- 在实践中,选择适合的人力资源开发方式

第一节 人力资源开发的类型

本节案例

旭辉集团"行者无疆杯"戈壁徒步挑战赛

"行者无疆杯"戈壁徒步赛,一个让房地产圈内人心潮澎湃的名字。在西部八百里瀚海黄沙之间感悟玄奘精神,一次次砥砺内心,在不断超越中突破极限,完成一次身与心的自我修行。2020年10月,旭辉集团第七届"行者无疆杯"戈壁徒步赛即将战火重燃,各路战队再度聚首,见证王者之师的诞生。

"每个人的人生中都有一座等待攀登的高峰,每个旭辉人的生涯中都有一场等待完成的戈壁。"带着满满的收获,10月4日,以"守初心、战未来"为主题的第七届旭辉集团"行者无疆杯"戈壁徒步挑战赛圆满落幕。4天的疾行,136公里的征途,340位勇士翻越过山丘,行走过大漠,完成了生命中的伟大修行。

30支战队再次超越去年的纪录,以136公里的里程数书写了全新传奇。虽然戈壁道阻且长,但路始终在脚下。136公里,到达的不是传奇的终点,而是未来的全新起点。本次徒步赛中,山东旭辉战队、西南旭辉战队、集团总部战队荣获前三名,包含前三名在内的25只队伍获得了"沙克尔顿奖"。

有人曾说,没有参加过徒步,就不会懂得团队之间的"不抛弃、不放弃"是一句多么有分量的话。每一个团队都是凭借着对"沙克尔顿奖"的渴望,相互搀扶着走向终点。从某种程度上来说,"沙克尔顿奖"的意义甚至超越了所有荣誉。当你相信团队的力量时,它也将超乎

你的想象。"全力以赴的拼搏,不断克服的困难,和团队一起点燃的斗志,以及那些流过的汗、起过的血泡、咬咬牙坚持过的信念。"

大漠沙如雪,燕山月似钩。去戈壁之前对风景的美好想象,可能被现实所击垮。道路崎岖、黄沙遍布、干燥炙热、荒无人烟……在亘古不变的戈壁面前,众生平等,无论你是1400多年前的玄奘,还是过路旅人,它都会以最严酷的环境考验行者的体能和意志。满地尖锐的石头,持续行走的疲惫,不期而至的伤痛……在极端环境下,旭辉行者以坚持不懈的血性韧劲和不抛弃、不放弃的团队精神坚持了下来。

资料来源:http://sh.fzg360.com/news/view/id/83440.html。

请分析:你是否参加过野外拓展训练?野外拓展训练对你的发展有什么作用?

开发是根据员工需求和组织发展对被开发对象的潜能进行挖掘的过程。人力资源开发是一个企业或组织在现有的人力资源基础上,依据企业战略目标、组织结构变化,对人力资源进行调查、分析、规划、调整,提高组织或团体现有的人力资源管理水平,使人力资源管理效率更好,为团体(组织)创造更大的价值。人力资源开发主要包括培养型开发、使用型开发和政策型开发三种类型。

一、培养型开发

1. 培养型开发的含义

培养型开发,是指以适宜的条件促使被开发对象成长,也指按照一定的目的长期地教育和训练。因此,人力资源培养型开发,也被称为教育型开发。可以从下列几个方面来理解和把握人力资源培养型开发的定义。

① 开发的目的是使劳动者在德、智、体、美、劳等方面全面发展,即包括知识、技能、理想、意志的全面发展与提高,而不只是增长知识一项。

② 人力资源培养型开发的手段是多方面的,既有知识传授,又有技能训练、理想培养、意志锻炼等。

③ 广义的培养还包括学校教育、社会教育、家庭教育、政府教育等。

2. 培养型开发的主要内容

对被开发对象进行培养型开发,应按不同对象的需求进行针对性的教育和开发。

① 一般职员开发。一般职员是职工队伍中的主体部分。在企业,一般职员是企业物质产品的直接生产者;在机关事业单位,他们也是工作在"第一线或基层"的公务人员。提高他们的能力,并在未来承担更大的责任,对员工和组织发展都十分重要。通过成立人才培养和能力开发领导小组,制定明确的岗位知识水平和业务能力等级标准,形成明确的导向;制定学习、知识水平和业务能力提升计划;定期召开学习交流会,形成知识共享和积累;定期对知识学习能力的提高进行评价等方式,把企业变成学习型企业,从而进行卓有成效的开发。

② 新员工开发。新员工是组织的新鲜血液和后备力量,往往对组织的管理制度、文化和工作环境缺乏了解,具有较强的防范心理和忧虑,因而新员工开发旨在提升员工的认同感和归属感。对新员工的开发,主要包括融入组织的培训、职业发展培训、岗位技能培训与职业发展培训,以增强新员工对组织的了解,增加组织的稳定性,降低员工流失率,提高组织运

行效率,减少员工抱怨和焦虑。

③ 骨干员工开发。骨干员工是职工队伍中的一支重要力量。对骨干员工的培训,要注意针对性和迫切性。要提高骨干员工的工作技能、创新能力、团队协作能力、时间效率等。对老骨干要补新,通过一定的方式使老骨干提高创新能力和个人效率;对中青年骨干人员要补专,通过培训等方法,使他们掌握更充分的工作技能和团队精神。

④ 管理人员培训。管理人员又分为基层管理人员、中层管理人员和高层管理人员等几类,他们发挥着不同的作用。无论哪一级领导和管理人员,都关系到企业的成败,需要提升他们的战略性思考能力和领导能力,促进卓越的管理方式以及提高变革能力。对基层管理人员来说,主要侧重于管理技能培训和实务培训,中层管理人员主要提高业务管理能力和团队管理能力,而高层管理人员主要掌握现代化管理技术和领导艺术。

二、使用型开发

1. 使用型开发的含义

人力资源的使用就是劳动者劳动能力的消耗过程,劳动力的使用就是劳动本身。人力资源使用型开发指的是:人力资源的使用过程是开发过程,人力资源的使用过程也就是劳动,人在劳动过程中不仅改变了自然,实现了物质交换,同时也改变了自身的能力,使自身的潜力发挥出来,从而实现人力资源的开发。

2. 使用型开发的主要内容

对现有人力资源做到量才使用,做到人尽其才、专业对口、发挥特长、各得其所。

① 用人所长,避其所短。"尺有所短,寸有所长,金无足赤,人无完人"。用人一定要用其所长,才能够人尽其才、才尽其用,每个人都有自己的强项,也有自己的弱项,要坚持以事业为上,以事择人,用什么人,用在什么岗位,一定要从工作需要出发,建立健全激励机制。

② 合理的岗位设计,使岗位对人具有挑战性。一个组织由于其总任务决定了其内部存在各种不同的工作岗位,对劳动者而言,就是不同的职务。一个单位的工作岗位、职务,需要不同的人来从事。因此,应该掌握这些岗位、职务对人的各种要求。也就是说,要建立工作规范,然后确定从事这种工作的人应当具备的生理、心理能力与现实的技能和操作经验等,并制定出一定的项目与指标,作为这个职务用人的标准。

③ 合理配备人员:"把适当的人放到适当的位置上"。具体地说,人员配备要依照以下原则进行:满足需要、发挥能力、节约人员、灵活出入,即根据单位内部各个岗位对不同人力资源的要求,挑选和安排人员,同时要注意发挥人的能力,根据人所具备的工作能力,特别是智力水平安排合适的工作。根据岗位需要挑选人,一般不会发生低质量劳动力干高质量工作的问题;而发挥人的能力,根据劳动者的能力水平安排工作,又不会产生高质量的劳动力干低质量工作的现象。这两种现象都避免了,才是适当的人在适当的位置。

④ 选择合理的用工制度。新中国成立以来形成了一种固定工为主,包括临时工、外包工、季节工、轮换工和其他形式的劳动用工制度。我国过去在用工制度方面控制过死,企业单位难于按照需要适时、适量、适质地从社会上取得人力资源。目前,各地劳动人事部门都在探索,通过进行劳动合同制,优化劳动组合制,对管理人员和专业技术人员聘任制、人才市

场等方面的改革,以建立一套适应社会主义市场经济需要的符合企业单位特点的人事管理制度。

三、政策型开发

1. 政策型开发的含义

广义的人力资源政策型开发,是指国家通过制定和颁布政策法规来指定、推动、激发劳动者素质的提高,从而增大国家人力资源的存量,充分合理使用人力资源。狭义的政策型开发,是指组织通过制定各种奖励、工资、提拔晋升等制度,建立起激励机制,激励员工发挥自己的潜能。

2. 政策型开发的主要内容

① 增强岗位的灵活性。通过岗位培训和工作轮换提高被开发对象的岗位工作技能,实现被开发对象的"一专多能",既更专精于本职工作,也能胜任更多的岗位,从而提高被开发对象从事岗位工作的灵活性。俗话说:淡季不淡,忙季不忙。淡季的时候,多将时间放在被开发对象的培训与开发上,忙季的时候,被开发对象的技能提高了,而且还可以根据工作需要补充到其他岗位上去。

② 冻结人员外部招募或裁减人员招募计划。当通过有效的培训开发,被开发对象具有了更强的岗位灵活性之后,就能胜任多种不同的工作岗位,也能够补充到需要的工作岗位上,这样就可以冻结人员外部招募或者裁减人员招募计划,工作需要的岗位可以借助内部劳动力市场从内部被开发对象中招募,或者裁减人员招募计划,仅从外部市场招募公司内无法补充的关键岗位人才。

③ 冻结工资增长或者减薪。在一个工资刚性(能涨不能降)的企业中,冻结工资增长员工很难接受。因此,企业在实施冻结工资增长或减薪政策的同时一定要先与员工沟通,让员工理解企业的决定,同时也鼓励他们理解企业的困难,同舟共济,团结一心,与企业结成"命运共同体",战胜困难,并激发更大的精神动力。如果真有员工不能认同企业的政策,那不愿与企业同患难、共命运的员工也不能算是企业所需要的员工了。

④ 裁员。任何事物都具有两面性,即所谓的"双刃剑"。裁员应该是缩小人力资源成本最明显最有效的行动了,短期而言马上就能发挥看得见的效益,但它又是一个对员工心理打击最大的行动,它可能会丧失员工对企业的凝聚力,长期而言对企业的伤害很大。所以裁员永远不能算是最好的方法,最多只能算是权宜之计。而且当企业面临经济状况回暖的时候,又要支付更高的招募成本,裁员减少的成本又可能会被抵消。

任何一种紧缩性的人力资源政策,都需要通过对企业价值观的调整来获得员工对企业政策的理解,并树立起员工战胜困难的动力,让公司经营上的困难成为全体员工万众一心、团结奋进的精神动力。

对于上述不同的方式,不能绝对地来评价哪一种方式好与坏,都有其好的一面和不好的一面,因此,企业在选择有效人力资源政策的时候一定要根据自己企业的实际情况、经营特点、人力资源状况与企业发展战略。

第二节 人力资源开发的方式

一、在职开发

1. 工作轮换法

（1）工作轮换法的含义

工作轮换法起源于日本，又被称为轮岗，是让被开发对象在预定时期内变换工作岗位，使其获得不同岗位的工作经验的培训方法。一般来说，轮换的岗位要与原岗位处于同等水平、技术要求相近。员工轮岗期间，通常由所在部门的主要负责人对其进行管理。

工作轮换具有以下四个方面的作用。第一，工作轮换能丰富培训对象的工作经历，可以增强工作的趣味性、挑战性，使员工感到在职业上能够得到发展和成长，增加工作的吸引力。第二，促进员工对组织各个部门的了解，增强各部门之间的了解和合作，员工能了解并掌握各种不同的工作和决策情境，有利于提高员工解决问题的能力和决策能力。第三，工作轮换能识别培训对象的长处和短处，从而更好地开发员工的所长。第四，能够增强组织活力，储备多样化人才，促进组织发展，是一项成本较低的组织内部调整和变动，既能给企业员工带来工作的新鲜感和挑战性，又不会带来太大的组织破坏，使组织重组后更具效率。

（2）工作轮换法的优缺点

工作轮换法的优点主要在于以下几个方面。第一，丰富员工的工作活动内容，减少工作中的枯燥感，提高员工的积极性。第二，扩大员工所掌握的技能范围，使员工能够很好地适应环境的变化，也为员工在内部的晋升打下基础。第三，减少员工的离职率。很多员工离职都是由于对目前的工作感到厌倦，希望尝试新的挑战性的工作。如果能够在公司内部给员工提供流动的机会，让他们有机会从事自己喜欢的有挑战性的工作，他们也许就不到公司外部寻求机会了。

工作轮换法也有一些缺点。第一，员工到了一个新的职位，需要时间重新熟悉工作，因此在最初一段时间，工作效率会有所下降。第二，员工认识到他目前的岗位是临时性的，不久就会离开，因而归属感不强，很可能在工作上敷衍了事。第三，工作职位的轮换是牵一发动全局的，因为变动一个员工的工作职位就意味着其他相关职位随之变动，增加了管理人员的工作量和工作难度。第四，工作轮换法鼓励"通才化"，适合于一般直线管理人员的培训，不适用于职能管理人员。

2. 现场指导法

（1）现场指导法的含义

现场指导法又称工作教练法和实习法，是指由一位有经验的工人或者直接主管人员在工作岗位上对被开发对象进行培训的方法。指导者的任务是教被开发对象如何做，提出如何做好的建议，并对被开发对象进行激励。

现场指导法在实际中广泛应用，在工业革命的早期，这种方法实际上就是师傅带徒弟的现场指导。师傅或者教练，凭借自己的知识和技能指导被开发对象，一般先讲解一些工作要点并示范,被开发对象在一旁观察、学习和尝试,教练或者师傅在必要时指导,从做辅助性工作过渡到独立完成(具体阶段见表 2-1 所示)。

表 2-1 现场指导法的一般步骤

阶段	内容
阶段一:准备	* 确定培训目标 * 了解被开发对象的基本情况和学习期望 * 提供培训手册、资料等 * 明确具体的培训任务
阶段二:示范/任务展示	* 简要说明 * 示范与解释 * 演示
阶段三:练习与指导	* 被开发对象执行培训任务 * 指导者进行反馈 * 强化正确行为
阶段四:跟踪	* 被开发对象独立执行培训任务 * 及时答疑 * 定期检查

(2) 现场指导法的特点

现场指导法的优点是具有广泛的适用性。一方面,由于其科学可行的培训计划、方案和程序化的培训模式,保证了培训的标准化和客观化程度;另一方面,它可以同时培训多名学员,有效地节省时间,提高效率。因此,它既适用于那些工作结构性差的工作,也适用于机械操作的培训,也可用于各级管理人员培训,尤其在生产规模比较小、技术很独特的场合中使用起来最有效。例如,手工艺制造、科学研究的某些阶段、设置助理职务、培养和开发企业未来的高层管理人员等。

现场指导法有很大的不足。一方面,不能对所有的员工加以培训,如果企业里所有的知识、技能都用这种方法传授的话,效率太低不能满足大规模的现代化生产。另一方面,并不是所有指导者的经验都是可靠的,他们的知识或者技能极有可能并不是最优的,而是可改进的。

现场指导法的有效性取决于三个方面:指导者、员工和组织。指导者应有较强的沟通能力、监督和指导能力,以及宽广的胸怀;员工应当虚心好学,主动与指导者建立友好的工作关系;企业组织应为员工挑选合适的指导者,并对指导者的培训工作给予充分的肯定和必要的奖励。

3. 设置初级董事会

(1) 设置初级董事会的含义

设置初级董事会,是一种针对中级管理人员的开发方法,将培训对象组成一个初级董事会,并让他们对整个公司的经营策略、政策及措施进行讨论并提出建议,为他们提供分析公司现状和发展问题的一种方法。初级董事会是为有发展前途的中层管理人员提供的,培养分析全公司范围的问题的能力和提高决策能力的培训方法。

(2) 初级董事会的组成

初级董事会一般由 10~12 名被开发对象组成,被开发对象来自各个部门,主要由中下层管理干部、职工代表和部分专家组成,针对组织结构、经营管理人员的报酬、员工的激励政策、部门之间的冲突等高层次管理问题提出建议,并将这些建议提交给正式的董事会,并定期与公司董事会举行联席会议,拥有很大的自主权。通过这种方法为中级管理干部提供了处理全公司范围问题的在职培训和经验,同时增强了各级管理人员的交流与沟通,还培养了他们的主人翁意识,锻炼和培养了经理人才。

二、脱岗的开发

1. 脱岗开发的含义

脱岗开发是让员工离开工作岗位到大学、其他单位或在本单位专职学习一段时间,一般半年、1 年或者更长时间。脱岗开发又称脱产开发,脱产开发的类型主要有短期脱产和长期脱产,学历培训和更新知识培训,分阶段脱产培训和分专业脱产培训。

2. 脱岗开发的方法

脱岗开发的具体方法主要有正规教育、研讨会或大型学者会议、企业内部开发中心、周期性休假和文件筐等。

(1) 正规教育

正规教育,主要包括专门为公司雇员设计的公司外教育计划和公司内教育计划,如大学及咨询公司开设的短期课程;高级经理人员的工商管理硕士培训计划;大学课程教育计划等。

正规教育的优点是能够系统地对较多的成员进行提升、培训,课程具有针对性;能够较为系统地把知识传授给学员,较为节省时间、金钱。缺点是对培训师要求较高,同时单向传授不能保证学员接受程度。

(2) 研讨会或大型会议

研讨会或大型会议,通常与大学或者咨询公司合办,在教师的引导下,被开发人员围绕某一个或几个主题进行交流,既能进行思想、政策和程序等的交流,也对一些没有定论或答案的问题展开讨论、包括对某些未来趋势进行探讨。该方法可分为任务取向的研讨、过程取向的研讨,任务—过程取向的研讨三种类型。

研讨的选题应具有代表性、启发性,难度要适中,并提前发布供被开发人员准备。该方法可以借鉴其他公司或者学者的一些最新实践模式与研究成果,也能捕捉到一些有关未来走向的敏感信息。该方法的优点是形式多样、适应性强,可针对不同的目的选择适当的方法;能够针对一些问题开展深入的讨论,使被开发人员得到自己感兴趣方面的知识,加深对知识的理解。该方法的缺点是由于对探讨内容的关注度不一致,不易调动大部分人的积极性。

(3) 企业内部开发中心

企业内部开发中心,是让有发展前途的管理人员到企业自己建立的基地去做实际练习从而进一步开发其管理技能的方法。该方法可将课堂教学、评价中心、文件筐练习和角色扮演等方法结合在一起来进行管理人员开发。该方法需要企业依托现有的资源、设备和人力,通过有效合理的整合来强化硬件配置和软件支撑,按照"有人员、有场地、有设备、有制度"的标准,建立起企业自己的研发中心。

(4) 文件筐技术

文件筐技术,是指培训管理者指定被试者职位或岗位,由评价者向被开发对象提供一定数量该岗位日常需要处理的文件,要求被试者在一定时间内按照要求处理完全部文件的模拟测验,旨在训练被开发对象应对日常事务的能力。参加者要阅读这些文件,并提出相应的解决办法,如分派任务、书面或电话回复、安排会议时间表或置之不理等。文件处理是管理人员最常面对的场景,公文筐测验技术主要用于考察管理者的综合管理能力。

三、能力的开发

能力开发是人力资源开发的主要内容,主要包括一般能力开发、特殊能力开发与管理能力开发等内容。

1. 一般能力的开发

一般能力,主要包括沟通、人际交往、学习等能力,即综合性职业能力,一般开发方法有参观法、面谈法、讨论法、角色扮演与网上培训等。

(1) 参观法

参观法是根据员工工作需要,组织和指导员工到实地直接观察客观事物,可以让员工获得丰富的知识,加强管理与实际的联系,增强与基层员工的沟通,有效锻炼管理沟通等能力。一般适用于管理者了解一线员工的工作方式。

(2) 面谈法

面谈法是开发人员与被开发人员面对面地交流,通过一系列问题,收集被开发人员在代表性事件中的具体行为和心理活动的详细信息,可分为个人面谈、集体面谈和管理人员面谈三种。此方法可使开发人员了解被开发者在一般能力上的欠缺之处,并据此提出指导意见,以更好地进行改善和提升。然而,面谈法存在一定的偏差和风险,如开发人员对某一工作固有的观念会影响对分析结果的正确判断,而被开发者可能提供虚假信息。因此,面谈法往往与其他方法一起使用。

(3) 讨论法

讨论法是一种将被开发对象聚集在一起,分组讨论并解决问题的开发方法。一般来说,讨论小组的负责人是管理人员,其主要职责是确保讨论的正常进行,避免讨论偏离既定主题。讨论法能够充分调动被开发对象思考的积极性和主动性,锻炼和提高其能力,培养与人合作的能力。

(4) 角色扮演

角色扮演是每个被开发人员在情境中(如一个案例)被分配到一个角色,并按要求扮演这个角色和对刺激与其他扮演者做出反应。角色扮演可做成录像,并作为开发情形的部分被重新分析。角色扮演的成功取决于扮演者扮演被分配角色的能力。角色扮演的特点是把问题置于现实的情境中,参与者可深入其中处理问题,用经验的参考框架处理情绪和态度,强调感觉,主要培训情绪控制能力和人际关系技能。

(5) 网上培训

网上培训,又称数字化学习、在线培训、网络教育和在线学习等,是通过应用信息科技和互联网技术进行内容传播和快速学习的方法。被开发对象通过学习关于一般能力开发的在线课程,或者观看相关视频,参与视频工作会议等,以此激发其开发和提升一般能力的动力,促进被开发者的自主学习、交互学习,最大程度上利用各种优质网络资源。网上培训能够大大节省开发费用,可及时、低成本地更新培训内容,增强学习的趣味性,提高学习效率,进程安排比较灵活,被开发者可充分利用空闲时间。网上培训要求企业建立良好的网络培训系统,需要大量的培训资金,不太适合中小企业,也不适用于某些培训内容(如关于人际交流的技能培训等)。

2. 特殊能力的开发

特殊能力,主要包括领导能力和创新能力等。特殊能力的开发方法有头脑风暴法、KT法、课题研究法和团队建设法等。

(1) 头脑风暴法

头脑风暴法是让所有参与开发的人员,在没有任何压力的情况下,在轻松愉快的氛围中,不带任何偏见与固有观念、无拘无束地交换自己的想法和观点,由此激发创造力、创新思维和新观点,以提出更多更优秀的解决方案。头脑风暴法一般只规定一个主题,即明确要解决的问题,参与者各抒己见,组织者和参与者都不能评议他人的建议或者方案,事后再收集意见,排除重复的、明显不合理的方案,重新表达内容含糊的方案;最后组织全体参与者对各方案进行逐一评估,选出最优方案。

头脑风暴法的优点是能够为企业解决实际问题,大大提高开发的收益;可以帮助被开发人员解决工作中遇到的实际困难;被开发人员的参与性较强;小组讨论有利于加强学员对问题理解的程度;集中了集体智慧,达到相互启发的目的。

头脑风暴法的缺点是对开发顾问的要求高,如果不善于引导讨论,可能会使讨论漫无边际;研究的主题能否得到解决也受被开发人员水平的限制;主题的挑选难度较大,不是所有的主题都适合。

(2) KT法

KT法,又称为条理思考训练法,是一种由美国兰德公司的查尔斯·H.凯普纳(Charles H. Kepner)和本杰明·特雷高(Benjamin B. Tregoe)发明的训练法。主要明确区分发生问题的情形和没有发生问题的情形,尽可能地收集信息,并按条理性的思考程序寻求解决办法,防止思考误区并有效限制误导决策的各项偏见。

(3) 课题研究法

课题研究法是通过交给被开发人员与实际工作相似的课题,要求其在一定时间内进行研究并得出结论,旨在训练被开发人员收集信息、发现问题、分析问题与解决问题的能力。课题研究的具体方法主要有调查法、观察法、实验法、文献研究法、经验总结法、个案研究法、描述性研究法和实证研究法。

(4) 团队建设法

团队建设法,即建立群体统一性,让员工通过发表观点或者共同经历的方式,审视自身及其他人员的优缺点,主要训练被开发人员的创新能力。主要包括冒险性学习(如野外拓展训练或者户外培训),旨在开发团队协调能力和领导艺术;团队培训,指将单个人的绩效协调在一起工作,从而实现共同目标等。

其中野外拓展训练,主要包括远足、登山、攀岩、漂流等项目,通过野外探险活动中的情景设置,使参加者体验所经历的各种情绪,从而了解自身或者团队面临某一外界刺激时的心理反应及其后果,以提升团队学员的能力。野外拓展训练能够借助自然地域,轻松自然,能够提高真实模拟的情绪体验,使得参与者拥有开放接纳的心态。

3. 管理能力的开发

管理能力的开发,旨在培养管理人员,培训和发掘管理潜力并提高管理水平,鼓励他们自我开发,跟上企业发展的脚步。管理技能开发的技术,主要用于开发领导能力,增强管理人员对他人的敏感性,激发下属的工作士气,提高下属的工作绩效,减少部门之间的冲突。目前,国际上比较流行的管理技能开发技术主要包括领导者匹配培训、人际关系分析培训、时间管理培训、敏感性训练、团队协作培训五种。

(1) 领导者匹配培训

领导者匹配培训,又称为"目标导向培训模式",主要训练管理人员如何确定自己的管理风格,并适应特定环境达成目标,是管理者有意识地在工作中训练自身的一种方式。该方法要求管理人员自觉训练自己的管理风格与员工的情境相匹配,与关心任务的完成相匹配,与关心员工相匹配,并使三者统一起来,达到管理工作的高效率。该方法具有一定的特色,一是将员工、组织作为情境因素研究,二是认为,领导者不应高高在上,而应帮助员工确定目标,创造条件,扫除障碍,达到目标而提高效率;三是领导者的成效决定于他们对员工的心态的把握,发挥员工的主观能动性。

(2) 人际关系分析培训

人际关系分析培训旨在分析管理者与下属之间的人际关系或者沟通模式,帮助管理者在工作中以理性的合乎逻辑的方式,通过理解和互动来进行沟通和相处的一种方法。该培训能使管理者更好地分析各种人际环境、自我状态,尽快地成长为优秀的管理者。

(3) 时间管理培训

时间管理培训,主要通过案例分析、管理游戏、讲解等形式,结合本企业的实际案例和时间管理的误区,分析和讲解计划与时间管理的工具、基本方法、沟通和授权等技巧,强化时间管理系统,旨在提高管理者和员工的时间效率、工作效率、效果和效能。

(4) 敏感性训练

敏感性训练(简称 ST 法),要求被开发人员就参加者的个人情感、态度及行为进行坦率、公正的讨论,相互交流对各自行为的看法,并说明其引起的情绪反应。敏感性训练的主要目的是提高参与者对自己行为和他人行为的洞察力,了解自己在他人心中的形象,感受与周围人群的相互关系与相互作用,学习与他人沟通的方式,发展在各种情况下的应变能力。

敏感性训练通常采用集体住宿训练、小组讨论、个别交流等活动方式。敏感性训练适用于组织发展培训、晋升前的人际关系训练;中青年管理人员的人格塑造训练;新进人员的集体组织训练;外派人员的异国文化训练等。

(5) 团队协作培训

团队协作培训,主要利用咨询顾问、面谈和团队建设会议来改进企业管理者的工作绩效,让他们学会利用一系列的技术去改进部门工作。团队协作培训重在协调为达成共同目标而努力工作的不同个人之间的合作,需要各个成员之间分享信息,并且个人的行为将会影响到团队的整体绩效。

第三节　人力资源开发的方法

一、培训

1. 培训的含义

培训就是培养＋训练,通过培养加训练使受训者掌握某种技能的方式。国内培训主要以技能培训为主,侧重于行为之前。为了达到统一的科学技术规范、标准化作业,通过目标规划设定、知识和信息传递、技能熟练演练、作业达成评测、结果交流公告等现代信息化的流程,让受训者通过一定的教育训练技术手段,达到预期的水平,提高目标,提升战斗力、个人能力、工作能力的训练都称之为培训。

培训是给有经验或无经验的受训者传授其完成某种行为必需的思维认知、基本知识和技能的过程。基于认知心理学理论可知,职场正确认知(内部心理过程的输出)的传递效果才是决定培训效果好坏的根本。我们都知道,普通的教育,只能够提供一些基本的专业知识和层次很低的技能;而面临规模化的企业发展,必须进行多次的技能培训,才能使员工逐步达到企业的不断发展的要求。所以,组织为了提高劳动生产率和个人对职业的满足程度,直接有效地为组织生产经营服务,不断采取各种方法,对组织的各类人员进行教育培训投资活动。

美国经济学家、诺贝尔经济学奖得主舒尔茨发现,单纯从自然资源、实物资本和劳动力的角度,不能解释生产力提高的全部原因,作为资本和财富的转换形态的人,知识和能力是社会进步的决定性原因。但是它的取得不是无代价的,它需要通过投资才能形成,组织培训就是这种投资中一种重要的形式。

2. 培训的分类

按照培训的目的可分为理念培训、心态培训和能力培训。

① 理念培训是使组织成员在思维方式和观念上发生转变,树立与外界环境相适应的新观念和思维方式,培养从新角度看问题的能力。

② 心态培训应该作为培训的中心和重心,却最容易被忽略。心态培训旨在建立个人或员工(或其他社会关系)的心态,从而为完成某项任务创造心理条件。

③ 能力培训是培训的基础,建立个人或员工(或其他社会关系)的能力基础。应包含对完成任务的理解(内容掌握和控制)与支持(技术、管理、协调、辅助等)。

除此以外,还可以分为个人技能培训和企业培训。

① 个人技能培训种类非常繁多,包括英语培训、贸易、小语种培训、职业技能、资格认证、金融会计、建筑、计算机、学历学位、健康、文体艺术、出国留学、学生课外等。

② 企业培训中分四类:一是公开课;二是企业内训;三是企业咨询;四是企业网络培训。

公开课,就是某讲师或培训机构组织的培训课程,针对全社会开放报名培训等;企业内训则是企业邀请培训讲师到企业中进行针对性调研,最后进行分阶段的内部培训等。

二、教练技术

1. 教练技术的含义

教练,在朗文字典中为Coaching,意思是"辅导""教导",是对个体或集体提供建议或指导。关于教练的概念现在还没有统一的确切定义。Chip R. Bell认为教练是那个帮助他人学习知识的人,这些知识若没有教练的辅导,他们在别处也能学到,只不过会学得很慢,甚至什么都没学会;通过对人力资源经理的调查,Mike McDermott、Alec Levenson 和 Steve Arneson提出了一个最优操作定义:教练是关于塑造个体行为、意识、技能或知识的一对一的干预过程;Tom Barry提出教练是仅通过沟通实现的一种管理活动,通过鼓励个人和团队成长来产生绩效,从而创造出相应的企业环境、气氛和背景,这里沟通不仅指提供信息,更多是授权或使得受教练者可以突破现在的绩效水平。

心理学作为教练技术理论基础的主要来源,心理学界许多学者也提出了相关的定义。Zeus和Skiffington认为教练是一种改变和转化,它关注人们成长、改变不良行为和产生适应良好的成功行动的能力,尤其在改变过程中遇到障碍时,给予受教练者及时的支持;Witherspoon和White认为教练是一种为促进有效行为和学习敏捷性的行动——学习过程,这里学习"敏捷性"指通过反馈和体验来进行学习的能力水平;陈国海就在《企业心理教练中》提出,教练的过程是一系列有方向性、有策略性的过程,它以教练技巧反映受教练者的心态、所处的位置,并就受教练者表现的有效性给予直接回应,令对方认清自己,向内挖掘潜能,向外发展可能性,以最佳状态去实现设定的目标。

2. 教练技术的核心技能

Thorpe和Clifford给出了教练的工作描述,详细表述了教练的工作内容和所需技能。其职责包括识别发展需要:向受教练者、经理和其他受益者解释教练过程;帮助制定学习目标和行动计划;根据行为观察,为受教练者提供反馈,对受教练者有关自身能力的观念提出挑战;帮助受教练者识别问题及解决问题的可能途径;通过鼓励受教练者对照目标进行评估,来支持评估过程;帮助受教练者提高个人信念,以达成学习目标。由此,其所需的技能主要包括观察与识别、计划和时间管理、分析性解释、谈判、人际关系技巧、帮助等。这些技术可大致分为心理学技术和管理学技术两大类。

心理学技术主要是人际沟通技巧、反馈与改变技术和评估技巧。人际沟通技巧包括人际效应、倾听、共情、尊重、耐心、幽默、无条件的积极关注、鼓励与推动、语言技术,其目的在于建立良好的教练关系,澄清问题,推进沟通效率。反馈与改变技术包括理清情绪、不做判断的行为解释、认知行为技术、角色扮演、放松训练,其目的在于通过准确而及时的反馈以及行为技术的使用,引发受教练者的改变,提高绩效水平。评估技巧,除了观察言语和非言语的信息外,还包括教练自我评估问卷、MBTI凯尔西气质类型调查问卷、九型人格测试量表等各种量表测量技术,以此来确认受教练者在教练过程前、中、后各阶段的状况。

管理学技术主要是处理问题的技巧、目标设定策略、时间管理策略、谈判技巧、信息管理与提供。处理问题的技巧包括综合分析问题、处理问题、创造力、适应性和灵活性,虽然教练不是直接告知受教练者处理问题的途径,但是教练必须在头脑中拥有一张清晰的问题处理路径图。目标设定策略包括头脑风暴法、SMART策略等管理学中常用的目标管理技术,目的是帮助受教练者制定明确可行的行动目标,逐步实现变化,达到设定的愿景。时间管理策略包括时间管理四方图(重要性—紧迫性),可以帮助受教练者在有限的教练过程中顺利实现变化,提高绩效,同时也有监督管理的作用。谈判技巧主要是指在教练过程中由于受教练者面临新旧观念和行为模式的冲突,教练需要用谈判的技术让受教练者主动接受改变。信息管理与提供是指由于教练所涉及的问题范围较广,因此需要教练拥有收集和管理相关信息的能力和技巧,同时也需要懂得适时适量地给受教练者提供相关的信息,以帮助其自我学习。

3. 教练技术的主要步骤

教练是具可操作性的,既然被称为工具,就有基本的章法和规律可循,才能被学习它的人所领悟和掌握。与西方主流的教练模式"GROW"模式有着大体相同内核的"教练四步骤"将教练过程归纳成四个教练步骤:厘清目标、反映真相、心态迁善和行动计划,这四个步骤又形成一个有效的闭路循环。

① 厘清目标

管理大师彼得·德鲁克有句名言:"做正确的事远比正确地做事重要。"也是提示了目标和方向的重要性。目标是教练存在的基础。在体育训练场上,这很好理解,任何教练都想他的运动员取得好成绩,最高目标是进入奥运赛场夺取金牌。只有帮助运动员实现目标的教练才是优秀的教练。企业同体育场没有本质的区别。领导者确定目标后,不可能每一件事情、每一个环节都是自己去做,而是需要下属去执行和完成,如果下属不能完成目标,领导者的目标同样不能达成。领导者应该把下属的成功当成自己的成功,帮助下属达成目标。

教练的第一步是厘清目标,这是教练的起点。厘清目标有两层意思:第一,教练本身要清晰:教练的目标是帮助被教练者厘清目标和达成目标,是对方的目标而不是教练自己生活的目标。这点非常重要,如果教练不能在过程中坚持这一点,有可能将自己的目标加在别人身上。因为教练是帮助别人看到自己真正的追求,最终对方自己去做决定。因为,教练不是顾问。第二,没有人比自己更清楚自己需要什么。很多不知道需求是因为在纷繁复杂的世界中迷失了方向,或者是在现实面前失去了想象和追求的勇气,内在的需求被掩盖在心底。教练帮助对方把潜藏在内心深处的"我想要"的东西挖掘出来,激发对方将"我想要"的东西订立为人生的目标。

② 反映真相

教练就是对方的一面镜子,把对方的行为和心态真实地反映出来,教练过程的第二步是反映真相。教练反映什么真相呢?教练过程中会碰到很多实际的情况,教练也要根据具体情况真实地反映。在这里,实践中我们从三个方面去看什么是反映真相。

第一是反映出"我认为的"与"别人认为的"之间的差距。人们对自己的看法和别人对自己的看法经常有差距,可是,旁人一般不会把他的真实想法告诉对方,因为当他们坦诚了真实的想法,换来的可能是不理解和被记恨。教练就是这面真实的镜子,会把"别人认为的"反映出来,被教练者可以从中看到自己的另外一面。

第二是反映出"使用的理论"和"拥护的理论"之间的不同。"拥护的理论"是人们口中说出的理论,而"使用的理论"是人们的行动所遵循的理论。这两者经常有很大的差距,大部分人却不知道。比如一位领导者在企业中倡导诚信,但是他却经常对员工说谎,也许他认为说谎,尤其是对员工说谎是很正常的,他的行为所遵循的是"不诚信"的理论。"拥护的理论"通常是以信仰和价值观的陈述形式表达出来,"使用的理论"只能从观察人们的行动,也就是人们的实际行为中推导出来。教练要将对方"说的"和"做的"之间的差距反映出来,帮助对方明白他的行为并不是朝着他想的方向去发展。

第三是反映出"表象"与"事实"之间的差距。很多时候,人们看不清自己,有两个原因,一是存在盲点,没有内省自己的习惯,总是认为自己是对的,所有的不对都是因为别人;一个是恐惧,不敢相信原来自己的真实状态不是自己所认为的,不愿意承认真实的自己也是自己不喜欢的一面。教练反映真相,包括对方的信念、行为和情绪等,被教练从中知道关于事件本身以及自己的盲点,了解到自己的位置,看清楚内心的干扰,洞悉现状与目标之间的差距。镜子只会告诉人们的形象是什么样,而不会告诉人们究竟该保持什么样的形象、应该穿什么衣服。也就是说,镜子是客观地反映真相,不会有自己的判断。同样,教练要放下自己的价值观、信念和情绪,真实地反映出对方的状况。教练的所有焦点应该在对方,自己是中立和客观的,与被教练者之间建立起平等、互信和真诚的沟通关系,这样才能反映真相。

③ 心态迁善

如果企业的领导者想在互联网上建立企业网站,公司没有一个人接触过互联网,也没有人懂相关的技术,这难不倒领导者,派相关的人员去学习,很快就会把网站建立起来。但是,如果公司里所有的人都不愿意去学习,认为谁学习了新技术,谁就会增加额外的工作量,得不偿失。这就不是技术性问题了,需要调适,调适的办法就是迁善心态。

"迁善"一词出自《易》:"君子以见善则迁,有过则改。"迁善不是改正,迁善是心态上迁善;改正是改正过错,是对行为进行改正,而且两者的顺序也道出了人的变化过程,只有心态上先迁善了,才可能有效地改正行为。所有的行为都根植于人们心中的信念,所有的感觉都起源于人们抱持的心态。有的人在面对危机的时候逃避责任,把所有的事情推给别人,因为他有害怕失败的信念;有的人却主动承担责任,在困境中挺身而出,因为他认为危中有机,失败不可怕,可怕的是自己先败下阵去。

迁善是迁善信念和心态。信念决定态度,态度决定行为,行为决定成果。教练从改变信念入手,帮助对方从另外的角度看问题,在信念上有所迁善,心态因此发生变化,行为也就有所不同,可以创造出令人惊喜的成果。

④ 行动计划

行动计划对被教练者的价值在于:第一,负责任的心态,行动计划是被教练者为实现自己的目标负责任地为自己铺排行动的体现,领导被教练者为自己的行动、成果负责任;第二,有承诺地去创造成果,目标是遥远的未来,成果才是现实,收获成功的喜悦让目标有存在的价值,行动计划是创造成果的保障;第三,加强信心及坚定立场,人们面对自己的理想,未必能在时时刻刻都会保持信心,特别是在面对逆境冲击的时候,信心容易降低,一份有效的行动计划能够在人们动摇、怀疑、担心的时候给予最大的支持,坚定信心与立场。

一份有效的计划需要包括"目标、行动、成果"三个最基本的元素。目标是一个方向,是行动的指南针;行动是有效达到目标的行为,是目标和成果之间的转换器;成果是行动所产生的结果,是检视目标的一个标志。

"目标"与"成果"之间区别的关键在于,目标可能是具体的数字,也可能是一个理想和方向,成果则必须是可被准确量度的硬指标。

从厘清目标、反映真相、心态迁善到行动计划,教练过程完成了一个过程,然后再进入厘清目标,也即开始检视成果,洞察行动的方向和目标的偏差,开始新一轮的教练过程。事实上,在具体进行中,这些步骤经常穿插进行,互相补充。没有最好,只有更好,有效性在于人们根据实际情况灵活运用。

三、行动学习

1. 行动学习的含义

行动学习(Action Learning),即通过行动实践学习,由英国管理思想家雷格·瑞文斯于1940年发明,并将其应用于英格兰和威尔士煤矿业的组织培训。行动学习是给被开发对象群体一个实际工作中面临的重要问题,让他们合作解决并制定一个行动计划,然后由他们负责实施的方法,从而达到开发人力资源和发展组织能力的目的。

行动学习法的目的,不仅是为了促进某一具体项目或者个人的学习发展,更致力于推动组织变革,将组织全面转化成"一个学习系统"。经理人获得管理经验的最好方法是通过实际的团队项目操作而非通过传统的课堂教学。

行动学习团队一般为6～30人,可以是同部门的,也可以是跨部门的,还可以是客户和分销商等,具体人员构成根据任务要求而定。

行动学习作为一种培训的组织模式,包含如下三个层面的含义:

① 行动学习是一小组人共同解决组织实际存在问题的过程和方法。行动学习不仅关注问题的解决,也关注小组成员的学习发展和整个组织的进步。

② 行动学习是一个从自己行动中学习的过程,行动学习的关键原则:每一个人都有潜能,在真正"做"的过程中,这个潜能会在行动中最大限度地发挥出来。

③ 是一种综合的学习模式,是学习知识、分享经验、创造性研究解决问题和实际行动四位一体的方法。可以表述为以下公式:$AL=P+Q+R+I$,其中,AL 为行动学习,P(Programmed Knowledge)为结构化的知识,Q(Questions)为质疑(问有洞察性的问题),R(Reflection)为反思;I(Implementation)为执行。

2. 行动学习的步骤与特点

行动学习的一般步骤如表 2-2 所示。

表 2-2 行动学习的七大步骤

阶段	任务
阶段一：确定行动学习课题	* 描述现象、发现问题、澄清问题 * 确定行动学习课题及目标 * 制定学习计划
阶段二：组建行动小组	* 确定小组规模和支持人员架构 * 挑选学员 * 落实学员任务
阶段三：开展学习与实践	* 阐释活动背景、意义以及安排 * 召开项目启动会 * 举办多期研讨班
阶段四：行动方案制定	* 达成共识、激发创意、形成计划 * 调查研究/实践试点 * 方案制定与讨论
阶段五：行动方案审定与实施	* 方案审定与决策 * 行动方案的完善与实施
阶段六：行动结果的总结与评估	* 行动实施的跟踪评估 * 总结与反思行动结果
阶段七：成果的固化与修正	* 最终成果以条例、方案、章程等形式固化 * 实践中运用、推广、分享与修正

行动学习是一类有组织的学习活动，具有以下特点：

一是行动学习的目标是解决企业或个人现实工作中碰到的具体问题，通过在互相学习分享经验和反思碰撞解决具体问题的过程中同步提升个人的知识和技能水平。因此，行动学习可以培养管理人员长期关注问题的能力、深入研究问题的能力和处理人际关系的能力。

二是行动学习的时间持续比较长，而且时间不固定。尽管不同的行动学习项目有不同的时间安排和结构，但一般最短的也需要两三个月，有些行动学习项目有可能是一年甚至两年。

三是行动学习是通过学习知识、分享经验、创造性地研究解决问题和展开实际行动四位一体的循环学习方式。

四是行动学习的方法能大大地提升学员的学习兴趣，使其从心底愿意去学，认真地去学，因而学习效果较好。

 **本章小结**

本章内容结构如下所示：

```
                          ┌─ 培养型开发：培养型开发，是旨以适宜的条件促使被开发对象
                          │              成长，也指按照一定的目的长期地教育和训练
                          │
            人力资源开发  │─ 使用型开发：人力资源的使用过程又是开发过程，人在劳动过
            的类型        │              程中不仅改变了自然同时也改变了自身的能力，使自身的潜
                          │              力发挥出来，从而实现人力资源的开发
                          │
                          └─ 政策型开发：政策型开发的广义与狭义的含义以及它的主要
                                         内容

                          ┌─ 在职开发：工作轮换法、现场指导法、设置初级董事会
                          │
人力资源    人力资源开发  │─ 脱岗的开发：正规教育、研讨会或大型会议、企业内部开发中
的开发方式  的方式        │              心、文件筐技术
与方法                    │
                          └─ 技能的开发：一般能力的开发、特殊能力的开发、管理技能的
                                         开发

                          ┌─ 培训：培训就是培养＋训练，通过培养加训练使受训者掌握某
                          │        种技能的方式，培训的分类可分为理念培训、心态培训和能力
                          │        培训
                          │
            人力资源开发  │─ 教练技术：教练的过程是一系列有方向性、有策略性的过程；
            的方法        │            教练技术所需要的管理学和心理技能；教练技术的四大步骤
                          │
                          └─ 行动学习：行动学习，即通过行动实践学习；行动学习的七阶
                                       段和四个特点
```

 **复习思考题**

1. 人力资源培养型开发的内容有哪些？
2. 人力资源政策型开发主要包括哪些内容？
3. 什么是人力资源使用型开发？使用型开发的主要内容有哪些？
4. 如何理解人力资源开发管理？
5. 人力资源在职开发的方法有哪些？每种方法的优缺点是什么？

6. 人力资源脱产开发的方法有哪些？每种方法的优缺点是什么？
7. 管理技能开发是什么，主要技术有哪些？

 **案例讨论**

某计算机公司的培训

在21世纪，各公司在人才资源方面所面临的最重要的任务就是员工领导能力的培养。企业越是花大力气培养员工的领导能力，越能取得高效益。

"发展个人能力来领导公司的现在和将来是我们最重要的共同责任"，该负责人力资源的高级副总裁说。正是在这种理念下为了使该公司分布世界各地的分支机构的员工接收到有效的培训，使公司能够面对不断激烈的竞争，不断变革，大胆转型，继续成为IT行业的领导型企业，公司成功地将网络培训应用于其称为"Bace Blue"的经理人管理培训课程。

该公司总共约有3 000名经理人分布于全世界50个国家，参加"Bace Blue"课程的学员约有4 000名。公司以往一年花在"Bace Blue"的4 000位经理人的管理培训成本约为2 500万美元。在应用网上训练后，该项培训成本骤降为1 900万美元。其中比较特别的是，该公司在"Bace Blue"管理训练中，并不完全以网络培训从事教学活动，其中规划了四项结合实体活动的内容：第一，简短的网上参考资料；第二，各种管理情境的模拟状况；第三，小组讨论及合作提案等活动；第四，面对面的讨论及沟通活动。此外，"Bace Blue"管理培训课程的时间往常与经理人繁忙的工作日程有所冲突，而导入网络培训之后，这样的问题已不复存在。

资料来源：晓光，倪宁编. 员工培训. 经济管理出版社，2004，p.202.

讨论：
1. 该公司的"Bace Blue"课程用到了哪些开发方法？
2. "Bace Blue"课程开发的对象和目的是什么？

第三章　组织人才开发的内容

教学目标

学习本章后,应该能够:
- 理解组织人才画像和人才盘点的内涵
- 认识和理解构建组织人才画像的工具
- 认识和理解进行人才盘点的工具
- 掌握构建组织人才画像的方法
- 掌握进行人才盘点的具体步骤

第一节　组织人才画像概述

本节案例

人力资源部小张的困惑

小张是某企业的人力资源部招聘专员,最近企业业务扩张,业务量增大,各个部门都需要更多的员工来开展工作,纷纷向人力资源部提交了招聘需求计划书,人力资源部经理批准后,小张便开始在网络、人才中心、校园等招聘渠道发布招聘信息。应聘者前来应聘的时候,小张按照相关部门提供的岗位说明对应聘者的基本信息、求职态度等进行考察,小张以为自己给相关部门招聘到了合格的人才,不料各个部门怨声载道,纷纷向人力资源部抱怨说招聘来的员工不能够胜任工作。人力资源部总监向小张问责,小张感到非常委屈,认为自己在招聘的过程中尽职尽责,却没想到是这样的结果,感到非常困惑,不知道相关部门到底需要的是怎样的人才。

请分析:导致这个招聘结果的原因是什么?

一、组织人才画像的内涵

人才画像,是由企业招聘的显性的职位描述和隐性的内在潜质共同组成,包括关键岗位中冰山上层的学历、知识、技能、经验等,到冰山下层的性格特质、驱动力、动机、气质等一系列综合因素。人才画像聚焦于高绩效,立足于数据分析,将获得岗位高绩效所需的各项技能与要求做数据化展示。

二、组织人才画像的基本模型

人才画像的模型通常由关键个人信息、胜任能力、任职资格、企业偏好、行为习惯组成。

1. 个人信息

个人信息通常包括性别、年龄、学历、专业、身高、体重、体型、肤色、穿着打扮等,如某产品经理的人才画像中的个人信息部分是性别男,年龄30~45岁,本科及以上学历,专业不限,165 cm以上,140 kg左右,体型匀称,肤色正常,职业经理人穿着。

2. 胜任能力

胜任能力是指能将某一工作中有卓越成就者与普通者区分开来的个人的深层次特征,它可以是动机、特质、自我形象、态度或价值观、某领域知识、认知或行为技能等任何可以被可靠测量或计数的并且能显著区分优秀与一般绩效的个体特征。如某管理咨询总监的人才画像中胜任能力部分需要有较强的成就动机,较强的自信心,内归因风格,自我形象良好等。

3. 任职资格

任职资格是指为了保证工作目标的实现,任职者必须具备的知识、技能、能力和个性等方面的要求。它常常以胜任职位所需的学历、专业、工作经验、工作技能、能力加以表达。如某销售总监的人才画像中任职资格部分包括:(1) 本科以上学历;(2) 3~5年以上销售管理经验;(3) 了解业务、信息化管理方面的知识;(4) 出色的市场分析洞察能力,具备全面深刻的营销知识和技能;(5) 具备一定的管理领导能力、沟通协调交流能力和团队合作能力。

4. 企业偏好

企业偏好是指个人对于不同类型、不同风格、不同文化等企业的偏好程度,如某管理咨询总监的人才画像中企业偏好的内容是需要偏好于压力较高、工作具有挑战性、多变性的企业。

5. 行为习惯

行为习惯有如下特点:(1) 习惯是自动化的行为方式;(2) 习惯是在一定时间内逐渐养成的,它与人后天条件反射系统的建立有密切关系;(3) 习惯不仅仅是自动化了的动作或行为,也可以包括思维的、情感的内容;(4) 习惯满足人的某种需要。如某产品经理的人才画像中行为习惯部分的内容包括:① 需要有良好的生活作息习惯;② 爱思考,逻辑思维较好;③ 不过度饮酒、吸烟。

三、组织人才画像的作用

1. 提高人力管理工作效率

企业在招聘的过程中往往会存在工作效率较低的问题,海量化的简历会让人力管理者疲于应对,重复工作会很容易忽视某些求职者的岗位竞争优势。基于大数据分析的人才画像能够有效地解决这一问题,企业在招聘的过程中可根据岗位的人才需求实况,匹配合适的测评指标,通过数据测评来筛选海量的人才简历,找到适合岗位需求的高潜人才,然后再安排面试进行下一步筛选。人才画像构建方便了企业的人力管理工作,提高企业的人才招聘的效率,让企业明确招聘目标,大大提升招聘的准确度。

2. 帮助企业明确人才培养方向

企业一方面希望能够招聘到更多优秀的人才,提高自己在人力资源方面的竞争力,另一方面也希望能够从内部培养出优秀的人才,从而大大提升人才利用率。在人才画像的引导下,企业可以将员工与人才画像的标准对比,明确他们在哪个指标方面存在不足,从而扬长补短,更好地发扬自身的优势。此外,人力部门在进行培训工作时可以和人才画像进行对比,从而更好地确定培训的重点,提高人才的综合素质建设效率,充分开展企业的团队建设,提升企业员工的凝聚力,培养出一批更加优秀的人才队伍。

3. 促进企业内部竞争

在竞争机制的作用下,市场经济得到了迅速的发展,企业在发展的过程中同样需要内部竞争来提升效率。在人才画像的帮助下,员工为了达到标准而努力,这就变相地兴起了企业内部的竞争机制,激励员工去努力学习、奋斗。此外,符合人才画像标准的人才也会存在危机感,从而更加努力地夯实自身素质。

4. 帮助企业建立人才档案

通过人才画像来反映不同岗位的人才各种素质体现,能够更直观地展现某个岗位所需要的人才的综合素质。企业之间可进行联合,通过共同建立一个人才数据库来共享人才数据,当求职者在网上进行简历的投递时或当其他企业进行人才检索的时候,系统会优先推荐该人的求职信息,若企业觉得该人才信息十分契合自身的需求,人力部门便可以主动联系该人进行面试,从而提高招聘效率和企业的运行效率。

四、组织人才画像的适用性

1. 组织人才画像适用的行业

企业在关键岗位上具有大批量从业人员的行业,比如:① 金融行业:银行业的客户经理、产品经理、银行的支行长、代理人、理财顾问、经纪人等;② 房地产行业:楼盘销售人员、某销售片区总监、项目总监等、项目经理,物业管理者、置业顾问等;③ 医药行业:医药生产商里的区域经理、医药代表、医药零售商里的片区负责人等;④ 零售行业:区域经理、店长等。

2. 组织人才画像适用的企业

人才画像适用的企业包括:① 岗位较为单一或特定岗位人数较多的中大型企业;② 企业内部关键岗位的岗位职权和关键衡量指标相对稳定;③ 岗位能够通过绩效考核或评价明显区分不同绩效。

3. 组织人才画像适用的岗位

岗位人才画像的制作需要耗费较多的时间,因此在综合考虑时间、金钱、人力成本的情况下,并不是所有岗位都需要做人才画像。一般通用类的岗位,比如前台、行政、出纳、会计等不需要做人才画像,适合做人才画像的岗位一般有:① 同一职位很多任职者的岗位,例如,业务经理等;② 关键岗位,比如管理岗位、销售总监、销售部负责人等;③ 特殊类的岗位,如企业的合伙人等。

第二节 组织人才画像

一、组织人才画像的基础

在进行正式的人才画像构建之前需要准备好所需要的工具,在人才画像的构建过程中灵活地使用它们才能构建出更加科学合理、有效、准确的人才画像。人才画像构建的基础工具包括:人才画像辞典、岗位说明书、BEI 访谈法。

1. 人才画像辞典

人才画像辞典收录了不同岗位的胜任力条目,包括在知识、技能、核心素养方面影响高低绩效的能力项,其来源于岗位职责、访谈调研等资料中,每个胜任力条目包括能力名称、能力定义、适用范围、分级描述等。

2. 岗位说明书

岗位说明书是对企业岗位的任职条件、岗位目的、指挥关系、沟通关系、职责范围、负责程度和考核评价内容给予的定义性说明。岗位说明书主要包括两个部分:一是职位描述,主要对职位的工作内容进行概括,包括职位设置的目的、基本职责、组织图、业绩标准、工作权限等内容;二是职位的任职资格要求,主要对任职人员的标准和规范进行概括,包括该职位的行为标准,胜任职位所需的知识、技能、能力、个性特征以及对人员的培训需求等内容。

3. BEI 访谈法

行为事件访谈法(Behavioral Event Interview,BEI)是由美国哈佛大学心理学教授麦克利兰(David C. McClelland)提出的胜任力模型建立方法,这一方法主要通过对绩效优秀员工和绩效一般员工的访谈,从而获取与在工作中能够取得高绩效有关的胜任力信息。

行为事件访谈法能够通过受访者对其过往的职业生涯中的一些工作经历的详尽描述,从而发现这一工作岗位所需要的关键胜任力,特别是隐藏在冰山下的较为隐性的胜任特征部分。因此参与受访的人对过往工作事件的描述必须至少包括以下内容:当时这项工作是什么?当时谁参与了这项工作?被访谈者当时是如何做的?当时为什么这么做?带来的结果是怎样的?

二、组织人才画像的方法

1. 采集数据

如需要构建一个销售经理岗位的人才画像,在进行画像之前则要知道销售经理主要的工作内容、需要具备什么样的知识、技能和能力、经验、性格特质等,这些就是需要采集的人才画像的数据。

(1) 需要采集的数据范围

采集的数据范围取决于某岗位的人才画像包括哪些核心要素。人才画像是由岗位说明书所告知的岗位职责和要求与一些较为隐形、不易被发掘的潜质共同组成,一般核心要素有八项:基本信息、工作经历、教育背景、人格特质、专业技能、胜任能力、自我认知、价值观,因此数据收集围绕这八个要素开展。

（2）数据的来源

人才画像的数据可以从企业已有的人才档案、招聘需求表、岗位说明书和人才样本中找。招聘需求表和岗位说明书有具体的岗位描述，解决的是和岗位有效对标的问题。人才样本就是这个岗位的目标对象，通常来说是从内部找该岗位上的高绩效员工，从外部找到在岗位做得较好的人员。

（3）采集数据的方法

通过文献资料检索、实地调研、人员访谈和关键事件法可以获取上述数据。个人信息类可以通过查阅企业已有的人才档案得到，岗位说明书可以得到专业技能、学历、经验等信息。隐藏在冰山下的部分，比如人格特质、价值观、动机等可以通过 BEI 访谈法获得，通过选取某一待建立人才画像的岗位的高绩效员工与一般绩效员工，对他们进行访谈，从而获得访谈文本和数据，再将访谈文本与人才画像辞典进行比对，确定访谈文本中所涵盖的胜任能力条目。

2. 构建画像

通过将收集到的数据（基本信息、工作经历、教育背景、人格特质、专业技能、胜任能力、自我认知、价值观等）进行整合归类，找到某岗位高绩效员工的共性要素，从而构建出某岗位的人才画像，然后按照优先级对不同的人才画像中的要素进行排序，加入一定的语言描述，比如场景描述，让人才画像更加真实和立体，还可用数字化、标签化等，使描述更加具体。

3. 验证测试

在人才画像构建好之后，还需要对人才画像的准确性进行验证，可以将人才画像运用到真实的人力资源工作场景中，在真实招聘中去测试，面试一定量的候选人后，人才画像构建者与用人部门讨论，看人才画像中包含的各种要素以及具体的描述是否符合实际，以及对招聘成功率的影响，根据结果不断调整和修正，并且及时根据企业内外部的情况进行调整，保持人才画像的活力。

三、组织人才画像示例

以人力资源部经理画像为例。基本特征：男女不限，年龄 30~35 岁，本科（含）以上学历，人力资源及相关管理专业，体态端庄，男性身高 172~180 cm，女性身高 160~170 cm，体态匀称，仪表形象佳；胜任特征：具有沟通协调能力、成就动机较强、引导客户能力、培养下属能力、内部协作能力等；任职资格：5 年以上大中型企业的人力资源管理相关工作经验，有招聘渠道开发、甄别及管理的经验，有猎头招聘、网络招聘和专业人才专场招聘组织实施经验，熟悉劳务派遣及人才培训建设；性格特征：与人相处随和，能控制好自己情绪，情商较高，沉着冷静；企业偏好：能接受出差等临时性工作安排，因工作需要可接受加班并遵循公司加班费支付规定，能接受过程管控、结果导向的工作要求及氛围，能接受以招聘目标达成为主要考核要素的绩效考核评价及管理。

第三节 组织人才盘点

本节案例

阿里巴巴的人才盘点

做人才盘点的一个目的就是要形成公司的人才观,建设起公司的人才体系,来支撑公司的长远发展。其中最重要的是解决公司人才结构的问题,做到缺什么,补什么。从人才角度,看人才本身是否增值;从组织的角度,通过人才来激活组织发展。

阿里人才盘点背后是一套系统在提供支持。人才盘点从领导层推进,主要盘三种人。第一种人是直接下属。第二种人是下级的下级里面最优秀和最差的。第三种人是公司里的明星。

在阿里,关于人才有四种"比喻":明星(指有才又有德的员工)、野狗(指有才无德的员工)、黄牛(指能力差一点但任劳任怨的员工)和小白兔(指有德无才的员工)。对于"明星"员工,大胆使用;"野狗"员工则限制使用,"黄牛"员工放心使用,而"小白兔"员工一般不再使用。

当公司很小的时候,对公司伤害最大的永远是野狗。当公司大了,机制又完整了以后,对公司伤害最大的不是野狗,"老白兔"的影响是很大的。

阿里每年盘点,特别关注在公司很多年不被晋升的人,即"老白兔"。因为组织在快速发展,这部分人在公司越来越多,会影响很多新人对这家公司的信任,甚至因为他们占了这个坑,本来可以创造更多价值的,因为他们在,所以很多机会就没有看到。

资料来源:人力资源案例网,http://www.hrsee.com/? id=1125,2019-09-15。

请分析:你对人才盘点的看法?人才盘点的目的和流程是怎样的?

一、人才盘点的定义

人才盘点是指对人力资源的状况进行摸底调查,通过绩效管理和能力评估,盘点出企业员工的总体绩效状况、不同的优势及待提高的方面。企业人才盘点的目标是提高组织在某个方面的核心竞争力,为了达到该目标,企业需要对当前组织的运行效率、人才的数量和质量进行盘点,并对组织的发展、关键岗位的招聘、关键岗位的继任计划,以及企业关键人才的发展和保留做出决策。

企业人才盘点之所以能通过内部人才帮助企业突破发展瓶颈,主要的原因在于:实施人才盘点有助于对企业内部的人力资源总体状况进行比较彻底的了解。很多企业在建立了不同岗位的胜任力素质模型后,仅仅把它用于培训活动上,而忽略了与管理者考核相结合或者仅仅用于高层管理者的评估,结果导致各个岗位胜任力的标准无法在整个公司形成统一声音,大家理解不一致,行为也就不一致,产生的绩效结果也不一致,整个组织很难形成"合力",从而难以提升整个组织的运行效率。在此过程中,对组织的架构、人员的配比、人才的

绩效、关键岗位的继任计划、关键人才发展、关键岗位的招聘,以及组织对关键人才的晋升和激励进行讨论,并制定详细的组织行动计划,确保整个组织有良好的人才结构和出色人才,以落实组织的业务战略,实现可持续成长。

人才盘点的目标是通过人才盘点来辨识人才,全方位地评价各级人才,让具有高潜能的人才显现出来,并通过实战练兵,显示并提高管理者的识人用人水平。让组织统一语言,在胜任力模型的指导下进行人才盘点,不同管理者用同一个标准评价人。进行战略链接,真正将人力资源与组织的战略联系在一起。

二、人才盘点的意义

对于企业来说,人才盘点有六个重要的意义:

1. 明确企业对于人才的需要

企业人才的发展是用来支撑组织发展服务的,企业的战略目标需要通过什么样的形式来实现,企业需要什么样类型的人才,所以企业在进行人才盘点时,首先要通过分析企业的长远战略,基于当前与未来的组织的架构、岗位的设置、人员的结构等各方面的情况,明确组织需要什么样的人才来匹配。

2. 统一企业人才的评判标准

如果企业的内部对人才的标准认识不一致,那么人才的管理也就不易于执行,也不利于整个组织运行效率的提高。人才盘点可以推动企业用一套统一的评价标准来进行人才的选拔和培养。

3. 明晰组织人才发展的现状

企业通过人才盘点,可以清晰地了解公司是否具有充分人才储备可供未来使用,明确企业人才队伍的优势和不足,掌握企业未来需要什么样的人才,企业如何去培养和任用人才。

4. 发掘具有高潜力的人才

企业人才盘点不仅能了解整个人才队伍的能力现状,更大的价值在于帮助发掘企业中那些具备高潜质的人才。高潜质人才对企业未来发展是至关重要的,尤其是对于一个企业的中高层管理岗位以及一些对企业发展至关重要的关键岗位,都需要建立相应的继任计划以满足企业发展需要。而在企业人才盘点中,我们就可以找到各个岗位继任人选的高潜人才。

5. 建立企业人才规划制度

根据组织需要和企业目前的人才现状,企业人才盘点能够有针对性地去拟定一系列的人才规划制度,包括人才的引进、晋升、流动、培养、激励等,形成企业人才管理的行动纲领,来帮助企业更好地向前发展。

6. 对企业的人力资源进行有效的整合

企业人才盘点最大的价值之一就是将组织的人力资源系统性地整合起来,使企业不同岗位的胜任力模型与任职资格,绩效的考核与能力的评价成为一体;使人才的选拔和人才的培养无缝对接;使企业人才发展支撑业务发展;使企业各个模块不再孤立脱节,形成一个系统,一个整体的方向。总的来说,企业人才盘点最大的价值是打造人才的竞争优势,推动组织的发展,让人才来支撑组织的战略发展。

三、人才盘点的时机

在企业的运行过程中有5个关键点需要进行人才盘点:

1. 当企业处于较快速的发展阶段

当企业的规模不断扩大,企业的业务范围不断扩张,企业的市场越来越广阔,企业就需要更多的人才来支撑企业发展,企业对人才的数量和质量都提出了更高的要求。

2. 当企业处于战略的转型阶段

企业的战略转型需要跨界复合人才,企业对人才的标准和能力的要求都发生相应变化,这个时候企业内部的人才是否适应公司新发展,企业需要仔细地进行盘点。

3. 当企业的外部招聘量过大时

如果企业外部招聘量过大,会对企业的文化造成冲击,新来的员工对岗位适应能力也有待观察。企业需要进行人才盘点,可以将不符合企业要求与标准的成员清退出去。

4. 当企业中关键人才流失比较严重时

企业的关键人才流失严重,使企业的成本增加,造成企业人才的严重不足,也会对团队的士气造成影响,降低整个企业的运行效率。在这样的情况下,企业中到底哪些人可以继续使用,哪些人进行重用,企业都要了解清楚,因此企业需要进行人才的盘点。

5. 当企业人才供给、分布不均衡时

企业中有的部门人浮于事,有的部门人才却严重缺乏,而企业中的每个部门都想把好的人才留在自己身边,这就阻碍了企业人才在组织内部的流动,因此会造成人才内部流通阻塞。企业人才盘点的作用就是让人才透明可见,建立完善的人才流动机制,提高企业的灵活性。

四、如何进行人才盘点

1. 人才盘点的工具

(1) 360度评价系统

360度评价系统是从上级、同事、下属、顾客甚至更多方面来对组织中的员工的能力进行科学客观的评价系统,可从执行力、追求卓越、绩效导向、团队合作、激励他人、领导力、业务思维、战略思维等多个维度进行评价。在企业测评结束后,参与360度测评的员工会得到一份关于自己的测评报告,组织应进行相应的培训,来帮助员工更好地解读报告,并根据报告中员工所呈现的能力劣势进行有针对性的培训。

(2) 人才盘点九宫格

人才盘点九宫格是指以人才潜力和绩效为两个坐标轴将人才分布到九个区域中,从而发现企业优质的人才,具体如图3-1所示。

人才盘点九宫格按照业绩和潜能高低,将人才分为九个类别,放入对应的格子中。企业对不同格子中的人才管理和使用应该采取不同方式。如1格人才应尽快提拔使用,9格人才应考虑转岗使用。人才九宫格体现了企业人才管理的分类原则。

方格9:企业的潜力员工,不论是员工现有的职务的绩效表现,还是未来的潜能的发展,都展现出极其优异的成果与优秀的潜能。因此，企业应为此方格内的人才在极短的时间内安排合适的新职务，使他们迅速获得晋升。很多大型跨国企业在进行人才评等时，对企业于此类人才的认定非常谨慎。企业中的员工一旦归入此类，企业就必须迅速执行相关的配套措施，例如，提升他们或赋予更重要的职责。否则，企业的这些优秀人才极容易在内部缓慢的作业过程中失去耐心，对现有职务产生职业倦怠感或是被其他公司挖走，如此一来，企业的损失极大。因此，对于此方格关键的人才的确认，多数公司都采取非常严谨的态度，并有充分的配套措施予以应对。

方格8：企业员工在现有职务上表现优异，也展现出能够承担相同层级内更大职责的潜力。对于这类人才，企业应加强培育他们具备向上一层级发展所需的核心能力，更好地激发其展现更多潜能。

方格7：企业员工符合现有职务的绩效标准，并显示出极高的潜能，他们未来可以往上晋升。企业对于这类人才，管理层发展的重点应针对其优势，给他们提供更具挑战性的任务，或通过安排这类员工从事多样性的工作，以鼓励这些人才展现出更好的绩效成果。方格2和3的人才都是组织的重要人才资源，因此企业会愿意多花费精力投资一些资源在这些人身上。所以除了上述的发展做法外，也需要视不同人才的实际情况而有不同的安排重点。

方格6：企业员工在现有职务上表现优秀，并且在其他业务领域也表现出色。例如，企业经验丰富的员工对组织有重要的价值，他们不仅能对内部员工进行培训，也能够在企业刚成立或面临危机的情况下提供所需的专业技能。此方格的企业人才培训重点应在于提升其核心竞争能力，发挥他们的最大的优势。

方格5：企业员工达到现有职务的绩效标准，也有能力去承担更大的责任和职务。因此企业对他们的发展的重点将根据这类人才的潜能发展趋势来决定是否赋予其更有挑战性的任务，或强化现有的能力。

方格4：企业这类员工是最近刚从方格1，2或3晋升上来的人才。他们先前的绩效表现足以证明他们有潜力晋升到此层级职务。但他们在面对新职务更高的绩效要求标准，他们仍在调整或重新设定工作目标，因此接下来的发展重点应是尽快传授、培训，使其绩效提升达到此职务的要求标准。

方格3：企业员工达到现有职务的绩效标准，但应与其共同订定挑战性的目标，并要求在既定时间内有效提升其核心的能力。

方格2：企业员工达到部分该层级要求的绩效标准，但有些部分明显未达到要求。其可能的原因主要来自他们尚未具备此新职务所需的技能，或长期以来能力未被提升改善，组织应进行有针对性的培训。

方格1：员工未达到现有职务的绩效标准，若不是有意愿或能力上的问题，应协助其改善，提升绩效；或协助转调其他合适的职务或转任其他公司。

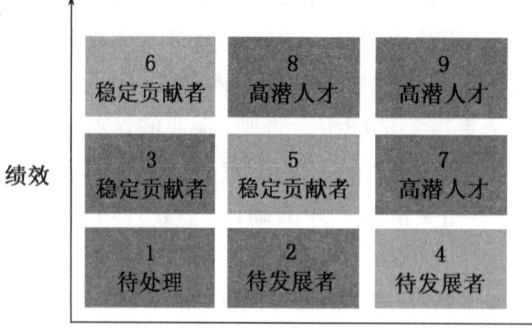

图 3－1

(3) 人才盘点会议

企业人才盘点会议讨论的要点：对企业人才的绩效、关键的岗位的继任计划、关键的人才发展、关键的岗位的招聘，以及对关键的人才的晋升和激励进行深入讨论，并制定详细的行动步骤，确保组织有正确的组织结构和出色的人才，以落实企业业务战略，实现企业可持续成长。

企业人才盘点会议的常见议题包括：① 企业上一次(年)人才盘点行动计划的完成情况；② 企业目前组织架构以及调整的规划；③ 企业关键岗位人员盘点及个人的发展规划；④ 企业重点关键岗位的继任者计划；⑤ 企业明星员工的盘点，包括他们个人发展计划；⑥ 企业未来组织调整和人员调整计划。

企业人才盘点会议的参会人员包括：① 职工的斜线上级：他们提供信息，了解其他团队的人才；② 职工的直接上级：他们可以全面介绍下属、部分隔级下属，提供相关的行为事例，提供并优化发展建议；③ 主持人：引导讨论；④ 隔级上级：他们需要了解隔级下属的关键信息，了解再隔级下级的关键员工，了解直接下级的人才盘点表现；⑤ 记录员：他们负责记录会议信息。

企业人才盘点会议的原则：① 客观：必须以事实和数据为依据进行人员的评价，而不是主观臆断；② 开放：大家需要直接、真实地表达自己的意见和看法；③ 倾听：每个人都能够认真倾听他人的观点，尤其是对那些你所不熟悉的；④ 多数：坚持多数原则，以多数人的意见为最终的决策依据；⑤ 保密：每个人对会议的内容和结果是严格保密的。

企业人才盘点会议的流程包括：① 资料准备。人力资源部需要准备员工的个人测评报告，个人信息表等内容；② 讨论前。会议主持人介绍盘点会议整体规划与时间的安排、测评工具测评的内容与目的、盘点会议流程的设计；③ 讨论和分析。被测评人的领导、HR 部门的人员需要分别阐述被测评人的现实表现，挖掘与测评结果不一致处，在会议主持人引导下讨论分析个人与团队，最后达成一致意见；④ 统一讨论结果。企业人才档案的建立、个人优劣势的报告、形成人才九宫格。

2. 人才盘点的具体步骤

企业进行人才盘点的过程大致包括四个部分，分别是：准备阶段、评估阶段、盘点校准阶段和结果应用阶段。人才盘点采用的四大技术主要包括：① 能力技术：通过大数据的分析，精准定义影响员工工作绩效的素质、行为等内容；② 评估技术：根据具体的需要采用具有针对性的测评工具进行评估；③ 发展技术：根据评估的结果，对员工采取培训、开发、指导，从而帮助员工提升其短板；④ 信息技术：通过信息化平台的使用，使人才盘点的结果更加清晰化、可视化、方便进行储存和提取。

(1) 准备阶段

在准备阶段，企业需要明确盘点的目标、盘点的对象，确定人才盘点的范围、流程、产出结果，并且需要在此阶段与外部顾问、企业高管进行沟通，在企业内部召开人才盘点准备会议，让参与者知晓人才盘点的目的和意义，消除他们的顾虑和防备心，从而在企业内部形成开放的人才盘点氛围，为接下来的人才盘点工作打好基础。

(2) 评估阶段

在做好前期的准备工作后，便进入人才盘点的核心阶段——人才评估阶段，此阶段对于整个人才盘点的结果是最重要的阶段，其好坏与否直接影响到最终的结果。在评估阶段，企业首先需要明确企业的人才的标准是什么，根据具体的人才标准进行具体的测评方式及测评工具的选择，通常人才盘点包括能力和潜力两个维度的盘点，能力主要参考的是被评价者过去的绩效、工作表现等内容，潜力主要关注的是领导力、成就动机、管理潜能等内容。在此阶段，盘点项目组需要向被评价者的上级提供关于被评价者在绩效和工作表现方面的评价表，让上级进行客观的填写，同时可使用360度评价技术，从被评价者的同事、下级、顾客等进行信息的收集，以做参考。在企业明确了人才标准后，便可以选择具体的测评工具对被评价者进行测评，如使用领导力测评工具对被评价者的领导能力进行测评，使用公文筐测验对被评价者的公文处理能力进行测评。在评估结束之后，需对各项数据进行分析、汇总，最终形成被评价者个人的盘点报告，以供在盘点校准会上进行讨论。

(3) 盘点校准阶段

在此阶段，主要是由被评价者的直接上级对被评价者的初步评估结果进行汇报，参与的人包括被评价者的隔级上级、公司的高层管理者等。上级在进行汇报时，参会人员可进行提问，比如"能否举一个该员工具有领导能力的例子？"汇报者需进行回应。此阶段耗时较长，其目的在于对初步的评估盘点结果进行确认、校准，从而提高盘点结果的有效性，在此阶段完成后，便可以输出最终的人才盘点的结果，形成人才能力地图。

(4) 结果应用阶段

在完成前面的初步评估阶段和盘点校准阶段后，企业需要对最终的人才盘点的结果进行应用，针对不同的员工的实际情况选择相应的方案，如对于高潜力的员工，应尽快为其制定 IDP，并给予他们更多富有挑战性以及重要的工作内容，帮助他们迅速成长。对于能力和潜能都较为一般的员工，应根据他们自身的薄弱项进行提升，可通过培训学习、岗位轮换等方式进行，同时企业应根据人才盘点的结果确定后备人才，搭建好人才梯队，使人才盘点的作用发挥最大的效益。

本章小结

本章内容结构如下所示：

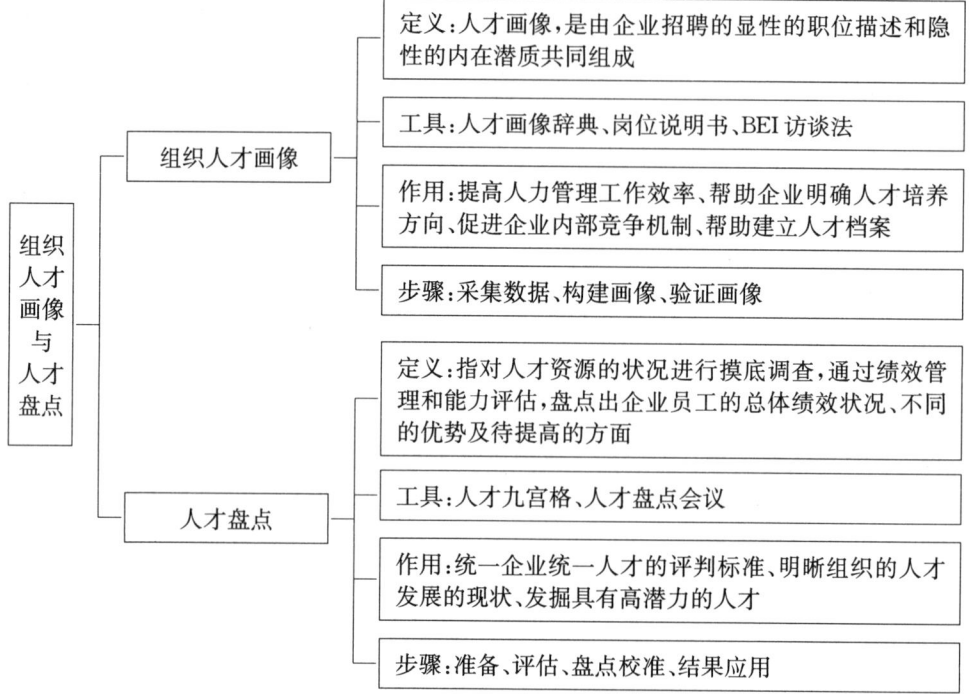

复习思考题

1. 什么是组织人才画像？组织人才画像的作用是什么？
2. 组织人才画像构建的工具有哪些？
3. 如何进行组织人才画像的构建？
4. 什么是人才盘点？人才盘点的作用是什么？
5. 如何进行人才盘点？

案例讨论

某食品股份有限公司人才盘点案例

某食品股份有限公司是以全产业链为特色的乳品行业龙头企业，于2003年成功上市，2006年完成股权分置改革，2015年2月进行混合所有制改革。公司拥有多个著名品牌，生产及销售区域遍布北京、华北、华东等多个省份，员工总数近万人。

该企业的经营机制可以分为外部和内部机制，该企业成立时间较早，是国内乳品行业的老品牌,面对迅速变化的外部市场环境、同行业之间的竞争越来越激烈,外部机制需要跟进调整,内部管理机制需要改变,进而实现进一步的发展;内部管理机制的改变就是对人才管理机制的改变。随着该公司产能的不断扩大、产业模式的调整,人力资源部门的工作不仅要进一步优化劳动力资源的合理配置,而且要规划好各类所需人才的引进培养,加快人才结构优化的进度。实现这些工作的首要环节就是对公司现有的人力资源进行人才盘点,因此该企业找到了国内某管理咨询公司进行人才盘点项目,全面的人才盘点为公司下一步的人才招聘选拔、培养计划的优化与完善奠定了坚实的基础。

本次人才盘点项目首先从公司的高层领导访谈开始,项目组对该企业的整体情况、短中长期战略规划、企业历史与文化等方面进行了了解。公司高层领导们与项目组对现状进行了深刻的交流,提出了各自的见解,为此次人才盘点打下结实的基础。随后,项目组通过随机抽查的方式对公司、子公司、工厂等各个岗位的员工进行了匿名的问卷调查,对公司进行全面的信息收集,在随机抽取、匿名答卷的情况下真实、客观地反映了公司各个层级员工对公司的看法。

为了该企业全体员工了解本次人才盘点的重要性和必要性,消除他们的顾虑和防备心理,从而提高他们参与的积极主动性,人才测评项目组展开了多样的宣传活动,如1.召开人才盘点启动会会议,将项目的意义、时间规划等信息进行传达,鼓励并号召大家积极参与,明确此次人才盘点与员工自身的利益高度相关;2.通过微信等APP进行线上的宣传,向员工普及人才盘点的相关知识,使员工们能快速对人才盘点有一个正确的认识。

人才测评项目组对公司中不同层级的员工采取两种评估方式:针对公司的核心人员和关键岗位上的员工采用了相应的测评题,针对企业的普通员工进行360度评估。在整个人才盘点的进行过程中也是严格地执行保密性的原则,承诺不透露员工的隐私,消除了员工的防备心。

测评结束后,项目组对收集到的数据进行整理,形成了个人的测评报告,进行了初步的人才盘点,并立即组织了人才盘点的校准会议,对报告中有异议的部分展开了讨论,最终形成了该企业的人才发展地图。

资料来源:北森人才盘点案例,https://doc.mbalib.com,2017。

讨论:

1. 本次人才盘点输出的结果有哪些?
2. 本次人才盘点有哪些做得好的地方?
3. 本次人才盘点还有什么需要提升的地方?

第四章　人力资源培训与开发技术

教学目标

学习本章后,应该能够:
- 列举几种常见的人力资源培训与开发技术
- 了解多媒体培训的特点、类型、发展历程及现状
- 了解网络培训诞生的背景、特点、功能及类型
- 了解远程教育技术的特点、发展历程及现状
- 了解虚拟现实培训特点、发展及最新成果
- 了解智能指导系统的特点、发展历程及应用情况
- 理解不同人力资源培训与开发技术的优缺点,并能根据实际情况为企业选择合适的类型

第一节　多媒体培训

本节案例

多媒体技术改造日本御船山乐园

御船山乐园是位于日本佐贺县武雄市的一个日本庭院,最早建于1845年,这里依山傍水,风景如画,而且这么多年过去,自然环境还保护得极好,是日本十大赏樱赏红叶的胜地。但是近年来,来自日本的teamLab团队借助多媒体技术,将乐园的森林、花园、岩洞、溪湖等天然景观变为一场光影的盛宴。

整个庭院被分为众多个不同的空间,通过灯光装置设计出了令人目不暇接的艺术作品,每一个作品还被冠以一个好听的名字。以杜鹃花谷为例,在这里的杜鹃花,会透过灯光投射而发出灿烂的光芒。每一道光都有着自己的规律,宛如在呼吸似地忽明忽暗,每簇花上的光在遇到观赏者接近通过时,光芒的颜色会产生变化并且发出特别的音色。此外,花簇的光芒会放射式地传播到附近的杜鹃花上。而这光在不断地传播之下,就如此蔓延开来,照亮整个夜晚的山谷。此外,teamLab团队还利用多媒体技术对乐园的鱼塘、瀑布等进行了设计和完善,吸引了很多游客前往。

随着多媒体技术的发展,其应用越来越广泛。那么,多媒体技术在培训中是如何应用

的？其效果又如何呢？

一、多媒体培训的内涵

1. 多媒体技术与多媒体培训

多媒体技术是指使用计算机综合处理文本、声音、图形、图像、动画、视频等多种不同类型媒体信息的技术，其实质是通过进行数字化采集、获取、压缩、解压缩、编辑、存储等加工处理，再以单独或合成形式表现出来的一体化处理技术。这种综合处理多媒体信息的突出特点除信息载体的多样化外，还有集成性、交互性和信息组织的非线性三个关键特性。而多媒体培训是指培训师利用计算机多媒体技术制作出专门用于企业员工培训的多媒体作品，并应用该产品对员工进行的培训。具体而言，是指在集中授课形式的课堂培训中，继承传统培训手段中的合理成分，恰当引进现代化的培训手段，并使二者有机地结合，各展其长，相辅相成，实现培训信息传输及反馈调节的优化效果。多媒体培训综合了文本、图表、动画及录像等视听手段，以计算机为基础，参训者可以用互动的方式来学习培训内容。在多媒体培训中可以采用交互式录像、国际互联网和公司内部网等多种培训方式。另外，在多媒体培训过程中，培训模式分为个别化模式、班级授课模式和网络交互模式。

目前，多媒体技术作为一种高效的人力资源开发的技术，已广泛地应用在企业的员工培训中。多媒体培训在吸取传统培训方式精华的同时，与各种现代化的教学媒体相结合，以多层次、多方位、多形式的信息传输，为教学注入了新的活力，也为企业培训改革开创新局面，同时大大提升了培训的效果。

2. 多媒体培训的作用

多媒体培训相较于传统的培训有着明显的优势，这都是传统的培训所无法超越的。首先，多媒体培训可以充分调动员工学习和培训的积极性。计算机多媒体能创设出一个生动形象的情境，化静为动、化无声为有声，能够极大地激发学习者的兴趣，提高学习者的积极性。而传统培训中，静态呆板的培训教材和板书显得枯燥乏味，计算机多媒体技术应用在培训中就克服了这一缺陷。利用多媒体课件进行展示培训的内容，静止的文本可以按指定的轨迹运动，静态的图片可以像动画一样移动，可以像流水般呈现一幅幅变幻的图像，不仅色彩可以变化，同时速度可以控制。动画的刺激，使学习者始终保持着视觉的新鲜感和浓厚的学习兴趣。此外，多媒体培训操作的简单便利，又使每个人都能按照自己的接受能力和知识的接受程度自主安排学习进度，必然会起到一个良好的培训效果。另外，多媒体培训可以极大地提高培训效率。计算机多媒体能模拟仿真，化静为动，化抽象为形象，能展示文字、图片、图像、声音于一体，创造出一个形象、生动、色彩缤纷的情境。有研究表明，当人的感官同时接受刺激时，学习的效率会成倍增长。企业培训的主要目的，就是通过培训让员工学会处理可能在工作过程中遇到的各种各样的问题，而多媒体培训正好解决了传统培训中培训效果不好的难题。还有，多媒体培训可以打破时间和空间的限制，再结合计算机的仿真技术，就可以模拟实际问题或场景，使学习者能在虚拟世界中处理可能在现实世界中遇到的问题，从而使培训内容变得容易被理解和掌握，提高了员工获得信息、分析信息和处理信息的能力。与传统方式相比，用同样的时间，采用多媒体培训会大大提升其培训效果。

二、多媒体培训的特点

相较于传统的讲师教授法和静听培训法,多媒体培训由于使用了声音、影像、动画、视频等多种媒体形式,因而更生动、直观、有趣,更容易刺激学员的感官,提高学员的积极性,进而提高其培训参与度,增强培训效果。此外,多媒体培训能节省一部分费用,降低培训成本。

多媒体培训除了在提高学员积极性、增强培训效果上面展现出独特的优势以外,多媒体培训本身也存在一些不足,主要体现在以下几个方面:首先,视听培训方式虽然具有一定的趣味性,但是它归根结底是一种技术和媒介。如果过于追求趣味性和多媒体培训的形式,就会出现本末倒置的情况,使学员忽视课程核心内容转而关注一些不太重要的动画视频信息,难以学到真正有价值的知识,也很难在培训中有很大提升。其次,视听培训往往内容丰富、信息量大,这对学员的知识吸收能力提出了较高的要求,如果学员的吸收能力达不到要求,那么培训效果就会大打折扣。然后,多媒体培训并不是万能的,它并不能适用于所有类型的培训场景和培训内容。例如,多媒体培训不太适用于对人际交往技能的培训,尤其是当学习者需要了解或给出微妙的行为暗示或认知过程时更是如此。因此要根据具体的培训内容和培训目的,将多媒体培训和传统培训有机地结合起来,才能达到最大的培训效果。最后,计算机辅助培训如果需要昂贵的硬件,培训成本就会变得很高。

三、多媒体培训的类型

多媒体培训包括视听培训、计算机辅助培训和多媒体远程培训。

1. 视听培训

"视听"培训(Audio Visual Training)是相对于对传统"静听"培训而言的,是指以模型、图表及基于视听技术的投影、幻灯、录音、录像等视听媒体及其组合(复合媒体)为特征的一种培训方式。该种培训方式是对传统"静听"培训方式的一种补充,其本质上是认同传统课堂教学方式的。

2. 计算机辅助培训

计算机辅助培训(Computer-Based Training)是指将培训材料传输到计算机终端,使学员可以利用计算机进行互动学习的培训方式。与传统课室的指导和学习不同,它包括互动性录像、光驱和其他一些计算机驱动系统,学员通过安装在计算机上的特定软件进行学习,主要有计算机辅助指导(Computer Aided Instruction,简称CAI)和计算机管理指导(Computer Managed Instruction,简称CMI)两种类型。计算机辅助指导系统可以提供个性化的教育指导,如操练与实践、情景模拟、游戏指导等,学员可以根据自己的需求和能力设定相应的学习速度。计算机管理指导系统与计算机辅导指导系统是相辅相成的,它可以通过计算机为考生打分,以确定培训水平。

3. 多媒体远程培训

远程培训就是一个以互联网通信系统为基础,利用多媒体技术和远程视频传输技术为企业提供优质人才资源服务的平台系统,培训双方在此系统中可进行人与人、面对面的语音即时交流及影像的在线审视,短时间内便可完成整个培训过程,达到预定的培训效果。远程培训过程中,可以传输大量包括图像、声音、文字等数据,可以实现"一对单"或"一对多"的面对面多媒体交流。

四、多媒体培训的发展历程

多媒体培训的发展大致可以分为四个阶段,分别为视听媒体培训阶段、计算机辅助培训阶段、早期多媒体组合培训阶段、现代多媒体组合培训阶段。

1. 视听媒体培训阶段

20世纪20年代,伴随着幻灯、投影、录音等新一代电子技术的发展和工业化大生产方式对员工技能提高的要求,视听媒体培训逐步发展起来。它泛指采用图示型教材、视觉教具、听觉教具及二者各种组合形式的教学视听媒体培训,其主要特征如下:第一,以直观性为基本培训原则。直观性是指培训过程中要以直观、清晰的方式将培训内容呈现出来。学习是一个由感性认识到理性认识的过程,研究表明,人类所学知识的80~85%有赖于视觉。广播、幻灯、电影、录音、录像、电视等视听媒体使直观对象本身和人感官本身的局限都有了重大的突破,培训过程更为直观、生动。第二,以强化学校传统教育范式为目的。传统学校教育具有两个特点:在结构上以机构(如学校、班级)为中心;在教学上以教师为中心。视听培训的出发点正是要强化传统学校教育的这些优势。一方面,借助视听媒体培训师能同时培训更多人员,从而提高培训效益。另一方面,作为培训领域中的视听觉教具,视听媒体可以使培训师的讲解更清晰、明了。因此,视听培训归根结底是为了满足"教"的统一性,集中性,单一性和大批量等特性。第三,以幻灯片、投影等硬件设备作为主要表征。视听教学的目的在于使呈现的教材更清晰、生动、形象,它关注的焦点是呈现手段而非呈现的对象——教材本身,因此硬件设备成为其主要标志。

2. 计算机辅助培训阶段

1958年,IBM设计出第一个计算机教学系统,标志着计算机辅助培训的开始。在计算机辅助培训阶段,交互性是培训的基本原则,软件是培训的基本表征。具体来说,通过输入系统(如键盘)和输出系统(如显示屏),受训对象和计算机能够相互传递信息并进行反馈,实现有效地互动。此外,在计算机辅助培训中,软件不仅包括应用软件,也包括培训设计方法和方法论,能够控制人机互动方式、教学策略和教学内容,因此软件是培训的基本表征。

3. 早期多媒体组合培训阶段

20世纪40年代,随着媒体研究、多重刺激与人类学习关系的研究的发展,视听培训出现了将媒体进行组合以达到预期的教学目标的发展趋势,迎来了早期多媒体组合培训阶段。这一阶段的培训特征包括:第一,基于硬件的媒体组合思想。多媒体是多种媒体的综合,一般包括文本、声音和图像等多种媒体形式。每种形式的媒体都有优点和不足。基于硬件的媒体组合思想主要是通过对媒体进行功能描述和特性分析,做出比较和选择,并在此基础上最终实现多媒体培训,它与早期视听培训对新媒体设备忙乱的狂热有着本质的区别。第二,基于视听培训的培训系统观开始形成。这里的系统观是指系统考虑并统筹协调各种培训媒介、培训的过程与结果、教学要求、学生个性等各种变量之间的关系。

4. 现代多媒体培训阶段

20世纪80年代中期,随着现代微电子技术、通信技术和计算机技术的进一步发展,信息的多媒体化和网络化成为不可逆转的趋势,多媒体的概念得到了进一步拓展,体现出直观性、交互性、集成性、可控性、可编辑性、非线性等多种特征。在此背景下,现代多媒体培训阶段包括:第一,基于"建构"的教学观。"建构"教学观是相较于"知识传播观"而言的,该观点认为,学习是在与现实相关的问题解决情景中,通过人与情景互动的过程"建构"的,因此培训的关键在于创设情景,帮助学员完成互动和意义建构过程。在这一意义下,视觉图像等多媒体信息的作用在于为学员提供一个真实的、完整的问题宏观背景,同时它能方便地让学员重访该宏观背景的特定部分,并从多种观点的角度对问题加以探索。第二,学员培训自主性提高。由于多媒体系统中培训资源的多样性和丰富性,学员可以自主选择培训资料、培训时间、培训路径等,因此学员培训的自主性大大提高,实现了更高水平的人机交互。第三,以培训的信息化为表征。随着多媒体培训的进一步发展,教材和工具书越来越多媒体化(数字化),教学资源也越来越全球化,这些变化将影响到企业培训的方方面面,并最终改变企业培训的运作模式。与视听培训、计算机辅助培训和早期多媒体培训只是强调教学某个环节的硬件或软件不同的是,现代多媒体培训是以培训的信息化为主要表征的。

五、多媒体培训的发展现状

随着计算机的普及和网络的发展,多媒体培训方式已经相当地普及。据《财富》杂志对1 000家企业中146名培训部经理的调查表明,多媒体培训时间占总培训时间的16%。这项调查还发现,在为员工进行软件和计算机基本应用技能(42%的经理具备这种技能)培训时,多媒体培训的使用频率最高。而在进行管理技能和技术技能培训时,同样要用到多媒体(25%)。几乎所有采取多媒体培训的公司都使用光盘,也有大约1/3的公司使用了国际互联网。

随着近年来计算机技术及信息技术的飞速发展,计算机技术水平日渐成熟,软硬件技术不断地更新和发展使我们应用多媒体技术,为多媒体辅助教学提供了便利的条件,提升员工培训技术水平成为可能。当前,在员工培训中运用多媒体进行教学,已经成了现代教育对员工教育的必然要求。多媒体技术利用计算机交互式地综合处理文字、图形、图像、声音、动画、视频等多种媒体信息,使它们建立逻辑连接,集成为一个信息丰富、呈现形式多样的信息系统,多媒体技术为教学注入了新的活力,也为员工培训工作开创了新局面,它必然会对传统的员工教育培训工作产生深刻的影响。多媒体计算机技术的发展与应用,不仅能大大提高企业培训中应用计算机的水平,而且对促进培训水平的提高有着深远的意义。

第二节 网络培训和远程学习技术

本节案例

腾讯 Q-Learning 培训模式

腾讯公司是目前中国最大的互联网综合服务商之一,也是中国服务用户最多的互联网企业之一。针对互联网行业的发展特点和人才培养的实际需要,腾讯于 2007 年 5 月正式启动了 E-Learning 项目,并根据腾讯公司的特色,将 E-Learning 的名称进行了中西合璧的个性化改变,改称为 Q-Learning,意为"求学"。腾讯 Q-Learning 拥有独特的培训架构——"培训发展大厦",包括课程体系、讲师管理、导师制度和电子化学习平台等。

腾讯 Q-Learning 第一阶段的主要功能是培训运行电子化和在线学习,主要包含如下六个方面:

在线学习——将课程推送到学员的桌面上,实现 3A 式学习;

培训档案——为员工建立培训档案;

课程体系——将课程体系更好地展现给员工,便于员工自己安排学习计划;

PDI 选课——方便员工了解公司开课计划,并根据自身情况选择合适的课程;

培训流程——将培训运营流程迁移到线上,解放培训管理员的人力,提升专业度;

资料中心——通过学习管理系统(LMS),建设腾讯资料库,有效放大培训效果。

自 Q-Learning 实施以来,平台上已有 102 门网络课程,165 个培训班,累计有 3 480 人次在 Q-Learning 系统上进行了学习活动;参与率约为 65%,其中点击课程的员工里,有超过 50% 的人自觉完成了网络课程。截至目前,Q-Learning 每天同时在线人数都会突破 200 人。员工可以借助 Q-Learning 平台规划"个人学习地图",并参照"公司学习地图",确定自身的发展方向和目标。"个人学习地图"是指将个人的通道、职级、素质模型、课程做好匹配关系,员工只要进入系统就清楚地知道自己该学习什么课程。"公司学习地图"是个人学习地图的升级版,员工如果想了解整个公司的通道、职级、素质模型和课程的匹配关系,可以通过公司学习地图进行查询,这样员工如果想往某一个方向发展的话,就会清楚地知道该通道/职级所需要的能力,知道有哪些培训可以帮助其实现目标。在这一过程中,Q-Learning 大大优化和改善了培训管理的流程。

一、网络培训

1. 网络培训的背景

网络培训又称为互联网培训、基于网络的培训,是指通过互联网或者公司的内部局域网传递、展示培训内容的一种培训方式。网络培训又称 E-Learning、在线培训、网络学院、网络教育和在线学习等,肖刚将 E-Learning 定义为:通过应用信息科技和互联网技术进行内容传播和快速学习的方法。E-Learning 的"E"代表电子化的学习、有效率的学习、探索的学习、经验的学习、拓展的学习、延伸的学习、易使用的学习、增强的学习。网络培训的兴起背景如下：

(1) 互联网基础设施不断完善，网络普及率大幅提升

1969年，互联网(Internet)在美国诞生。中国于1994年全功能接入国际互联网，到目前已经有27年的历史。27年来，中国互联网从无到有、从弱到强，深刻影响着社会的发展和人们的生活、工作方式。当前，中国互联网资源状况持续优化、安全保障能力稳步提升。截至2019年12月，我国IPv6地址数量50 877块，稳居世界前列。域名总数为5 094万个，其中".CN"域名总数为2 243个，占我国域名总数的44.0%。2019年，中国先后引入F、I、L、J、K根镜像服务器，使域名系统攻击能力、域名根服务器访问效率获得极大提升，降低了国际链路故障对我国网络安全的影响。

此外，互联网普及率大幅提升，数字鸿沟不断缩小。截至2020年3月，我国网民规模高达9.04亿。互联网普及率达64.5%，其中农村地区互联网普及率为46.2%，城乡之间互联网普及率差距缩小了5.9%。在2019年《网络扶贫工作要点》的要求下，网络覆盖工程深化拓展，网络扶贫与数字乡村建设持续推进，数字鸿沟不断缩小。

(2) 企业培训的数字化转型成为必然趋势

企业数字化转型(Digital Transformation)是指企业开发数字化技术及支持能力以新建一个富有活力的数字化商业模式。企业的数字化有多种表现形式，最基本的是数字化转换(Digitization)，它反映的是"信息的数字化"，指的是从模拟形态到数字形态的转换过程(the process of changing from analog to digital form)，其变革的本质都是将信息以"0-1"的二进制数字化形式进行读写、存储和传递。在此基础上，部分企业运用数字技术改造商业模式、产生新的收益和价值创造机会，可以将其称之为"数字化升级"(Digitalization)。例如企业资源计划(ERP)系统、客户关系管理(CRM)系统、供应链管理(SCM)系统等都是将工作流程进行了数字化，从而倍增了工作协同效率、资源利用效率，为企业创造了信息化价值。数字化转型超越了信息的数字化或工作流程的数字化，着力于实现"业务的数字化"，使公司在一个新型的数字化商业环境中发展出新的业务(商业模式)和新的核心竞争力。

网络培训是企业数字化转型的一种表现，有利于克服线下培训的诸多弊端，受到了很多企业的青睐。事实上，企业培训进行数字化转型已是大势所趋，也是企业在后疫情时代存续的命脉。截至2020年3月，我国在线教育用户规模达4.23亿，较2018年增长110.2%，占网民总体的46.8%。

2. 网络培训的特点

网络培训最大的特点就是资源利用最大化。各种教育资源通过网络跨越了空间距离的限制，使学校的教育成为可以超出校园向更广泛的地区辐射的开放式教育。学校可以充分发挥自己的学科优势和教育资源优势，把最优秀的教师、最好的教学成果通过网络传播到四面八方。其次，是学习行为自主化。网络技术应用于远程教育，其显著特征是：任何人、任何时间、任何地点、从任何章节开始、学习任何课程。网络教育便捷、灵活的"五个任何"，在学习模式上最直接体现了主动学习的特点，充分满足了现代教育和终身教育的需求。第三，学习形式交互化。教师与学生、学生与学生之间，通过网络进行全方位的交流，拉近了教师与学生的心理距离，增加了学生主动参与课堂的积极性，同时也增加了教师与学生的交流机会

和范围。并且通过计算机对学生提问类型、人数、次数等进行的统计分析可以使教师了解学生在学习中遇到的疑点、难点和主要问题,更加有针对性地指导学生。第四,教学形式个性化。网络教育中,运用计算机网络所特有的信息数据库管理技术和双向交互功能,一方面,系统对每个网络学员的个性资料、学习过程和阶段情况等可以实现完整的系统跟踪记录,另一方面,教学和学习服务系统可根据系统记录的个人资料,针对不同学员提出个性化学习建议。网络教育为个性化教学提供了现实有效的实现途径。第五,教学管理自动化。计算机网络的教学管理平台具有自动管理和远程互动处理功能,被应用于网络教育的教学管理中。远程学生的咨询、报名、交费、选课、查询、学籍管理、作业与考试管理等,都可以通过网络远程交互的方式完成。

同时网络培训也存在一些弊端。首先,网络培训的教学互动性不足。网络培训相对传统的面对面式培训,教师和学生不在同一个聚集的空间,在一定程度上削弱了学生主动参与课堂的积极性,因而导致网络培训的互动交流性不足。其次,教学资格认证不完善。目前,网络培训教师资格认证不完善的问题是阻碍网络培训持续发展的重要因素,培训老师的自身能力、水平的评价缺乏统一的标准。

3. 网络培训的功能

第一,网络培训可实现远程教育。网络培训利用视频会议系统开展教学活动,使更多、更大范围的学生能够聆听优秀教师的授课。网络远程教育可以实现跨越时空、地域的教育资源共享,使偏远山区的孩子也能感受到教育信息化,实现优秀教育资源共享。知识经济时代需要每个人不断地学习,同时加强教师的教育培训工作尤其重要,使用网络远程教学,老师可以在自己方便的时间、合适的地点、按照自己学习的速度和方式进行学习,工作学习两不误。

第二,网络培训可开展网络视频工作会议。教育行业用户由于教学或工作的需要,经常需要召开行政会议或远程教学或教学观摩等,在这些会议中,与会者遍布各地,会议的召开或是定期或者随机性的。使用视频会议,与会者不需要经过长途跋涉集中到一起,节省了宝贵的时间,又减少了大量的差旅费用,且能随时进行会议。

第三,网络培训可开展学术交流。除传统的行政会议外,各教育机构还会经常与各地的研究机构、权威教授学者进行学术和经验交流活动,有时还会有一些临时的学术会议。传统集中式的交流活动通常会受时间、地点、参会人员的限制,在一定程度上制约了这些活动的高效开展。利用远程教育系统不但能够节省大量的人力、物力、财力,而且能够随时随地地反复地进行探讨和交流。同时,远程教育系统提供的强大的数据功能,还为跨区域的交流活动搭建了一个多人共享的工作平台。通过文档共享、文件传送等功能,参会者可以将各种需要交流的数据、图形、报表、文字等信息同步显示给所有相关人员,在进行充分的视频、语音交流的同时能够让大家对内容进行共同操作和修改,完成交流讨论。

第四,开展教育管理。利用视频会议加强学校、家长、学生之间的紧密联系,实现学校教育和家庭教育的相结合。

第五,可进行网络教学,资源共享。利用视频会议系统实现合作办学,实现优秀教学资源的共享,不仅增加了学生学习的机会、提高教学质量、降低教学成本,还有利于扩大教学规模。同时利用视频会议系统开展丰富多彩的校际联谊活动,论文评审等,提升了学校的形象、扩大了学校的影响。

第六,促进教育信息化改革。由于远程教育不受时间、空间的限制等特点,远程教育会成为学校教育的有利补充和扩展,远程教育的发展正在促进学校的教育改革。

4. 网络培训的类型

按照培训媒介的不同,网络培训可以分为基于因特网的培训和基于内部网的培训。

(1) 基于因特网的培训

早期的因特网培训可以分为五个独立的层次。第一层次是一般性的沟通和交流,即培训师和学员通过网络进行交流。培训师可以在网络上发布课程公告、布置作业,学员可以咨询问题。小组讨论、论坛等所有类型的合作学习都通过网络加以完成。第二层次是在线资料检索。培训师通过超文本标识语言和万维网的通用程序语言等技术,创造一个网上图书馆。学员通过检索,能更方便快捷地获取产品说明书、安全手册和技术文档等资料。第三层次包括培训需求分析、培训管理和测验。培训者可以在网上进行培训需求分析(比如人员分析)、对学员进行培训测验、记录成绩、将培训结果反馈给学员等。第四层次是以计算机为平台的培训目的的传播,即学员可以借助文件传输协议,随时从网上下载以计算机为平台的培训项目。第五层次为多媒体信息的传播,即培训师通过视频、文字、声音等多媒体技术向学术传输知识和技能。

(2) 基于内部网的培训

基于内部网的培训是以公司的内部网为平台来展开的。通过内部网,人力资源开发人员实现与学员的信息沟通,进行培训需求分析,完成其他培训行政管理工作、传递课程资料和其他培训文档,随时随地对全体员工进行检测等。对大型跨国公司而言,基于内部网的培训是一种有效的培训手段。

基于内部网的培训几乎具备了所有计算机辅助教学的特点,另外,它还能允许使用者进行交流。随着当前实时多媒体技术的发展,基于内部网的培训已经实现了伴随声音、图像和3D效果的全面互动,将会成为一种可以与光盘类媒介相媲美的科技培训手段。

二、远程学习技术

1. 远程教育的内涵与特点

远程教育,也称为网络教育,是成人教育学历中的一种,是指使用电视及互联网等传播媒体的教学模式。它突破了时空的界线,有别于传统的在校住宿的教学模式。使用这种教学模式的学生,通常是业余进修者。由于不需要到特定地点上课,因此可以随时随地上课。学生亦可以透过电视广播、互联网、辅导专线、课研社、面授(函授)等多种不同渠道互助学习。招生对象不受年龄和先前学历限制,为广大已步入社会的群众提供了学历提升的机会。

从狭义上看,远程教育是指由特定的教育组织机构,综合应用一定社会时期的技术,收集、设计、开发和利用各种教育资源、构建教育环境,并基于一定社会时期的技术、教育资源和教育环境为学生提供教育服务,以及出于教学和社会化的目的进而为学生组织一些集体会议交流活动(以传统面对面方式或者以现代电子方式进行),以帮助和促进学生远程学习为目的的所有实践活动的总称。在所有活动中,教师是以教育资源的形式或学习帮促者的身份与学生保持着一种准永久性分离的状态;而学生与教育组织机构(教师)或学生与学生之间将通过建立双向或多向通信机制保持即时会话。在中国,现代远程教育有时也称网络教育,多数从事高等教育的现代远程教育机构为普通高校的网络教育学院或现代远程教育学院。网络教育是现代信息技术应用于教育后产生的新概念,即运用网络远程技术与环境开展的教育,在教育部已出台的某些文件中,也称现代远程教育为网络教育。

从广义上看,远程教育是学生与教师、学生与教育组织之间主要采取多种媒体方式进行系统教学和通信联系的教育形式,是将课程传送给校园外的一处或多处学生的教育。现代远程教育则是指通过音频、视频(直播或录像)以及包括实时和非实时在内的计算机技术把课程传送到校园外的教育。现代远程教育是随着现代信息技术的发展而产生的一种新型教育方式。计算机技术、多媒体技术、通信技术的发展,特别是因特网的迅猛发展,使远程教育的手段有了质的飞跃,成为高新技术条件下的远程教育。现代远程教育是以现代远程教育手段为主,兼容面授、函授和自学等传统教学形式,多种媒体优化组合的教育方式。

现代远程教育可以有效地发挥远程教育的特点,是一种相对于面授教育、师生分离、非面对面组织的教学活动,它是一种跨学校、跨地区的教育体制和教学模式。它的主要特点有:学生与教师分离;采用特定的传输系统和传播媒体进行教学;信息的传输方式多种多样;学习的场所和形式灵活多变。与面授教育相比,远距离教育的优势在于它可以突破时空的限制;提供更多的学习机会;扩大教学规模;提高教学质量以及降低教学的成本等。

2. 远程教育的发展历程

(1) 远程教育在国外的发展

国外不同学者对远程教育的发展历程有不太一致的看法。尼珀(Nipper, S., 1989)把远程教育的三个模型和技术的历史发展(分别是印刷技术和铁路运输、多媒体教学系统和当时的电子传播技术)联结在一起,把第一代远程教育描述为函授教学。第二代远程教育则融合使用广播电视、录音带、录像带和其他类似的多媒体教学设备以及印刷材料。第三代远程教育主要使用双向通信技术。加里森(1985,1993)依据信息技术的革新,将远程教育中三代信息技术划分为函授、电子通信和计算机。第一代函授教育使用的技术包括印刷、邮政服务和运输技术、电话、广播电视和录音录像等多种通信技术,实际就是多种媒体技术的综合使用。第二代以电子通信技术为主的远程教育使用的技术主要是双向视频会议(以及音频图像系统)。而计算机以及基于计算机的多媒体、计算机会议和网络技术等都属于第三代信息技术。詹姆斯·泰勒(Taylor, J. C., 2001)认为远程教育经历了五代:第一代函授模式,第二代多种媒体模式,第三代远程学习模式(Telelearning Model),第四代灵活学习模式和智能的灵活学习模式,第五代"智能的灵活学习模式"。"五代法"将最新的技术革新引入远程教育中,并以一所大学(澳大利亚南昆士兰大学)示范了这种际代的远程教育。

以上国外学者都把电子通信技术(双向视讯会议系统)为主的远程教育单列为一代(即尼珀的第三代,加里森的第二代,泰勒的第三代),这种分类并不适用于我国国情。双向视讯会议系统在我国远程教育历史的发展中并不明显,持续的时间相当短暂而且多是试验性的小规模使用,没有形成主流。进入90年代中期,网络媒体技术的使用迅速扩张,与广播电视媒体并列为我国远程教育的主流媒体技术,由此进入了第三代远程教育。

(2) 远程教育在国内的发展

远程教育在我国的发展大致经历了三个时期:第一个时期从20世纪初到40年代末是

萌芽和起步期,主要教育方式为函授教育,这一方式为我国培养了许多人才,但是函授教育具有较大的局限性;第二个时期从20世纪80年代兴起是成长期,主要教育方式是广播电视教育,其间我国拥有全世界最大的广播电视大学;第三个时期从20世纪90年代起,随着信息和网络技术的发展,以计算机互联网为核心、以信息技术为标志的现代远程教育和教育信息化两大工程全面启动和快速发展,即简称为网络远程教育时期。网络远程教育又称为现代远程教育,它是综合运用现代通信技术,多媒体计算机技术和现代网络技术,特别是因特网技术实现交互式学习的新型教育模式。它有两个基本特征:基于网络(这与多媒体计算机辅助教学的含义有所不同)和交互式(这与传统电化教育有所不同)。

如今,随着科技的发展,网络远程教育在教育中的应用变得比较普遍,尤其在中等以上的城市,发达地区的一些县,利用多媒体教学是很普遍的现象。据数据显示,60%以上的学校基本建立了校园网,但其应用的程度参差不齐。基于网络远程教育突破与创新的前提条件,我国对网络远程教育进行了不断的定位、整合、竞争、协作,从而使其在教育领域中发挥着越来越重要的作用,进入了快速发展的繁荣期。

3. 远程教育的现状分析

具体来说,我国现代远程教育主要运用在基础教育和高等教育领域。在基础教育领域,截至2012年,全国已有近3 000所中小学组建了校园网,上万所学校组建了网络化电子教室。为适应信息化社会的要求,教育部在《关于加快中小学信息技术课程建设的指导意见》中提出,要在10年的时间里全面逐步普及信息技术必修课;要用5~10年时间,使全国90%左右的独立建制的中小学校能够联网,使每一名中小学师生都能共享网上教育资源。目前发展比较迅速的是中小学网校,据统计,全国已有近200所中小学网校,它以提供学校课程同步教育和中小学生课外补习为主。

此外,我国高等教育的远程教育部分发展非常迅猛。1998年,教育部正式批准清华大学、北京邮电大学、浙江大学和湖南大学为国家现代远程教育第一批试点院校。2000年,现代远程教育试点院校的数量猛增至31所。2001年7月,教育部继续扩大现代远程教育学院的试点范围,从38所院校扩至45所。截至2012年,国家批准试点的现代远程教育学院已多达68所。从以上数据可以看出,我国现代远程教育的发展是非常迅猛的。

第三节　虚拟现实培训与智能指导系统

 **本节案例**

VR技术帮韩国妈妈与去世的女儿再相见

一位韩国妈妈,在女儿去世3年后,终于和女儿在虚拟世界中再次相见。她还看到了女儿生活的天堂,母亲的泪水终于再也忍不住了。这本是韩国一部电视纪录片《遇见你》中的内容,韩国MBC电视台把视频上传到了YouTube上,4天时间就获得了800多万的播放量。

为了这次的母女"重逢",拍摄纪录片的 MBC 团队耗时 8 个月,用女儿 Nayeon 生前的照片重建了她的面容,并找来一名儿童演员,使用动作捕捉技术,将其动作移植到 Nayeon 身上。母亲 Jang Ji-sung 戴上了 VR 眼镜与耳机,而且戴上一幅具有触觉反馈的手套。这样,她不仅能一睹女儿的音容笑貌,甚至还能伸手去触碰,感觉相当真实。

早在 2008 年,VR 尚未在消费者中普及时,已经有科学家在用这项技术来治疗失去亲人的悲伤。一篇登在 Death Studies 期刊的文章中,科学家们制作了一个叫作"EMMA 的世界"的 VR 环境,用 CG 重建造成心理困难的场景,对一些患者进行了为期 12 个月的治疗。最终患者的恐惧和逃避心理都降到了很低的水平。

许多人可能不愿与已故的亲人交流,但是想要保留记忆本身并没有错误。既然知道这个人已经走了,那么就可以接受虚拟的等价物。这没有错或不道德。但也有另外一种声音,认为这样的新技术手段,正在打破旧伦理。如果利用新技术实现逝去之人的音容笑貌复现,也会导致在世之人可能陷入其中——不分虚拟和现实。这会就造成新的问题和挑战。

所以你怎么看这样的技术?如果人人可用,你会选择使用吗?虚拟现实技术在人力资源中有什么运用?

职业培训机器人助力企业培训

美国学习中心(Temporal Dynamics of Learning Center,TDLC)以及斯坦福大学 AAA 实验室(Awesomely Adaptive)推出为企业高级员工职业培训的机器人 RSP。该机器人可以通过手机摄像头实现部分硬件功能,以解决学员缺失实践或培训活动设计不足和内容展示不适当等问题。该机器人已经开始用于医疗、救灾等领域的培训中,主要体现出三方面的学伴角色:一是通过摄像头获取信号,不仅能识别学员的表情和活动,还能够通过情感计算判断学员的情绪状态并与之对话;二是可视化表征培训内容,如手术操作、救险策略等,同时根据学员的反映调整内容的顺序及展示方式;三是与学员交换角色,充当"学生"。学员通过概念图等方式向 RSP "教授"培训内容,RSP 能通过学员的"教"来判断学员的学习情况,并提出有针对性的问题,从而要求学员重构"教学内容和方法",即帮助学员重构学习内容和知识结构。

事实上,目前已经很多企业开始利用人工智能帮助学员完成注册、培训、保留、跟进和评估等一系列程序,还有的公司利用聊天机器人进行新员工培训,有效提升了培训效率。那么,人工智能在培训领域还有哪些应用呢?

一、虚拟现实培训概述

1. 虚拟现实培训的内涵和特点

虚拟现实(Virtual Reality,简称 VR),又译为临境、灵境等。从应用上看它是一种综合计算机图形技术、多媒体技术、人机交互技术、网络技术、立体显示技术及仿真技术等多种科学技术综合发展起来的计算机领域的最新技术,也是力学、数学、光学、机构运动学等各种学科的综合应用。这种计算机领域最新技术的特点在于以模仿的方式为用户创造一种虚拟的环境,通过视、听、触等感知行为使得用户产生一种沉浸于虚拟环境的感觉,并与虚拟环境相互作用从而引起虚拟环境的实时变化。现在与虚拟现实有关的内容已经扩大到与之相关的许多方面,如"人工现实"(Artificial Reality)、"遥在"(Telepresence)、"虚拟环境"(Virtual

Environment)、"赛博空间"(Cyberspace),等等。虚拟现实技术是利用三维图形生成、多传感交互、多媒体、人工智能、人机接口、高分辨显示等高新科技,对现实世界进行全面仿真的一种技术。虚拟现实技术产生于20世纪60年代的美国,最近10年,随着计算机信息技术的快速发展而在越来越多的领域得到了推广应用,其出现更使得互联网的平面世界出现了三维场景。

虚拟现实培训是基于虚拟技术生成实时的、具有三维信息的人工虚拟环境,受训者通过运用相关设备和各种感官刺激进入其中,并根据个人需要设计或组合多种交互设备来驾驭环境、操作设备和操作对象,从而实现学习知识、提升技能等目的一种培训方式。虚拟现实培训使受训者能够看到他们在工作中可能遇到的任何情景,在这个模拟的环境中受训者能够接触、观看以及进行操作演练。因此,与传统的多媒体培训相比,虚拟现实培训具有仿真性、超时空性、自主性、安全性等特点。仿真性是虚拟现实培训的最大特色。受训者看到和听到的景象与现实情景高度接近,同时其触摸和操作的设备与现实工作情景也几乎相似,甚至让受训者难以区分虚拟和现实。超时空性是指虚拟现实培训超越时空的限制、实现远程交互,从而有机地将过去世界、现在世界、未来世界、宏观世界、微观世界等集合到一起。此外,在虚拟培训中受训者可以自主选择或组合虚拟场景或设施,而且能够在重复中不断增强培训效果。另外,由于培训场景是虚拟的,因此受训者的安全也得到了充分保障。然而,虚拟现实培训也存在一些缺点。比如,开发和购买设备的成本较高、培训效果很大程度上受到虚拟技术和设备水平的限制等,质量较差的设备难以达到让人身临其境的效果,反而会让受训者产生不良的生理反应,如晕眩、恶心等。

2. 虚拟现实的发展历史与现状

虚拟现实技术由于能够创建与现实社会类似的环境,解决学习媒体的情景化及自然交互性的要求,因此较早被欧美一些主要国家应用于教育与教学领域。1985年,美国国立医学图书馆就开始了人体解剖图像数字化研究。随后,德国的汉诺威大学建立了虚拟自动化实验室,西班牙大学电子系开发了电子仪器虚拟工作平台,意大利帕瓦多大学建立了远程虚拟教育实验室,新加坡国立大学开发了远程示波器实验和压力容器实验等。1995年,在互联网上首次出现了"虚拟解剖"实验。

与发达国家相比,我国虚拟现实技术的开发和应用还存在差距,但这种差距已引起有关部门和科学家们的高度重视,并根据我国国情制定了开展虚拟现实技术及相关技术领域的研究。国家层面,工信部成立了虚拟现实产业联盟(IVRA)以孵育生态系统,而地方级政府如深圳政府设立的中国VR研究所,贵州省政府设立的北斗湾VR小镇等都投入资金和资源来推动虚拟现实教育与培训的发展。

根据前瞻产业研究院发布的《中国虚拟现实(VR)行业市场需求与投资规划分析报告》,2019年,我国虚拟现实产业在游戏领域应用比例达到36.8%,其次在视频领域占比达到20.5%。教育、医疗领域占比7.3%。2020~2021年,我国虚拟现实产业在教育领域的发展得到扩展,其比例将分别增至8.8%、9.3%。当前,基于虚拟现实技术开发的培训产品包括滑雪训练、汽车修理、消防演习、高空作业训练等,如荷兰皇家航空借助VR飞行模拟器提高飞行人员的应变能力;保险公司利用VR技术制作各种理赔场景,对分布在各地的理赔师进行远程培训;医院借助VR技术,让医学人员模拟手术实施过程,降低了真实手术过程中的风险和差错率。

二、虚拟现实培训的最新成果

由于虚拟现实技术的发展,许多技能可以在模拟教室中传授。从具体的技术任务到软技能(如公共演讲、人际沟通),各行各业对在工作场所进行教育和培训的需求都在不断增长。实际上,这些技能多半可受益于虚拟学习的可重复性。Strivr是一家基于虚拟现实的沉浸式学习公司,从物流员工的入职培训,到对办公室职员的管理和人际交流技巧培训,该公司专门解决各种培训的需求。该公司的首席执行官Derek Belch说:"这种媒介有一种强大的功能,可以使人们沉浸在环境之中,最终可以改变其在现实世界中的行为。"

图4-1 两名学员戴上虚拟现实头盔,开始接受软技能培训

建筑、设计、护理等行业现在都已转向了虚拟培训。3M和其他公司开发的工具不仅可以让培训工人进行焊接,还可以教会工人如何防止坠落。位于康涅狄格州的能源公司Avangrid为风力涡轮机技术人员开发了培训模拟,类似这样的新平台可以更快地培训从事制造业的工人。联想的虚拟现实解决方案可帮助新入职的员工快速掌握维修工业机械的技术。办公室工作也出现了类似的培训潮:全球咨询巨头埃森哲也在使用虚拟现实技术共享招聘技巧。

在新冠肺炎(COVID-19)蔓延的时代,面对面的课堂教学被搁置,这使得虚拟现实培训成为真正的主流学习方式。Belch说,由于有这么多人在家工作,远程招聘和培训新的员工就成了公司的首要任务。全球市场情报公司IDC预测,到2023年,虚拟现实和增强现实培训市场规模将达到85亿美元(约合人民币567亿元),占当今虚拟现实和增强现实市场总额(168亿美元)的一半以上。

IDC的分析师Jitesh Ubrani表示:"疫情期间的这些变化现在正在使这个行业受益,它所带来的变化也为行业的发展做好了准备。"他的研究发现,在过去五个季度中(包括2020年第一季度),独立式虚拟现实头盔的商业购买量有所增加。

尽管虚拟现实行业一直受到期望与体验之间的差距所困扰,但质量的迅速提高和价格的迅速下降使得虚拟现实行业在教育领域有了新的立足点。虚拟现实行业仍在极力推广这一宣传:虚拟教室的可重复性(如飞行模拟器)使其成为巩固体验和肌肉记忆的理想选择。

现在,越来越多的人开始相信这一点。

赋予培训对象"软技能"的程序开发(例如,磨炼人际关系、理解多样性和包容性、接受并提供反馈或者解雇员工)最近推动了虚拟现实技术的发展。企业对这些技能的培训通常是在小组角色扮演的练习中进行的,但是由于与同事在一起进行表演时的尴尬和重复场景的难度,培训的效果还是有限的。

图 4-2　Glue 是用于企业远程工作设计的几种新的虚拟现实平台之一,它通过协作工具可制定的虚拟会议空间。

普华永道(PwC)新兴技术主管 Scott Likens 在对虚拟现实的有效性进行了研究之后说:"当您与同事一起培训的过程中可能仍然会存在专业上的尊重和规矩,但和模拟的人在一起就没有这种顾忌。"有了虚拟现实头盔,员工可以拥有一种更加身临其境、多感官和参与的体验,而不必担心在同事面前搞砸了。他说:"这是一个更安全的空间。"虚拟现实技术下学生的学习速度是课堂学生的四倍。

图 4-3　普华永道(PwC)研究了虚拟现实的学习者如何用更少的时间来吸收同样的培训内容,因为通过这一新的学习方法他们可以更加专注,并且对所学的内容也更有信心。

另外,虚拟现实培训更加节省时间和成本。普华永道的一项研究发现,虚拟现实技术下学生的学习速度是课堂学生的四倍。当规模达到一定程度时,这种方法便可为公司节省大量的资金。尽管对技术和硬件(如头盔和培训软件)进行了前期投资,但一项虚拟现实的程序可以供 375 名或更多的学员参与学习,因此在成本上还是比课堂教学更具有竞争力。这就使得公司更加重视采用虚拟现实的解决方案,而新平台(包括 Glue、Engage 和 Spatial)正是专门为公司客户设计的。Likens 表示,创建内容到一定程度就会出现瓶颈,但是许多初创企业正在为不同行业设计新的培训内容,其中许多培训项目把注意力放在了软技能上。

三、智能指导系统

1. 智能指导系统的内涵和特点

基于电脑的教学和培训由来已久,20 世纪 70 年代,人工智能和认知科学的结合产生了一种新的培训系统——智能指导系统(ITS)。自此以后,多种智能指导系统成功应用于教学和培训中。智能指导系统,又可以称为智能导学系统(Intelligent Tutoring System,简称 ITS),是借助人工智能技术,让计算机扮演专家指导者向不同特征学习者传授知识、提供学习指导的适应性学习支持系统。与传统的基于电脑的培训相反,智能指导系统具有较高的灵活性和适应性。

传统导学系统会收集数据、分析学生学习风格与认知偏好,会在答案错误时给予反馈,会在学生完成任务后给予难度更高的新任务,因此其结构由专家模型、学生模型、教学模型、诊断模型四大基本模块构成。ITS 着重学习过程指导,侧重对学员各解题步骤的反馈、提示,因此除上述基本模块外,言语交流智能代理(The Conversational Tutoring Agent)模型的功能日益被重视。它通过人机互动指导学生学习过程,由模拟指导者、语义分析器、课程脚本数据库、对话管理器等子模块构成(见图 4-4)。语义分析器承担分析学生输入信息的语法语义功能,课程脚本数据库储存大量结构化的言语指导脚本,对话管理器则将适宜言语指导行为脚本传递给模拟指导者,使模拟指导者通过人机界面对学生学习进行指导。

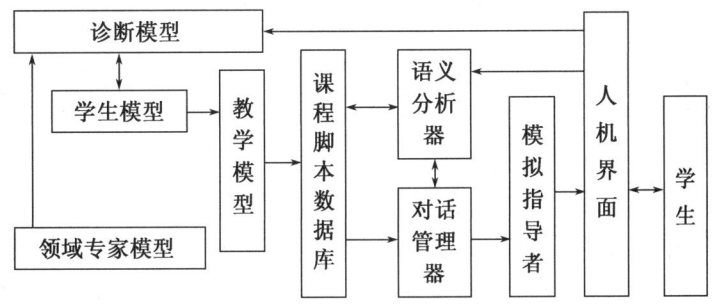

图 4-4　ITS 基本结构

智能指导系统通过任务设计达到传授领域知识(如概念、规则等)的目的。任务完成需经过两条运行环路:外部环路与内部环路。外部环路是 ITS 根据学员特点选择适宜任务,并对学员任务完成情况进行反馈(VanLehn,2006)。其运行过程是分配任务、收集答案、针对答案给予相应反馈。如果学员答案正确则分配新任务,如果答案错误则再次让学员尝试。一个环路执行一个学习任务。例如,当要求学员解二次方程式时,学员在草稿纸上算出答案并输入到电脑中,正确则系统给予"恭喜"反馈,错误则提示并要求再做一次。总之,外部环路是反馈学习结果与分配学习任务。

内部环路是学员领域知识建构或应用的过程,是一个个"学习事件","事件"是学员内在心理活动,只能通过学员在电脑界面上输入相应"步骤"而外显,因此它与学员外显解题步骤一一对应。内部环路的功能是对学员输入步骤予以指导以促进学员学习。内部环路运行复杂,分为步骤分析与步骤产生两个阶段。步骤分析是ITS通过语义分析器、诊断模型等分析学员输入信息;步骤产生则根据步骤分析结果,通过教学模型、课程脚本数据库选择不同方式予以指导,或正误反馈,或提示,或提供恰当的学科知识,或描述学员错误。同样是让学员解二次方程,学员可能第一步是从电脑界面菜单中选择一种方法,紧接着ITS要求学生输入问题解决的各步骤,或学员与模拟指导者展开对话:"解决这个方程,我们可以用什么方法"。

由上可知,ITS是对学员学习过程进行实时反馈与适应性指导的过程,因此研究者一致认为ITS存在两大核心特征:(1)学员认知过程的实时诊断,即学员模型建构;(2)适应性指导。ITS是人工智能在教育教学领域中的应用,需要教育心理学、教育技术学、计算机科学等领域研究者合作参与,其人机互动研究与设计应围绕这两大核心特征,首先进行教师教学与学生学习的相关教育心理学研究,紧接着在教育技术学、计算机科学领域利用人工智能Agent技术、自然语言处理技术、数据挖掘技术等进行ITS开发与设计。

2. 智能指导系统的发展历程及应用情况

智能指导系统是计算机辅助教学领域的一个重要研究方向。通过学生与系统之间的交互,启发学生在思考中解决问题并最终完成学习任务。这种系统最大的特点是具备一定的智能性,能对特定领域中的知识学习提供指导。早在20世纪60年代,有人提出了自适应辅助教学系统的概念,并开发了一系列训练学习者计算能力和词汇记忆的学习系统,它是智能指导系统的萌芽。八十年代专家系统理论及相关应用得到快速发展,其中具有重要意义的是斯坦福大学的智能教学系统GUIDON,它通过专家知识库中的病例信息指导学生掌握医学知识。

我国的CAI与ITS技术在20世纪70年代中期才逐步开始发展起来。90年代以后,随着对专家系统技术进行的大量研究与实践工作,国内高校等科研部门开发了大量高水平的智能教学系统,如中国科学技术大学人工智能与计算机应用研究室的科研人员开发了一种基于远程虚拟实验的实时智能指导系统,并应用于中国科学技术大学开发的《大学物理仿真实验》中。该系统自动收集和分析实验状态和数据,在学生进行虚拟实验的时候扮演"在线教师"的角色,及时地反馈学生需要的解释和指导,远程指导学生完成虚拟实验。

在企业中,智能指导系统也得到了广泛的应用。在培训课程设计阶段,智能指导系统可以根据受训对象之前的学习情况和岗位级别,为其定制个性化的培训方案,帮助受训对象系统掌握职业生涯发展过程中所需的专业知识。在培训开发阶段,智能指导系统具备的答疑和反馈功能,一方面可以实时为受训对象答疑解惑,为其扫除知识盲点;另一方面能及时反馈,就解决问题的思路、方式等进行指导,帮助员工以更优的方式、方法解决实际工作中的问题。此外,在培训效果评估阶段,智能指导系统可以对受训对象的培训效果进行评价,从而帮助企业及时掌握员工培训进度和培训效果,同时为员工进一步改善工作绩效提供方向。

本章小结

本章内容结构如下所示:

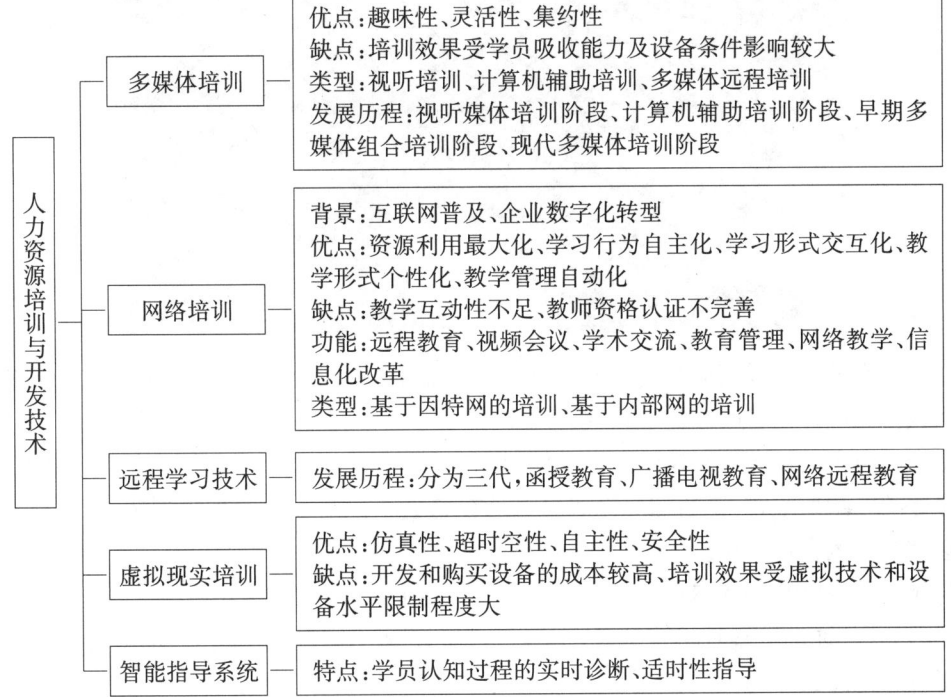

复习思考题

1. 列举几种常见的人力资源培训与开发技术并说明其优缺点。
2. 多媒体培训的类型有哪些?
3. 企业网络培训兴起的背景是什么?
4. 请谈谈远程教育技术的发展历程?
5. 智能指导系统的特点有哪些?

案例讨论

肯德基用VR"密室逃脱"游戏培训员工炸鸡

据VRSCOUT的报道,肯德基在培训员工时引入了十分惊悚的"生化奇兵VR密室逃脱"游戏。在桑德斯上校的干扰下,参与游戏的员工要学习炸鸡的五个步骤:检查、清洗、裹面、推压、油炸,只有制作出招牌炸鸡,才能"逃出生天"。

肯德基在培训中采用的是Oculus Rift头显,而不是像从前,将员工带到无菌的厨房,用真鸡肉试验怎么炸出香喷喷的上校块。

培训的员工会被VR头显带入一个虚拟幽闭的房间,里面有一框鸡肉、炸鸡设备和邪恶像容嬷嬷的桑德斯上校,不断催促你炸鸡。只有完成桑德斯上校的炸鸡训练,才能逃跑,不然就会被永远困在房间里。

肯德基称,利用VR游戏的方式教员工炸鸡,整个过程只需10分钟,要低于过去实际培训操作的25分钟。虽然时间缩短了,但效果应该还是不错,经过这么一场刺激的"密室逃脱",很难忘记怎么炸鸡。

而且以 VR 培训的方式更加环保,避免潜在的浪费。不会有那么多鸡肉"惨死"在新人员工的手中,也大大省去了前期的准备工作。对于新手员工来说,VR 培训显然更安全,不会被烫到,减少厨房的意外事故。

VR 员工培训的优势在不少公司都得到了认可。UPS 的快递司机接受 VR 培训,不仅能够详细学习城市道路情况,还不存在车祸的风险。而在沃尔玛内部的员工 VR 培训,可模拟一年一度的黑五,让员工体验在大家爆买时,如何提供更好的服务。在 VR 培训时可以减少时间成本,但金钱成本似乎并没有缩减。尽管可以减少浪费鸡肉、节省司机上路培训的油钱,但是 VR 设备成本太高了,想要大规模地推广这种培训不太现实。

目前,Oculus Rift 的价格为一套 599 美元(约合 3990 元人民币),买上一套就抵过几十框鸡肉,投入成本实在太高。目前,肯德基只在总部培训使用,并不敢全面铺开,能享受到这一游戏的员工也很有限。

讨论:
1. 结合案例,虚拟现实培训的优势有哪些?
2. 结合案例,谈谈目前企业推进 VR 技术有哪些阻碍?

第五章　培训体系设计

 教学目标

学习本章后,应该能够:
- 理解培训管理体系的内涵
- 认识和理解如何进行培训的计划组织
- 认识和理解培训中的管理问题
- 掌握设计培训课程体系的流程和方法
- 掌握如何选拔培训师资和建设培训师资的方法

第一节　培训管理设计

 本节案例

华为大学,培训有道:华为大学的培训管理体系

华为大学注册成立于 2005 年,其成立之初就确立了以融贯东西的管理智慧和华为的企业实践经验,培养职业化经理人,发展国际化领导力,成为企业发展的助推器的宗旨。目前,华为大学不仅承担了公司各类员工和管理人员的培训和发展,同时对公司战略实施、业务发展和人力资本增值提供支持,对外也配合公司业务发展和客户服务策略为客户和合作伙伴提供全面的技术和管理培训解决方案,提升客户满意度等。

硬件保障。华为大学坐落在美丽的深圳华为总部,一直以舒适、一流的硬件配套设施为外界所称道。华为大学的教学区有培训教学主楼、高级培训中心、教职员楼等主要建筑物。培训教学主楼是培训中心建筑群的主体,拥有各类多媒体教室、高级管理研讨室 120 间、通信实验室 7 000 平方米,满足培训的课堂教学、案例教学、上机操作、工程维护实习和网络教学等多种形式的需要,可以同时容纳 3 600 多名客户和员工同时进行培训。

体系完善。华为大学拥有完善的培训体系,不但员工上岗前要进行培训,还有岗中培训和下岗培训。适时的培训,使员工能及时跟上瞬息万变的需要,更好地为公司发展做贡献。为了帮助新员尽快适应公司文化,华为大学对新员工的培训涵盖了企业文化、产品知识营销技巧和产品开发标准等多个方面。针对不同的工作岗位和工作性质,培训时间从一个月到六个月不等。

师资强大。华为大学拥有专、兼职培训教师 1 700 余名。这些教师都经过了严格的程序评估和筛选。他们中间既有资深的培训师,也有经验丰富的华为专家和工程师,成为员工通过培训获得工作相关知识技能的保障。"讲师必须是有实践经验的人,没有实践经验的教官不能讲课,只能做组织工作。"任正非如是说。此外,华为还定期邀请业内权威专家及知名大学资深教授前来授课,以保证公司总处在最新技术、业务及管理科学发展的前沿。为方便广大员工以更好的心态面对工作和生活,华为还聘用了一批德高望重的退休专家和教授来华为工作,他们拥有丰富的人生经验和科学的研究方法,通过思想交流和情绪疏导,他们能有效地帮助员工树立正确观念,掌握科学方法,促进员工成长、发展。

文化保障——军队文化。军人出身的任正非一直以"军队文化"管理着华为,这在培训当中彰显无疑。华为的岗前培训素有"魔鬼训练"之称,深深打着"军队文化"的烙印。比如,华为招聘的大学生到华为报到后,立即就进入包括 1 个月的军事训练在内的 5 个月严格封闭式培训,负责训练的主教官是中央警卫团的退役教官,训练标准严格按照正规部队的要求,凡是在训练过程中遭到淘汰的员工将被退回学校,经过几轮筛选幸存下来的员工才能正式进入华为,很多员工总结这段漫长的培训过程用的都是这几个字:苦、累、考试多。华为的军队文化在塑造员工组织性、纪律性和集体主义意识等方面起到了积极的作用,有助于增强员工的工作责任心,不怕吃苦、迎难而上的精神,这也是目前很多公司学习"华为"的重要原因所在。

资料来源:培训管理者,http://www.training-managers.com,2018-12-04。

请分析:华为培训体系的成功之处在于什么?

一、培训体系设计的基本思想

1. 培训体系设计的原则

(1) 培训体系设计的总体原则:在培训体系的帮助下,公司总体目标能更好地实现,有利于竞争能力、获利能力及获利水平的提高。

(2) 培训体系设计的具体原则:通过培训体系能够实现传递上层信息、改变员工态度、更新知识和技能。

(3) 培训体系设计的针对性原则:培训内容具有针对性;培训形式具有针对性;培训对象具有针对性。

2. 培训体系设计的一个中心、两个基本点

培训体系的一个重要方面是要坚持一个中心、两个基本点,即以"员工"为中心,以"培训需求、培训目标"和"培训效果的评估"为基本点。

(1) 以人为中心

企业中培训的直接目的是为了对员工的态度、知识、技能和行为模式进行改变或提升。因此,培训工作的开展需要紧紧围绕着"员工"这一中心进行,企业应当将培训工作视为一项重要的工作内容,建立起多层次、多形式、多规格的企业培训体系。

在"以人为中心"的要求下,公司最高管理层、各级部门主管、人力资源部、员工个人都需要积极地参与到培训中来,对参与培训项目的设计过程和对培训结果的评估过程出谋划策。

(2) 培训需求分析、培训目标确定

在开展正式的培训活动之前,通过对培训需求的分析,确定好培训课程及培训目标,制定科学可行的培训计划。

(3)培训效果评估

培训效果评估实施的目的是为了检验培训活动的有效性,对培训活动所取得的成绩进行分析,找出培训过程中的不足的地方,加以改进和完善,为下次制定新的培训计划提供参考和借鉴。

二、培训管理体系设计

和企业的各方面管理一样,培训活动的管理问题对培训工作的效果有重要的影响。为提升企业效率而开展的培训工作,需要运用科学合理的现代化管理手段进行管控。

培训管理体系设计包括如下步骤,见表5-1:

表5-1

步骤	工作内容
第一步	以人力资源部为中心,建立起培训组织
第二部	在企业内部进行培训需求的分析调研
第三步	制定出科学合理的培训计划
第四步	实施培训计划
第五步	对培训的效果进行科学合理的评估
第六步	进行培训活动总结

1. 建立培训组织

(1)培训管控机构

公司经理或董事会是培训活动的最高决策机构,公司高层要对培训活动进行全局的把控,从长远进行考虑。

(2)培训负责人

总经理或分管副总经理是培训工作的专门负责人。

(3)培训组织者

公司人力资源部负责公司员工培训的具体组织工作,对培训工作的全过程进行监控、把关。

(4)培训执行者

培训主管负责培训工作的实施,落实好培训的各项具体工作,其工作效果对人力资源部主管负责。

(5)参训人员

公司将需要培训的员工挑选出来,对这部分员工进行培训。

(6)培训监督者

公司质量保障部门对培训工作进行监督,对培训实施部门的培训结果进行监督、考察。

2. 培训计划的编订

培训计划的制定是人力资源部每年的一项重要的工作,人力资源部主管在每年年初都

要制定出《培训计划》,《培训计划》要结合公司的人力资源现状和公司的年度发展计划,具体的制定步骤如下:

(1) HR部门培训主管需要厘清公司人员现状,将结果汇报给上级领导;(2) HR部门培训主管将培训需求调研发至各部门;(3) 各部门制定本部门年度培训目标,提交《培训申请表》给到人力资源部;(4) HR部门培训主管分部门进行调查,主要了解除了大的培训目标外,针对个人,还需要哪些培训、个人是否有什么意见等;(5) HR部门主管根据部门培训目标、员工调查问卷和部门年度发展计划,确定不同部门年度培训计划;(6) HR部门培训主管将各部门年度培训计划进行汇总,上报上层经理或董事会,批准后,便可以开始实施培训计划;(7) HR部门培训主管实施过程中对《培训计划》中的有关课程进行即时调整。

3. 培训计划的实施

培训计划的具体实施步骤如下:(1) 对员工的具体需求进行进一步调研:培训计划对大的培训内容进行了安排,培训主管在培训前还要对参训人员的具体需求进行进一步调研;(2) 寻找合适的培训讲师:人力资源部根据培训计划,寻找适合于本企业实际情况的培训讲师;(3) 培训宣导工作:人力资源部培训主管需要做好培训准备工作和宣导工作,培训主管需要和培训教师密切配合,对培训工作的整个过程进行把控;(4) 培训前的沟通:在开展正式的培训活动之前,培训主管需要让培训教师了解受训人员的基本知识、技能等情况。(5) 正式培训:培训教师根据学员的实际情况进行培训;(6) 培训结束后的总结:培训结束后,人力资源部要注意对培训结果进行评估和总结,汲取经验教训,为下次培训工作提供参考。

4. 培训预算的管理

在企业培训活动的开展过程中需要培训经费作保障,企业需要根据实际情况确定好培训的预算。

培训经费预算额的确定方法包括:

(1) 比例确定法:设定基准值,按一定比率决定经费预算额。培训经费预算额=上年销售收入(净利润)×a%;

(2) 人均预算法:培训经费预算额=人均培训经费×公司编制员工人数;

(3) 推算法:根据过去一年的培训经费使用情况,推算今年的费用指标;

(4) 需求预算法:根据公司培训需求,确定一定时期内必须开展的培训活动,分项计算经费,然后加总求和,得出全年培训预算。

5. 培训风险的管理

培训的风险有以下几方面:(1) 员工学习后去到其他单位的风险;(2) 专业技术泄密的风险;(3) 为其他企业培养竞争对手的风险。

培训风险的防范措施有以下几方面:(1) 依法建立劳动、培训关系;(2) 建立监督监管体系;(3) 提高企业风险意识;(4) 对企业的培训制度进行完善;(5) 对专利技术采取有效措施进行保护。

6. 培训项目的管理

(1) 组建培训项目管理小组

建立培训项目管理小组来进行培训项目的管理,项目小组成员组成一般为:人力资源部主管、培训主管、培训讲师、相关部门主管、参加培训的员工代表。

（2）制定项目小组工作计划

项目小组根据培训的实际情况进行工作计划的制定，彼此协调，密切配合。

（3）执行项目小组工作计划

项目小组合理分工，落实制定好的培训项目管理计划，并在实际的操作过程中对培训管理计划进行修改、调整。

第二节　培训课程设计

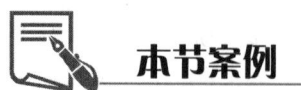
本节案例

三星培训计划的三个层次

核心计划：三星核心计划的目标是帮助所有员工获得归属感。所有的新员工在上岗之前必须参加岗前培训，主要就是让他们理解三星的核心价值观、愿景及企业文化。在核心计划中，所有员工都会参与一个关于企业战略的领导变革研讨会，以帮助他们能更加熟练并专注于自己的工作。

领导力计划：领导力计划是为三星培养下一代的核心领导者。基于三星领导力的框架，公司针对不同级别的员工开展领导技能的培训。这个领导力计划不仅仅只是局限于一个简单的培训计划，它还在公司实施了基于胜任特征（competency）的人员管理，这与整个企业的人力资源管理流程是密切相关的，包括招聘、评估以及劳动力管理。三星的领导力计划正在整个公司推广。考虑到这一点，它设计了为核心人才精心打造的课程，包括全球经理课程、全球总监课程、全球高管课程。

专技计划：三星旨在通过专技计划将员工培养成各个行业领域内的专家。三星有八项核心业务：研发、营销、销售、服务、物流、采购、制造和业务管理。三星高级技术研究院负责研发培训；三星营销学院负责营销/销售培训；全球技术中心负责生产制造培训；三星CS中心负责服务培训，这些机构全面为员工提供OJT。

资料来源：人力资源案例网，http://www.hrsee.com/? id＝1674，2020－10－07。

请分析：三星培训计划分为三个层次的意义何在？

一、培训课程体系概述

1. 培训课程体系的含义

培训课程体系是根据培训计划安排所进行的课程设计、课件的制作、讲义编写、讲授方式等的一系列活动。

2. 培训课程体系的作用

随着经济的迅速发展，越来越多企业意识到培训在企业发展中的重要作用，培训可以提高员工的工作技能、知识水平，能为企业创造更大的财富。但是，传统的培训思想已不能跟上时代的要求、培训制度难以保障培训的顺利有效开展、员工培训体系不够完善、培训效果不佳、培训活动流于形式等,导致了培训无法达到预期的效果,无法给企业创造更大的价值。因此,企业必须根据自身的实际情况搭建个性化的培训课程体系。

3. 培训课程体系的模式

(1) 分岗型培训课程模式

分岗型培训体系是企业针对不同岗位的需求进行培训课程体系的搭建的一种培训课程体系模式,这种培训课程体系模式具有针对性,如管理层培训体系、中层员工培训体系、基层员工培训体系等。

(2) 分职能型培训课程模式

这种是针对企业中不同的职能所设计的培训课程模式,如营销、销售、人力、行政、采购、财务等,职能型培训体系在设计课程时需要注意各个部门之间的联动和配合。

(3) 分部门型培训课程模式

这种培训课程模式针对每个部门的不同情况进行培训课程体系的开发和设计,在实际的操作过程中需要注意部门与部门之间的课程体系的联系。

(4) 长远开发型培训课程模式

这种培训课程模式是根据企业长远发展的人才需要,针对员工职业发展规划路线来进行课程体系的设计与开发,包括新员工入职培训、岗位技能提升培训、管理能力培训、沟通能力培训等培训课程。

二、培训课程体系的内容和方式

1. 培训课程体系的一般内容

企业中培训课程体系的一般内容包括:知识、技能、态度和行为。

(1) 知识

一般员工应掌握完成本职工作所必需的基本知识,同时要对公司的发展战略、经营模式、销售模式、组织架构、市场及竞争等进行理解。

各部门、各层级的管理者需要掌握问题解决的方法,熟悉职权和责任,对所管理的部门的人员、技术、产品都要熟悉,也需要具备管理学方面的知识,如领导力、沟通能力、计划能力等,还应对社会文化、政治方面有所了解。

(2) 技能

企业中的员工所应具备的技能主要包括:本岗位的专业技术能力、沟通能力、计划能力、问题处理能力等。

企业中的管理者所应具备的技能主要包括:统筹规划能力、改革创新能力、灵活处理问题能力、沟通交往能力等。

(3) 态度

在培训中所学到的知识技能能否有效地运用到工作之中会受到态度的影响,员工的态度与培训之后的效果和实际的工作表现是有很大关联的。培训可以在一定程度上对员工的工作态度进行塑造和改变,使员工更加爱岗敬业、诚实守信等。

(4) 行为

企业中员工的行为主要包括在工作场合的行为规范,对于规章制度的遵守以及在工作场合之外的行为规范。

2. 不同层级的培训课程体系内容

同一个企业的不同员工,因工作内容的不同,所需学习和培训的内容也应有所差异;分层级培训一般是定期进行的,或一年一次,或一年两次;对企业中的每一位员工,都可以参加不同层级的培训课程体系,从而更好地提升自身的竞争力。

(1) 分层级培训的特点

具有个性化和针对性,当企业中的员工即将更换职位时,或晋升到管理层时,进行一次脱产的职业培训;注重培训的综合性,提高职工的各方面的综合能力;注重标准化、规范化的培训。

(2) 各层级管理人员培训内容侧重点

基层员工:主要的培训内容包括公司的文化、历史、经营状况,基础岗位知识,专业知识和专业技术,沟通能力、解决问题能力等。

基层管理者:经营计划的执行,基层管理者的权力、责任、工作要求,沟通方式,沟通技巧,组织能力,对企业经营中存在的问题进行了解,对生产组织环节、组织架构、项目管理等内容进行理解。

中层管理者:岗位的权力、责任和工作要求,国内外的经济、政治情况,公司的经营现状,市场分析能力,产品创新能力,技术及新产品开发能力,情绪调节能力、危机处理能力等。

高层管理者:公司经营方向、方针的构思(经营理念、基本方针和目标),长远的规划能力,激发下属能力、沟通技巧、情绪调节技巧等。

3. 不同职能的培训课程体系内容

不同职能培训的重点:注重培训内容的针对性和专业性,对不同的部门、不同的人员进行不同的知识、技能的培训;注重培训内容的补短性,员工在能力、技术上有所缺失就对其进行培训;注重知识和技能的层次性,初级、中级、高级职位都需要进行针对性的培训,以适应各种职级、职位、职群的不同层次、不同水平的员工的需要。

4. 不同层级的培训方式

(1) 高层管理人员的培训方式主要采用研修班、研讨会、峰会、自学、高层交流,也可以进行 MBA、EMBA 学习、出国考察等方式。

(2) 中层管理人员的培训方法主要有工作轮换法,高层定期对中层管理人员的工作部门进行变换,让中层管理人员到不同的部门去工作,使他们加深对公司的了解;参与各层次的管理活动:公司中各个部门的中层管理人员就高层次管理问题,如组织结构、经营方针、公司经营方向等各抒己见;在职辅导,中层管理人员对下属进行辅导学习,在下属遇到工作困难时提供帮助和指引,将自己的知识、技能、经验传授给下属。

(3) 基层管理人员和基层员工培训的形式包括参加学习的课程和讲座;鼓励基层员工积极进修;派基层管理人员去其他企业参观学习;开展专业技术竞赛活动;为基层管理人员聘请外部讲师进行培训。

三、培训课程设计的基本步骤

1. 建立课程体系专门小组

（1）人员组成

一般由企业董事长进行整体把控，各个层级、各个部门的人员都要参与进来，包括人力资源部、各个部门的副总、各个业务部门的经理、内部讲师等，也需要邀请外部专家加入专门小组，引进先进的理念和思想。在培训课程体系刚开始进行时，项目小组人员可以不需要太多人，随着培训课程体系的推进再逐步根据工作进展情况适时扩大人员范围。

（2）人员分工

董事长需要对培训课程项目的整体方向进行把控，提供在培训过程中所需要的各种资源，对重大事项进行决策、敲定；人力资源部进行牵头组织，对培训课程体系过程中的各种事项进行支撑，包括组织会议，组织人员，与各个部门进行联系，对课程体系模式和课程基本框架进行确定，组织培训内容、手册，协调处理问题等工作内容；分管副总、部门经理对本部门、本事业部的知识内容进行提炼、总结和完善，并将提炼总结后的内容上报到人力资源部；外部专家根据企业的实际情况，对知识进行更加深入、专业的提炼；普通员工在对培训课程知识的补充修改完善的过程中，可以根据自身的实际需要提出建设性的意见。

2. 进行相关知识素材盘点

知识梳理是一个细化的过程，是一个很细致的环节，也是一个较为漫长的过程，要注意企业的培训要适应企业培训发展的实际需要，并逐步完善，做到能够切实提高员工的知识、技能、能力，所以一定要分清轻重缓急，重点突破。

（1）范围

企业经营管理有关的知识、技能、经验，同时不仅需要对本企业的知识、技能、经验进行收集，也要对其他行业、企业的优秀经验进行整合。

（2）类别

企业培训可以根据自身的知识体系模式进行归类，比如，流程标准：各项业务的标准化流程、规章制度、注意事项等；资料文案：各项业务的文档资料、档案记录等；过往事件：发生过的重大事件、内部经验、危机事故等；技术能力：企业本身的研发成果、专利技术，独有的竞争能力等；行业经验：企业内外部值得借鉴的经验教训。

3. 进行关键知识提炼总结

通过对知识素材的盘点，对关键部门、岗位知识进行盘点后，就需要对关键岗位和部门进行重点知识、技能、经验的提炼。

关键知识、技能、经验的提炼需要采取头脑风暴的形式进行。一般由人力资源部人员主持并让其他部门的人员一起研讨，针对某岗位需要的知识阐释自己的观点，参与者充分发表各自的意见，集思广益，逐步精炼，最终确定成稿。

在提炼形式上，要根据岗位的不同要求，确定培训课程的内容框架。框架标准一般先由主导人员初步确定，大家讨论修改通过，然后按照这些培训模版框架填写具体的培训课程内容。

岗位培训课程框架需要根据岗位说明书、职责说明书等确定。通常可以把培训课程内容分成以下几类:岗位的主要职责、岗位的作业流程、岗位所需要具备的知识和技能等。确定好知识的主次结构、关键内容,形成整个培训课程的框架,在这个框架的基础上,大家再逐步填写内容。

4. 进行培训手册完善优化

岗位培训课程的框架完成后需要把培训初稿通过正式的手册、内部网络、邮件等形式,发送给涉及的人员,充分听取各方意见,把培训课程补充完善。

培训课程正式定稿后,可以通过正式的手册、电子文档、音频、视频等形式,把岗位知识尽可能用文字化、音频化、视频化、图像化等方式进行传播,让涉及的人员进行试看、试读、试听,并逐步完善。其中培训手册由于便于携带、制作简单等优点,是培训内容的主要载体。

5. 培训课程体系提炼推广

培训课程内容定稿后,人力资源部培训负责人员需要对课程内容进行整理,并按照部门、类型等统一进行编码归类,形成标准化的培训资料。人力资源部把这些标准化的培训内容形成模板和样本,向其他部门进行培训辅导并逐步推广,其他部门提出自身的意见,逐步完善,更加精细化、体系化,这样各个部门的培训课程就能完善起来,整个公司的培训课程体系就逐步建立起来了。

第三节 培训师资设计

本节案例

中兴通讯的培训战略与师资

培训战略:对于知识和技术密集型企业来说,中兴通讯深知人才的重要性。人才的来源无非就是两个渠道,一个是"外引",另一个是"内培",对于中兴的培训战略而言,既要满足企业生存发展的需要,培养高素质、高技能、国际化的员工,又要满足职业技能标准,提高员工绩效,并满足员工职业发展需要。因此,除了对管理人员和技术人员进行强化训练,更要加强对企业全员的培养。

培训师资:在中兴通讯学院,拥有一只具备专业技能的高素质讲师队伍,形成了一套培训讲师资格认证考核模式,致力于加强讲师的培养,学院目前有本科以上学历的讲师多达170多名,并全部为专职培训讲师,其中具有硕士学位或博士学位的讲师数量占50%以上。此外中兴通讯学院还在公司内部培养了近500名经过认证的中高层管理人员、研发专家和工程维护专家担任兼职讲师。

资料来源:人力资源案例网,http://www.hrsee.com/?id=879,2018-12-04。

请分析:中兴通讯培训师资有什么特色?

一、培训师资的选拔

1. 选聘培训师的原则

企业在选拔培训师时,需要先确定好课程体系,培训师不是为了建立而建立,必然是企业有培训需求才需要培训师。在选拔培训师时,可以培训师的胜任力模型为标准选拔人才,将其作为培养标准对培训师进行提升。

2. 选拔流程中的关键点

步骤一:明确选拔标准,可以参考培训师的胜任力模型设定选拔标准,但培训胜任力模型只能作为参考的标准而不能完全作为决策标准。

步骤二:进行前期宣导,面向全体员工进行宣传,鼓励各部门积极推荐适合企业的培训师,若前期工作准备地充分,则会有一定数量的培训师可供选择,也可以由公司各层级主管直接推荐。

步骤三:对培训师的能力进行评价,在评价的环节可以根据履历表进行初步筛选,再进行笔试(主要考核专业知识能力和一般通用素质能力),然后通过笔试的培训师进行试讲。时间安排建议:一般每个时段时长为半小时,其中候选培训师试讲20分钟,10分钟由评委交换意见和进行点评。

步骤四:确定人选,确定最终候选人,确定好候选人后,就可以着手准备培训课程了。

二、培训师资的建设与发展

1. 初级阶段

"讲授培训":让讲师们参与讲授培训,对课程开发、课程讲授方式等有一定理解后,再进行重点课程培养。

"重点课程培养":为每名培训师在初级阶段设置一门重点的课程,让讲师对课程反复熟悉,反复讲解,借助反复讲课对讲师的倾听、控场技巧和自信心进行培养。"重点课程培养"一般分四天进行,首先,学员花一天半时间完整经历一门课程讲授的整个过程,讲师再花半天时间对课程进行拆解,让学员对课程设计思路、重点内容、逻辑及讲授方法等充分理解;其次,讲师用一天的时间将教学思想和教学方法对学员进行讲授;最后,每个学员自己讲授课程,讲师和其他学员给予反馈和点评。

"在做中学":学员讲师在企业内部进行培训课程讲授,其他的讲师和学员参与其中,进行记录和提供建议、点评等活动。

2. 中级阶段

当讲师到了中级阶段后,对教学设计原理、教学思想和教学法会有更加深刻的理解,这个时候便对讲师安排单独开发一门课程的任务,通过这样的训练会让讲师对课程目标、内容、形式、逻辑、过程之间的理解更深刻。在讲师开发出课程之后,让更加资深的专家和讲师来评审,在评审中提高讲师的课程开发能力。

同时也需要让有经验的讲师对课程开发方法论进行培训,对教学设计原理、课程逻辑、课程结构等方面内容进行培训。

3. 高级阶段

在高级阶段,讲师对课程讲授的方法、课程设计的方法、课件制作的方法等内容都有了更加深刻的认识和理解,这个阶段可以让讲师对行动学习的原理和核心主张、行动学习的方法、行动学习项目设计与方法创新等内容进行学习。

三、培训师资的考核与激励机制的建立

1. 考核

对讲师的考核内容可分为能力考核、课程考核、纪律行为考核。

能力考核：使用培训师胜任力模型对胜任力条目行为描述，对培训师的实际表现进行比对，看培训师所表现出来的行为是否和胜任力模型中的行为相符合。

课程考核：主要包括对课程数量和课程质量两个部分进行考核，其中课程数量需要按照不同级别的讲师的要求进行考核，课程质量可通过让参与培训的学员填写课堂评估表，对讲师的实际表现进行打分。

纪律行为考核：依据相关规章制度对培训讲师的行为规范进行考核。

2. 激励

晋级激励：每年度考核为优秀者可申请晋级，讲师的级别越高，获得的课酬也便越高，高级培训讲师可参与更加大型的培训项目。

课酬激励：以30%的浮动区间对讲师发放课酬，具体依据为每堂课后学员填写的课堂评估表为讲师所打的分数。讲师参与课程开发、教材编纂、大型培训项目设计等会给予相应的奖励。

评选优秀讲师：通过学员投票等方式选出每年的优秀讲师，在年度会议上对优秀培训师进行表彰，并给予物质奖励，同时在公司内部、集团总部、各分公司给予通报表扬。

其他形式的激励：为讲师提供参加各种培训提升课程、其他行业和企业的工作考察等多种形式激励。

本章小结

本章内容结构如下所示：

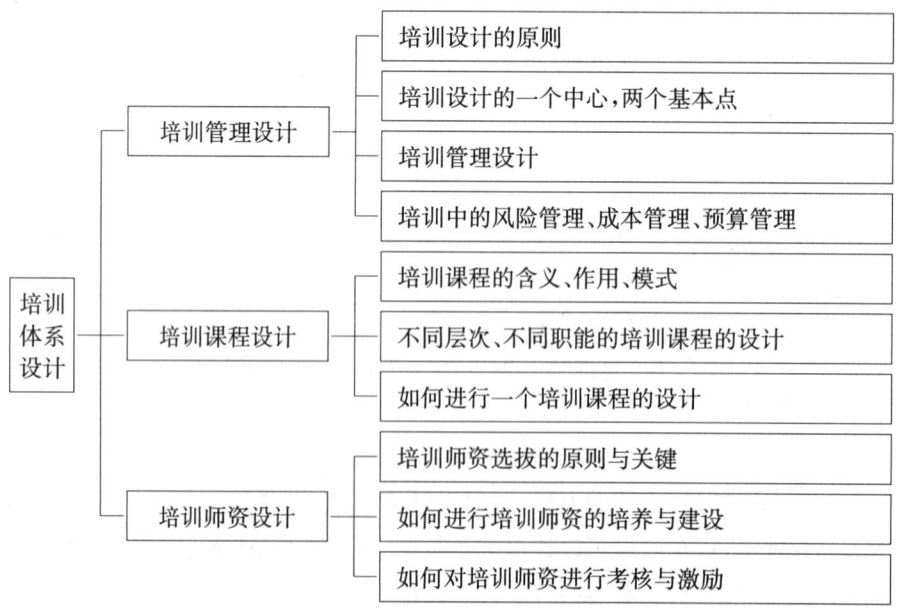

 **复习思考题**

1. 培训体系设计的原则有哪些?
2. 如何进行培训管理体系设计?
3. 如何进行培训课程体系设计?
4. 如何对培训师资进行培养与建设?
5. 如何对培训师资进行考核与激励?

 案例讨论

麦肯锡完善的培训体系

作为咨询企业,有一点是至关重要的,那就是麦肯锡的顾问要永远走在客户的前面,甚至是在客户还没提问之前就能想到答案,提供解决方案,因此,麦肯锡的顾问要拥有最新的知识,掌握最新的工具和思维方法,拥有高超的能力。所以,麦肯锡一直为员工提供持续的学习机会,这样不仅可以改善他们与客户的互动,而且有助于麦肯锡留住最好的人才,并建立更强大的人才队伍。

在麦肯锡公司内部,有着明确的企业文化,由此形成一种浓郁的氛围。通过培训,员工可以迅速掌握企业的各种工作理念和思维方法,并能将其运用到实际工作中,这些都需要一个高投入、高产出的培训过程。尽管麦肯锡自己也曾做过调查,发现全球大部分的雇主每年花费数千亿美元以上的资金投入到员工培训之中,结果却令人失望,收效甚微,但它自己却还是义无反顾地每年都投入巨资用于培训。曾经有报道,麦肯锡每年投入到培训的资金达到了年收入的5%以上,按2017年麦肯锡100亿美元的收入来算,培训投资至少达到了5亿美元,2万多名麦肯锡的员工,平均算下来每人就差不多有2万美元。

麦肯锡公司业务范围广泛,几乎所有的行业和领域都包括在内,即使同一行业的不同企业内,情况也会有所不同,所以处理解决问题的方案也要有所区别,要根据具体情况制定解决方案,基于这种情况,麦肯锡公司在对员工的培训中,不仅要传授知识和技能,更重要的是培养他们思考和处理问题的方法,这种能力比掌握知识更为实际、更有实用价值。

麦肯锡公司的培训方式可谓种类繁多,在麦肯锡人的整个职业生涯中,学习和培训会贯穿始终,每一位咨询顾问在职业发展的不同阶段,都得到了大量的课堂培训机会。这些培训有的是针对某个具体行业的,比如电信、金融领域,涉及这些领域的专业知识、国内外最新的发展动态等。还有的集中对一些"软"的领域进行培训,这些属于能力和技巧的培训,像沟通的技巧、演讲的技巧,等等。每个员工在每年都要有至少两周的集中学习时间,这种学习甚至是全球化的课堂学习。

新入职的所有员工,在开始工作的第一周内,会受到"基础咨询入门"的培训,这个培训项目被称为"Embark"。Embark是个为期一周的计划,在麦肯锡所有国家/地区的所有办事处中都是标准的。这项培训的目的就是为了让新入职的人员在开始第一个咨询项目之前,对关键的咨询技能有所了解,并学会应用。Embark 的培训师是麦肯锡四年以上的老员工,他们会分享个人故事、工作经历和麦肯锡的工作方法、工作模式等内容。

商业分析员在入职后的一个月内主要接受业务理念和咨询技能的基础培训,这样就能更好地发挥绩效。商业分析员在入职 7～12 个月内,要参加公司组织的分析员培训,内容为更高级的解决问题的技能,还有人际沟通的技能,这就为后续的工作做好了准备。有些新员工没有取得 MBA 学位,他们可以参加公司举办的"微型 MBA"培训课程,在培训期间还有机会与来自世界各地的麦肯锡咨询人员进行交流。

当升级为业务经理之后,他们将参加有关领导力和影响力技能的讲习班,而担任团队领导角色的顾问则参加全面的领导力和管理培训。

麦肯锡的员工在工作过程中,还要经过"导师制"的培训,在所有咨询顾问中,麦肯锡的合伙人占了 1/6,而在一般咨询公司中,合伙人仅占 1/20～1/10。相比之下,麦肯锡合伙人的比例很高,所以,麦肯锡的每位咨询员都有条件配备一名合伙人,由其担任"发展小组领导"。麦肯锡招聘员工机会不多、数量有限,每年只有二十几个名额,就是为了保证每个项目都有足够的资深员工担任专业导师。

合伙人是发展小组的专业导师,负责提供意见和建议,帮助他们规划职业发展方向,确定专业成长的道路。在解决问题的过程中,合伙人将大的问题分解成若干部分,将它们分给小组每个成员,并要求小组成员与雇主之间保持密切合作的关系。因为有了导师的引领,新员工的实力得到了发挥,取得了一定的业绩,他们既完成了分内的工作,又解决了应该解决的问题,对公司解决问题的方法也加深了认识并掌握了这方面的技能。

向雇主学习也是麦肯锡对员工的一项要求,每次接受一个项目,涉及一个新领域,就要通过学习加深对这个领域知识的了解和认识。

为了确保所有培训都能达到预期效果,麦肯锡不断跟踪结果。考察结果的维度包括很多方面,比如从顾问的角度来看,在培训后的 100 天里,培训的内容是否有助于他们更快地采取行动,能否能将培训中所学到的知识与材料应用到与客户的交谈之中,等等。

资料来源:人力资源案例网,http://www.hrsee.com/? id=1171,2019-12-05。

讨论:
麦肯锡公司的培训体系有什么特色?

第六章 培训需求分析

 教学目标

学习本章后,应该能够:
- 了解培训需求分析的概念和重要意义
- 熟悉培训需求分析的类别
- 掌握培训需求分析的理论模型
- 运用本章所学方法与技术进行培训需求分析
- 掌握培训需求分析的一般流程

第一节 培训需求分析概述

 本节案例

总经理的困惑

2020年年底,武汉某高新技术企业举办了年度工作总结。在本次总结会议的过程中,总经理张飞对技术部工作很不满意,技术部年初设定的考核目标,基本都没有完成,部分重点工作任务,也没有及时完成。新上任的技术部经理李默然,是公司的技术大牛,但在管理上却有很多不足。目前,技术部的问题主要表现在:

1. 不重视部门建设,部分关键岗位人员一直未能到位。
2. 部门没有明确工作目标,考核工作不落地。
3. 项目管理无序化,项目无立项即上马,项目进度滞后,人员管理松散。
4. 项目组长的能力不足,项目成员不服从项目组长的管理。

经过管理人员沟通,考虑到今年的销售压力更加严峻,技术部的研发工作一定要规范、及时、有效,保障产品上市,充分支持产品销售。人力资源部必须在两周内,确定技术部的培训需求,制定培训计划。

请分析:如何确定该企业的培训需求,设置培训课程?

本章将系统阐述培训需求分析的概念、意义、类别和模型,以便提高企业进行培训需求分析的能力,精准挖掘培训需求。

一、培训需求分析的概念与意义

1. 培训需求分析的概念

企业如人般具有一定的独特性,因此每个企业的培训都需要从长计议,培训需求分析工作就显得尤为重要。与此同时,企业培训需求分析也是企业人力资源管理活动的重要组成部分。

培训需求分析是指,在规划与设计每项培训活动之前,由培训部门、主管负责人、培训工作人员等采用各种方法与技术,对参与培训的所有组织及其员工的培训目标、知识结构、技能状况等方面进行系统地鉴别与分析,以确定这些组织和员工是否需要培训及如何需要培训的一种活动或过程。

对于一个组织来说,培训需求分析既是确定培训目标、设计培训规划的前提,也是进行培训评估的基础,因而成为培训活动的首要环节。

2. 培训需求分析的意义

培训需求分析作为现代人力资源管理培训活动的首要环节,它在培训中具有重大作用。具体表现为以下几点:

(1) 认知现状与目标的差距

培训需求分析的基本目标就是确认差距,即确认绩效的应有状况同现实状况之间的差距。差距的确认一般包含四个环节:

首先,需要对清晰明确的战略发展要求进行分解与建模,规划出培训层次和维度。

其次,按照分析出的层次和维度,对组织和岗位需要的职责、知识、技能、能力等进行分析,归入各项维度中,成为战略发展要求下的标准,即我们的培训目标是什么。

再次,以同样的层次和维度对企业当下员工的知识、技能、能力等进行分析,对现状进行统计和整理。

最后,将分析的第一点即战略要求标准和第二点现实情况做比较,分析其中的差距,并对这些差距进行针对性地分析。为了保证需求分析的有效性,这四个环节需要在独立有序地进行的同时,坚持一个模型一个方法。否则,评价尺度和标准不一,将会影响结果输出。

充分认识现状和目的的差距是企业培训和企业决策的重要依据。因此,培训需求分析的第一个重要意义就是对差距的认知,为企业发展的相关决策提供依据。

(2) 促进人力资源开发系统的建设

当涉及整体的企业培训和企业员工开发时,需求分析的另一个重要作用便是能促进人力资源分类系统向人力资源开发系统的转换。包括现代企业在内的一般组织中,大部分企业都有自己的人力资源分类系统。人力资源分类系统作为一个资料基地,在做出关于补偿金、员工福利、新员工录用和预算等的决策方面非常重要,但是在工作人员开发计划、员工培训和解决实际工作等方面的用处却不尽如人意。

如果一个人力资源分类系统不能够帮助人力资源部门的工作人员确定企业员工缺少什么技能和如何获得这些技能,员工就不可能在一个较高的标准上开发和承担责任。因此,这种系统越来越需要承担详细、特殊、特定的培训功能。当培训和人力资源管理其他模块结合在一起的时候,这种关联性的系统就会变得更加具有综合性和效用性,同时也具备了人力资源开发的功能。

（3）提供工作中实际问题的解决方法

培训需求分析本身就是问题导向的企业培训行为，做好培训需求分析能为企业解决实际工作中出现的问题提供办法和思路。可供选择的方法可以是一些与培训无关的选择，如组织新设与撤销、某些岗位的人员变动、新员工吸收，或者是几个方法的综合。也可以是对已经工作在组织中的工程人员进行再培训，或者是雇用已经获得高薪的、有资格的工程专家，还可以组织雇用一些低薪的、缺乏相关素质的员工，然后对他们进行大规模培训。所有这些方法的选择具有不同的培训分类。最好的方法是把几种可供选择的方法综合起来，使其包含多层次的培训策略。这样既有利于节省成本，又能够较好地实现目标。

（4）得出员工发展情况的真实数据

培训需求分析能够形成一个基础，进而在此基础上得到有关本企业员工的实际发展情况的重要数据。一个好的需求分析能够得出一系列的研究成果，确立培训内容，指出最有效的培训战略，安排最有效的培训课程。同时，在培训之前，通过研究这些资料，建立起一个标准，然后用这个标准来评估所进行的培训项目的有效性。而这些信息在未来企业的发展中都具有直接的借鉴意义，有利于减少企业培训以外的决策成本。

（5）估量培训的价值和成本

如果进行科学性培训需求分析时，找到了存在的问题，并且得到了大量的员工需求数据，管理人员就能够把成本因素引入培训需求分析中去。培训需求分析的数据能够提供企业对培训的价值和成本的估量。如果经估算，培训的价值大于成本，那么后期的培训是值得的；如果培训的成本大于价值，那么，后期的培训将是不可行的。

（6）提高各部门对培训的重视程度

培训需求作为一个有价值的企业培训活动的前期工作，能够提高企业各部门对企业培训活动的重视，更容易获得上级的支持和各部门的协助。

如果培训需求信息在系统组织之间有效地传达，系统的运行效率也会提高。例如，高层管理部门在规划投入时间和资金前，对一些支持性的资料信息很感兴趣；中层管理部门和受影响的工作人员通常支持建立在客观的需求分析基础之上的培训规划，因为他们参与了培训需求分析过程。无论是组织内部还是外部，需求分析提供了适当指导方法与执行策略的大量信息，这为获得各方面的支持提供了条件。

二、培训需求分析的类别

1. 战略层次分析

战略是企业未来的发展方向，战略的实现需要员工的知识与技能作为支撑。人力资源管理逐渐被上升到企业的战略层面，形成战略人力资源管理。战略人力资源的核心内涵在于人力资源战略必须与企业经营战略一致，服务于企业的战略目标，从而确保企业战略的顺利推进。在企业经营发展的过程中，战略总是随着企业现状与发展趋势而不断进行动态调整。为了确保战略目标的实现，企业便需要通过人力资源的培训与开发，来服务战略目标的需求。此时的培训需求不仅要如实地反映出企业当前执行战略的需求，还要反映出未来实施战略的前瞻性需求,即提前为未来的变化或可能出现的问题做好准备,避免战略在未来实施时遇到困难。根据企业不同战略选择,便可建立起人力资源战略的目标,指明了未来一定时期内人力资源培训的方向。

战略层次分析的过程如图6-1所示。企业根据外部因素(如宏观经济环境、技术发展趋势、市场竞争状况等)、企业内部因素(企业财务状况、企业人员构成、主营业务领域等)和企业自身使命,做出战略选择。确定企业战略后,通过对战略目标的分析,企业便可找到"自身的理想状态"。找到理想状态后,企业便可以进一步找到"当前状态"与"理想状态"的差距。而这种差距在人力资源方面便体现为员工的知识、技能、认知和态度等水平。于是,企业根据上述差距,便可以通过战略性人力资源管理进程,寻找解决方案。最终,"当前状态"与"理想状态"的差距能够通过员工的行为进行弥补,而员工所需要调整的行为就成了企业接下来一段时间内的培训与开发需求。

以战略为导向的需求分析理念,不仅反映了企业当前现状与战略目标之间的差距,还反映了企业发展状况与未来发展目标之间的差距,对企业培训与开发具有重要的指导作用。但是,战略性需求分析更多的是从理论的角度阐述企业战略、人力资源战略及人力资源培训与开发需求之间的关系,缺少有关实际操作的说明。此外,战略性需求分析是基于企业战略目标所开展的培训与开发需求分析,其行为标准依赖于战略目标,缺少对员工自身需求的关注,可能导致培训与开发需求与员工需求之间的不适应。

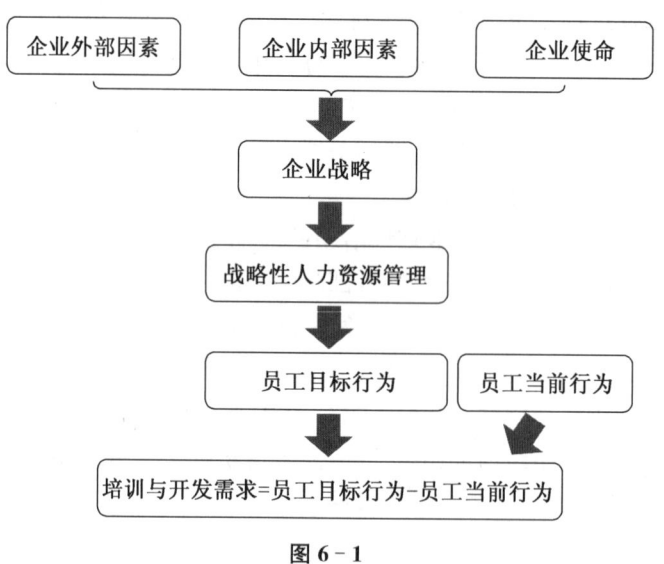

图6-1

2. 组织层次分析

培训需求的组织分析主要是根据组织目的、资源等因素对企业组织中存在的问题进行分析,以此对培训作出指导。经过这样的分析,可以确定培训是否能派上用场,同时确定哪些部门和人员需要培训,培训需求的组织分析包含影响培训计划的有关组织的各个方面,主要有以下内容:

(1) 组织目标分析

组织目标分析帮助培训者明确组织的目标,组织目标分析主要围绕组织目标的达成、政策的贯彻是否需要培训或与培训有关活动的展开。组织目标对企业发展有着决定性的作用，也对培训计划的制定与执行起决定性作用。如果没有分析好组织目标，培训则很有可能"牛头不对马嘴"。组织目标的范围很广，组织当前开展的生产经营活动，采用的生产技术和手段都可以看成是组织的目标，具体目标可以包括生产所用的机械设备、工艺流程、技术专利、能源原材料、产品批量等。培训活动应该密切注意这些组织目标，培训是为他们服务的，培训活动的宗旨必须和他们一致。假若组织目标模糊不清时，培训规划的设计与执行就显得很困难，目标分析就是要让目标清晰地展现出来，培训活动才能根据其进行设计。

（2）组织特征分析

组织特征对培训也有着重要影响，如果培训计划工作和组织的价值不一致，培训的效果则很难保证。组织特征有诸多的表现形式，如员工的工作精神、工作态度、对企业的向心力和凝聚力和对企业文化的理解、接受程度等。组织特征分析主要是对组织的系统结构、文化、信息传播情况的了解。组织的系统特征分析即通过审视组织运用系统能否产生预期效果，组织结构是否需要改变，和是否有相应的培训需要等，它能使培训组织者系统地面对组织，避免组织分析中出现以偏概全的现象。文化特征分析是对组织的规章制度、企业文化、价值等的深入了解。不同的企业文化往往需要不同的培训方式，价值观的不同也会对培训造成影响。信息传播特征是指组织部门和成员收集、分析和传递信息的分工与动作形式或方式。信息传播特征分析能使培训组织者了解组织信息传递及沟通的风格和特性，不同的工作需要不同的信息，也会有特定的最有效的信息传递方式，有针对性地对其进行培训，一般能收到更好的效果。

（3）组织资源分析

组织资源是组织生存与发展的必要条件，没有它们，企业不可能得到发展，培训就更不可能做好了。组织资源分析包括对组织的资金、时间、人力资源的分析。有了人力、物力和财力的支持，培训目标才可能完成得更加完美。在这些资源中，任何一项都是非常重要的，缺了任何一项，培训都不能顺利进行。资金是指组织所能提供的经费，将影响培训的宽度和深度，它直接决定培训费用的多少。没有了培训费用，培训就无从谈起。时间对一个组织而言就是金钱，培训需要相应时间的保证，如果时间紧迫或安排不当，就会影响培训效果。人力则是决定培训是否可行和有效的另一关键因素。组织的人力状况包括人员的数量、年龄、技能和组织水平、人员对工作与单位的态度及工作绩效等，对这些资源进行详尽分析是很有必要的，同时对他们的分析也不要孤立地分析，尽可能地将它们进行有效的整体的分析，这样会让培训更有针对性。

（4）组织环境分析

组织环境包括内部环境和外部环境。这里主要讲述外部环境。环境对企业的影响是不容忽视的。培训也应该考虑这个因素，比如市场上同类企业的增加，同类产品的更新、增加都会影响组织战略目标，当然对培训也就有了不同的要求。再如各种法律法规的出台，每当国家和政府的一项涉及劳动的法律颁布时，组织进行相应法律的培训是可取的做法。比如，请一位专家给每一个可能受此法律影响的员工讲课，以避免可能产生的问题。外部环境瞬息万变，要对各种变化都了如指掌是不可能的，但至少我们应该对企业发展有决定性影响的环境变化有深入的了解,以便及时做出相应的正确的反映,培训就是其中的一个措施和手段。

3. 岗位层次分析

岗位层次的培训需求分析是比较常见的,培训部门时常应用各种方法来获取员工岗位个体的培训需求。员工是企业的人力资本,因此企业对在岗人员的培训需求分析也是比较重视的。人力资源部门通常采取的方法是:根据个人的实际绩效与绩效标准对员工岗位职责与技能要求的差距进行分析。依据的资料有:员工在过去一个经营期的业绩,员工技能分析以及员工个人的需求调查问卷等。

三、培训需求分析的六种模型

1. Goldstein 三层次模型

20 世纪 80 年代,I. L. Goldstein、E. P. Braverman、H. Goldstein 三人经过长期的研究将培训需求评价方法系统化,构建了 Goldstein 三层次模型。

Goldstein 三层次模型是培训需求分析的重要理论基础,它最大的特点就是将培训需求分析看成一个系统,进行层次上的分类,通过将组织、任务、人员的需求进行整合,使得培训需求更加全面化,分析结果更加科学化。该模型将培训需求分析分成了三个部分:组织分析、任务分析和人员分析。

组织分析的任务是确定培训对象所在组织的培训需求,以保证培训目标和内容能够满足组织的战略发展要求;任务分析主要是根据工作岗位的性质和要求,确定岗位所需要的人员思想、品德知识、技能等的要求;人员分析是从组织内部人员的实际情况出发,分析岗位需求和人员现有状况之间的差距,以确定需要培训的对象和内容。Goldstein 三层次分析模型通过综合比较三个层次的需求从而得出企业的培训目标和培训内容,从而为培训需求环节建立组织战略、具体任务和个人能力的关联关系,具有通用性和针对性相结合的特点。

Goldstein 三层次模型如图 6-2 所示。

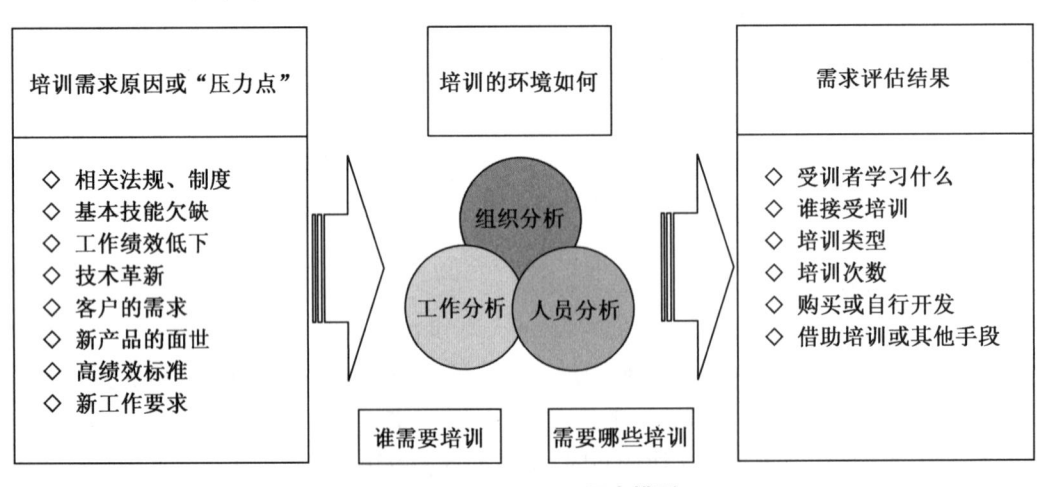

图 6-2 Goldstein 三层次模型

2. 培训需求差距分析模型

汤姆·戈特提出的培训需求绩效差距模型通过分析组织成员"理想技能水平"和"现有技能水平"间的差距来确认培训需求。该模型将培训需求分析的重点"差距分析"进行提炼，提出培训需求分析的可行性，弥补了 Goldstein 模型在任务分析和人员分析两个层面缺乏可操作性的问题。不足之处在于该模型对企业战略目标对于培训需求的影响分析不足，其有效性对"培训活动=绩效提高"加速前提存在依赖性。

培训需求差距分析模型有三个环节：

（1）发现问题所在。理想绩效与实际绩效之间的差距就是问题，问题存在的地方，就是需要通过培训加以改善的地方。

（2）进行预先分析。一般情况下，需要对问题进行预先分析和初步判断。

（3）实施需求分析。这个环节主要是寻找绩效差距，分析的重点是员工目前的个体绩效与工作要求之间的差距。

3. 前瞻性培训需求分析

美国学者 Terry L. Leap 和 Michael D. Crino 提出的前瞻性分析模型，其精髓是将"前瞻性"思想引入培训项目需求分析过程中。该模型充分考虑企业未来发展目标与员工个人职业发展规划的有效结合，将培训工作从被动适应未来改变为主动未雨绸缪。该模型在确定员工任职能力和个人职业发展方面极具实用价值。但该模型重点强调了员工未来发展方面的培训需求而忽视了针对企业发展的需求分析，因而一旦市场环境发生变化或企业战略目标发生调整，则培训成效可能与企业战略目标脱节。

4. 以企业文化为基础的培训需求分析

企业文化是企业的灵魂，是推动企业发展的不竭动力，其核心是企业的精神和价值观。企业文化作为一种意识渗透到了企业的各个角落，甚至是每个员工的工作和生活当中。企业文化一旦形成，对企业的发展方向起决定作用，同时对企业员工培训起指导作用，使企业焕发出强大的生命力。

以企业文化为基础的培训需求分析模型，从梳理企业文化入手，明确企业目标，进而明确企业培训的目标。围绕企业文化实施员工培训能够使员工成功地融合到企业文化中去，将企业目标和员工的个人目标统一起来，对员工的工作动力和对企业价值观的认同有非常直接的影响。

5. 基于胜任力的培训需求分析

基于胜任力的培训需求分析是以胜任力为基本框架，通过对组织环境、组织变量与表现优异者的关键特征来确定岗位的培训需求，是一种战略导向型分析方法。该模型旨在通过岗位胜任力标准体现组织的培训需求和通过胜任力差距体现个人的培训需求，通过培训实现企业员工素质和岗位要求的匹配。该模型没有将对企业的战略目标要求纳入分析，没有重视企业战略的影响。从操作层面来看，胜任特征是个复杂的概念，胜任特征的确定需要长时间的资料积累和丰富的专业经验，建立胜任特征模型要求相当专业的访谈技术和后期的分析处理技巧，而且耗时费力成本高，这对企业人力资源部门提出了相当高的要求。

6. 以职业生涯为导向的培训需求分析

以职业生涯为导向的培训需求模型认为，企业与员工是两个平等的利益主体，承认员工个人利益与企业组织利益的相关性,不存在谁的利益优先,企业发展应建立在员工的个人发展基础上,企业培训与员工职业生涯规划应该相结合。

以职业生涯为导向的培训需求分析模型呈现出了三个特点:

(1) 将企业需求与员工职业生涯发展需求进行结合,尊重了员工的个体发展。

(2) 不仅考虑了现期需要,还考虑了远期需要,这是对前瞻性培训需求分析模型的升华。

(3) 员工真正参与到培训需求分析的过程中,使培训需求评价的主体得到拓展。

该模型充分体现了以人为本的重要思想,只有把个人需求与职业生涯结合起来,才能有坚定的职业生涯目标,通过不断地参与学习培训,实现自己的职业价值。

以职业生涯为导向的培训需求分析一般采用面谈和问卷调查的方法,让员工进行自我评价,评价的内容主要有:思考自己目前的职业状况和理想中的状况、自己工作的优势和劣势、自己在哪方面取得了成功、近期计划或未来的发展计划、为实现目标计划付出怎样的努力、在实现目标过程中所需要的资源、需要怎样的培训与学习、自我总结与规划职业生涯。

第二节 培训需求分析的实施

本节案例

校外培训机构整改

据腾讯教育新闻报道,自教育部等四部门联合印发《关于切实减轻中小学生课外负担开展校外培训机构专项治理行动的通知》以来,全国31个省份及新疆生产建设兵团先后公布了本地区内校外培训机构摸底排查状况。截至2018年5月23日,全国已摸排校外培训机构128 418所,整改培训机构12 251所。截至2018年6月26日,全国已摸排校外培训机构201 193所。有些地方培训机构甚至比学校还多,上海、江苏等地,中小学校数量与校外培训机构数量之比高达1∶4.5左右。

校外培训机构为何火爆?

学科类培训班是校外培训机构的经营重点。提高班、强化班、精英班等学科类校外培训班层出不穷。一些学校甚至高薪聘请知名高校博士生作为讲师,以提高自身知名度。"别人上我也上""都在一条跑道上,别人跑了我不跑怎么行""孩子学习成绩不理想,不加把劲怎么升学"……诸如此类的原因让校外培训机构持续火爆。

中小学放学早的问题由来已久。自1990年6月以来,《学校卫生工作条例》明确规定:学生每日学习时间,小学不得超过6小时,中学不得超过8小时,大学不得超过10小时。于是,很多中小学生在下午三四点左右就放学了。但大部分学生的家庭都是双职工家庭,父母往往五六点才下班。自己放学与家长下班时间之间的空档,成了校外培训机构的第二个原因。

资料来源:

新华网网站:http://m.xinhuanet.com/gd/2018-05/25/c_1122889431.htm,2018-05-25。

新华网网站:http://m.xinhuanet.com/2018-06/26/c_1123038570.htm,2018-06-26。

腾讯教育网站:https://edu.qq.com/a/20180630/008894.htm,2018-06-30。

请分析:校外培训班为什么那么火爆?它满足了哪些培训需求?

需求是许多管理活动的起点,开展人才培训也不例外。找准需求,才能更有针对性地进行培训,培训的结果也会更加理想。在筹划完整的培训活动之前,需要培训组织者采取合适的方法和技术,对组织及成员的目标、业务、技能和需求等方面进行系统的识别、分析和整合,从而确定培训的必要性以及培训内容。培训需求分析是培训工作的基础,也是培训如何支撑战略和业务的基石。

本章将系统介绍培训需求的方法、技术和一般流程,帮助企业科学地进行培训需求分析。

一、培训需求分析的方法

1. 观察法

观察法是指通过到工作现场,观察员工的工作表现,发现问题,获取信息数据。运用观察法的第一步是要明确所需要的信息,然后确定观察对象。观察法最大的缺陷是,当被观察者意识到自己正在被观察时,他们的一举一动可能与平时不同,这就会使观察结果产生偏差。因此观察时应该尽量隐蔽并进行多次观察,这样有助于提高观察结果的准确性。当然,这样做需要考虑时间上和空间条件上是否允许。

在运用观察法时应该注意以下几点:

(1)观察者必须对要进行观察的员工所进行的工作有深刻的了解,明确其行为标准。否则,无法进行有效观察;

(2)进行现场观察不能干扰被观察者的正常工作,应注意隐蔽;

(3)观察法的适用范围有限,一般适用于易被直接观察和了解的工作,不适用于技术要求较高的复杂性工作;

(4)必要时,可请陌生人进行观察,如请人扮演顾客观察终端销售人员的行为表现是否符合标准或处于何种状态。

2. 访谈法

访谈法是指通过与被访谈人进行面对面的交谈来获取培训需求信息。应用过程中,可以与企业管理层面谈,以了解组织对人员的期望;也可以与有关部门的负责人面谈,以便从专业和工作角度分析培训需求。一般来讲,在访谈之前,要求先确定到底需要何种信息,然后准备访谈提纲。访谈中提出的问题可以是封闭性的,也可以是开放性的。封闭式的访谈结果比较容易分析,但开放式的访谈常常能发现意外的更能说明问题的事实。访谈可以是结构式的,即以标准的模式向所有被访者提出同样的问题;也可以是非结构式的,即针对不同对象提出不同的开放式问题。一般情况下是把两种方式结合起来使用,并以结构式访谈

为主,非结构式访谈为辅。采用访谈法了解培训需求,应注意以下几点:

(1) 确定访谈的目标。明确"什么信息是最有价值的、必须了解到的";

(2) 准备完备的访谈提纲。这对于启发、引导被访谈人讨论相关问题、防止访谈中心转移是十分重要的;

(3) 建立融洽的、相互信任的访谈气氛。在访谈中,访谈人员需要首先取得被访谈人的信任,以避免产生敌意或抵制情绪。这对于保证收集到的信息具有正确性与准确性非常重要。

(4) 另外,访谈法还可以与问卷调查法结合起来使用,通过访谈来补充或核实调查问卷的内容,讨论填写不清楚的地方,探索比较深层次的问题和原因。

3. 问卷调查法

问卷调查法是一种为大家所熟知的方法。它是以标准化的问卷形式列出一组问题,要求调查对象就问题进行打分或做是非选择。当需要进行培训需求分析的人较多,并且时间较为紧急时,就可以精心准备一份问卷,以电子邮件、传真或直接发放的方式让对方填写,也可以在进行面谈和电话访谈时由调查人自己填写。在进行问卷调查时,问卷的编写尤为重要。

编写一份好的问卷通常需要遵循以下步骤:

(1) 列出希望了解的事项清单;

(2) 一份问卷可以由封闭式问题和开放式问题组成,两者应视情况各占一定比例;

(3) 对问卷进行编辑,并最终形成文件;

(4) 请他人检查问卷,并加以评价;

(5) 在小范围内对问卷进行模拟测试,并对结果进行评估;

(6) 对问卷进行必要的修改;

(7) 实施调查。

4. 关键事件调查法

这种方法是通过调查某个员工对公司产生的关键性作用来判断其培训需求。关键性作用包括积极的和消极的,比如争取到了大订单,挽回了差点流失的大客户,因操作失误造成公司财产损失,等等。人力资源管理部门针对员工积极的关键性作用给予更高层次的培训,针对其消极的关键性作用来补课。关键事件调查法主要是回顾员工的工作记录,可以定期展开。这就要求公司及相关从业人员具备较强的档案意识。

确定关键事件的原则是:工作过程中发生的对企业绩效有重大影响的特定事件,如系统故障、获取大客户、大客户流失、产品交期延迟或事故率过高,等等。关键事件的记录为培训需求分析提供了方便而有意义的消息来源。关键事件法要求管理人员记录员工工作中的关键事件,包括导致事件发生的原因和背景,员工特别有效或失败的行为,关键行为的后果,以及员工自己能否支配或控制行为后果等。

进行关键事件分析时应注意以下两个方面:

(1) 制定保存重大事件记录的指导原则并建立记录媒体(如工作日志、主管笔记等);

(2) 对记录进行定期分析,找出员工在知识和技能方面的缺陷,以确定培训需求。

5. 经验判断法

有些培训需求具有一定的通用性或规律性,可以凭借经验加以判断。比如,一位经验丰富的管理者能够轻易地判断出他的下属在哪些能力方面比较欠缺,因而应进行哪些内容的培训。又比如,人力资源部门仅仅根据过去的工作经验,不用调查就知道那些刚进入公司的新员工需要进行哪些方面的培训;还比如,公司在准备将一批基层管理者提拔为中层干部时,公司领导和人力资源部门不用做调研,也能大致知道这批准备提拔的人员应该接受哪些培训。再比如,在企业重组或兼并过程中,有关决策者或管理部门不用调研,也能大致知道要对相关人员进行哪些方面的培训。

采取经验判断法获取培训需求信息在方式上可以十分灵活,既可以设计正式的问卷表交由相关人员,由他们凭借经验判断提出培训需求,也可以通过座谈会、一对一沟通的方式获得这方面的信息。培训部门甚至可以仅仅根据自己的经验直接对某些层级或部门人员的培训需要做出分析判断。那些通常由公司领导亲自要求举办的培训活动,其培训需求无一不来自公司领导的经验判断。

这种方法可以减少备选培训对象的范围,减轻工作量,但是这种方法具有一定的主观性。如果不配合其他方法使用,可能会发生看走眼的情况。

6. 头脑风暴法

在实施一项新的项目、工程或推出新的产品之前需要进行培训需求分析时,可将一群合适的人员集中在一起共同工作、思考和分析。在公司内部寻找那些具有较强分析能力的人并让他们成为头脑风暴小组的成员。还可以邀请公司以外的有关人员参加,如客户或供应商。

头脑风暴法的主要步骤如下:

(1) 将有关人员召集在一起,通常是围桌而坐,人数不宜过多,一般十几人为宜;

(2) 让参会者就某一主题尽快提出培训需求,并在一定时间内进行无拘无束的讨论;

(3) 只许讨论,不许批评和反驳。观点越多、思路越广越好;

(4) 所有提出的方案都当场记录下来,不做结论,只注重产生方案或意见的过程;

事后,对每条培训需求的迫切程度与可培训程度提出看法,以确认当前最迫切的培训需求信息。

7. 专项测评法

专项测评是一种高度专门化的问卷调查方法,设计或选择专项测评表并进行有效测评需要大量的专业知识。通常,一般的问卷只能获得表面或描述性的数据,专项测评表则复杂得多,它可通过深层次的调查,提供具体而且较系统的信息,比如可测量出员工对计划中公司变化的心理反应和接受培训的应对准备,等等。由于专项测评法操作要求极高,并需要大量的专业知识作支撑,企业一般是外请专业的测评公司来进行。然而,使用外部专业公司提供专项测评,会受到时间和经费的限制。

8. 胜任能力分析法

胜任能力是指员工胜任某一工作所应具备的知识、技能、态度和价值观等。许多公司都在依据经营战略建立各岗位的胜任能力模型,为公司员工招聘与甄选、培训、绩效考评和薪酬管理提供依据。

基于胜任能力的培训需求分析有两个主要步骤：

（1）职位描述：描述出该职位的任职者必须具备的知识、技能、态度和价值；

（2）能力现状评估：依据任职能力要求来评估任职者目前的能力水平。使用这一方法的企业或培训经理普遍认为，当职位应具备的能力和个人满足职务的实际能力得到界定后，确定培训需求就变得容易了。

最后，运用这些方法分析培训需求时，需要根据实际情况和每种方法的优劣势，慎重考虑每一种被使用的方法的具体使用效果。必须明确的是：其中的一些方法本身就可能无法得出"全面客观"的结果；而其中的另一些方法则需要"用到位"才可能产生"全面客观"的结果。有时，为了需求分析结果更加全面客观，可选择同时采用2种及以上的方法进行评估。

二、培训需求分析的技术

1. 评价中心技术

评价中心法来源于德国军队中的指挥官选拔。之后，英国的陆军作战部人员选拔局、美国的战略情报局都采用该方法选拔特工人员。评价中心法最早被美国的AT&T公司应用至工商企业中，之后IBM、西尔斯和通用电气的公司也纷纷效仿。

评价中心法并不是一种特定的方法，而是一种组织选拔管理人员的评价过程。在多个空间场所、多个时间，由多个评价人员采用多种评价方法对被试者的各项能力进行评价，从而为组织内的选拔、提升、发展等管理活动提供依据。评价中心法十分强调情景模拟，通常会结合多个情景模拟测试，以便评价人员在各种情境下对被试者的心理、行为、表现、绩效等方面做出评价。所以，评价中心法也被称为情景模拟测评法。

接下来介绍评价中心技术中常用的一些测评方法。主要包括公文筐测验、无领导小组讨论等。

（1）公文筐测验

公文筐测验，是指培训管理者指定被试者职位或岗位，由评价者向被试者提供一定数量该岗位日常需要处理的问题文件，要求被试者在一定时间内按照要求处理完全部文件的模拟测验。此外，被试者还需要以书面或口头的形式汇报处理文件的原则和理由。公文筐测验是评价中心法中最常见、最基础的评价技术之一。文件处理是管理人员最常面对的场景，公文筐测验技术十分实用，能用于考察管理者的综合管理能力。

公文筐测验的主要优点在于：考察内容较为广泛，能够考察被试者计划、预测、决策、沟通等方面的能力和审时度势、全面思考、运筹帷幄等素质；内容效度较高，许多测试时使用的文件就是工作中使用的文件，如果被试者能够处理这些文件，那么正式工作后同样具有能力处理工作文件；应用范围大，不仅可用于管理者选拔与培训，还可以用于许多其他类型的考试中；综合性较强，组织日常管理中的文件繁多、种类多样，对不同类型文件的处理需要具备不同的能力或素质，所以公文筐测验成绩较高的被试者通常具备更加综合的业务处理能力。

公文筐测验的主要缺点在于：对编制文件的人员要求较高，通常需要借助外部专家才能完成；公文筐测验成本较高，编制文件需要耗费较长的周期和精力，测验的进行耗时也较长，需要花费巨大的人力、财力和物力才能确保测验顺利开展；评分难度较高，文件处理结果会受到诸多因素影响（如文件内容齐整程度），培训管理者的失误也会很大程度上影响被试者评价;缺乏人际交流与沟通,公文筐测验往往是被试者的单打独斗。

(2) 无领导小组讨论

无领导小组讨论,是指培训管理者将多个被试者划入一个讨论小组,该小组不指定领导人,所有人都是平等的。之后,向该小组提供一个需要讨论的议题,并要求小组达成一个基本一致的结论。最后,由评价者对每个被试者的表现进行评价,评价的内容包括人际技能、领导能力、个人影响力等。在无领导小组讨论中,全部被试者会自发形成三类角色:组织者、时间控制者和记录者、参与者。评价者能够直接观察被试者在讨论过程中的表现,对被试者进行归类并做出评价。无领导小组讨论不仅考察被试者领导潜质的有效方法,也是诊断领导者能力问题的有效方法。如今,无领导小组讨论不仅应用于中高层管理者选拔中,还应用于校园招聘、公务员考试等招聘面试中。

无领导小组讨论的主要优点在于:能够直观检测出笔试和单一面试无法甄别的能力或素质;能够直接观察被试者在团队中的表现,尤其是被试者无意展露出的特点;能使被试者拥有平等的机会,有助于体现个体差异;能够同时比较多个同一岗位竞争者,节约时间;能够应用于多个领域。

无领导小组讨论的主要缺点在于:对评价者的要求较高,需要注意每个被试者的细节表现、避免主观偏见影响评价;对讨论题目的要求较高,需要设置合理的讨论题目;被试者的经验和表演能力会影响评价结果的准确性。

2. 基准评价技术

基准评价法是针对被评价对象所构成团体的评价方法,在该团体内选择一个或若干个基准,然后将其余被评价对象分别与基准进行比较,由此判断出该对象在团体中所处的位置。可见,基准评价法的基准是针对某个团体而言的,不同的团体便存在不同的基准;个体所处的位置也是针对某个团体而言的,同一个体在不同团体中的位置也不同。所以,基准评价法是一种相对评价,而非绝对评价。

基准评价法有以下特点:

① 评价基准是相对的。评价基准的选取是根据某个团体内的情况而言的。比如评价收入水平时,平均收入水平可以作为一个基准,但是上海和北京在该基准上的水平是不同的。适用于某个团体的基准,对于其他团体未必适用。

② 评价基准与绩效标准、教育目标、岗位要求等无关。评价基准的选择取决于被评价对象所构成的团体。如果被评价团体为考核未达标者,那么该团体的基准同样是未达到绩效标准的员工。

③ 基准评价法的结果只能用于表明某个被评价对象在被评价团体中的相对位置,离开该团体后,该评价结果将不再适用。例如,A员工是绩效考核未通过的员工,在绩效考核未通过者构成的团体中,该员工距离绩效标准最接近,即该员工在该团体中处于第一位。但是,如果A员工进入了绩效考核合格者构成的团体中,那么该员工所处的位置显然不可能是第一位,而是最后一位。

3. 心理测试技术

当代企业不仅需要员工具备一定的知识、技能,同时还对员工的身体素质和心理素质提出要求。诸如责任心、乐观等心理特征同样有助于组织目标的实现。为此,除了知识、技能测试外,许多企业都在人员测评的过程中增加了心理测试。心理测试法是对员工个性、动机、行为倾向等特征进行测试的方法。早期,心理测试仅被用于招聘阶段,依据测试淘汰不合适的应聘者。显然,这并未发挥出心理测试的全部作用。如今,心理测试不仅被用于招聘、选拔阶段,还被用于培训阶段中的需求评估程序。与知识、技能等相对显性的测试不同,心理测试能够对更加深层的特征进行测评。

心理测试技术有以下四个方面特点:

① 代表性。心理测试无法囊括全部心理特征,但是其进行测量的某个特征通常具有极强的代表性,在绝大部分情况下能够很好地描述某个特征。

② 间接性。个性、价值观、倾向、动机等心理特征属于深层次特征,通常很难通过观察得到。但是,通过一些外显行为或特征的展现,能够间接推断出这些深层次特征。心理测验法正是通过对外显行为进行测量,以间接推断深层特征。

③ 相对性。一些心理特征通常没有特定的标准,此时需要通过与他人的比较来判断某个体所具有的该特征水平。心理测试能够给出这种特征的相对水平。

④ 可测量性。心理测试通常是由专家、学者等人共同开发的,能够对某些心理特征进行测量,从而对该特征进行量化,可用于比较、分析。

4. 绩效评估技术

绩效评估是人力资源管理的核心职能之一,是对员工工作表现做出评价的过程,涉及信息收集、观察、储存、分析、整合等多个步骤。绩效评估包括了绩效标准的制定和实际绩效的考评。绩效评估能够对员工的工作表现进行评价,还为员工找到"未达标"的原因,以此形成该员工的培训需求。绩效考评不仅可以对单个员工进行评价,还可以对整个组织进行评价。因此,绩效评估法不仅是管理员工绩效的必备方法,同时也是进行人力资源培训与开发的必备方法。

绩效评估技术有以下三个方面特点:

① 目标性。绩效评估指标的确定是围绕组织目标确立的,组织的战略目标层层分解为某个员工的个人目标。通过指标衡量该员工的目标完成状况,以此衡量组织目标的实现状况。

② 多维性。员工的工作表现包含多个方面,不仅包含工作结果,还包含工作中的行为、态度等因素。单维度的评估指标无法判断某个员工的工作表现如何,也无法衡量组织目标的实现程度如何。

③ 动态性。组织的战略目标会进行调整,因此围绕该目标形成的绩效评估指标也需要进行调整。此外,影响工作表现的因素也会发生变化,及时调整绩效评估的标准,有助于组织目标的实现。

三、培训需求分析的一般流程

人力资源管理者在进行实际的培训需求分析工作时,不仅要熟知相关理论,更需要一套科学的、操作性强的培训需求分析流程来帮助自身理清思路,提高效率,实现工作的规范化。

1. 把握企业概况和现行战略

通过全面了解企业经营环境和企业发展历程,深入理解企业现行战略,把握与之相对应的培训需求方向。在方法上,主要通过对企业内、外部资料、文献的调研来收集所需的信息并加以分析。

2. 向领导者了解对培训的期望

在培训开始之前,了解高层管理者对开展培训的看法是非常有必要的。可以组织与公司董事长、总经理及主管营销的副总经理的座谈,并分别对他们进行单独访谈,从中获取重要信息,了解他们对培训的期望。这一步骤的意义在于,站在战略制定者的高度上审视企业现行战略和组织现状,把握未来发展方向,弄清领导者的管理思路,识别现存及潜在的培训需求,并为分析工作的顺利开展寻求组织、资源上的支持。

3. 掌握企业人力资源政策

企业对培训的总的看法集中体现在人力资源政策上,也可按层次细化为决策者、培训管理者和受训者人员各自的态度,其中决策者的态度直接决定了培训的优先权和资源的配置,管理者的态度影响着培训的计划和执行,受训者的态度则与培训的有效性紧密相关。

这一步骤的意义在于,通过了解企业对培训的态度,培训所能利用的资源和年度培训计划来初步判断培训的可行性。在信息采集方式上,可以选择参考人事文件和对人事部门负责人的访谈。

4. 培训需求的细化

在对培训需求有了较为宏观、全面的认识之后,应在此基础上将培训需求进一步细化,使之更具针对性,更易于执行。为了有效实现需求的细化,可以按照公司组织结构,把培训对象划分为几个层次。

对基层员工可以实施以团队为基础的培训需求分析,而对中层以上管理者实施以个人为基础的培训需求分析,兼顾企业需要与个人要求,大大提高了分析工作的效率。

基层员工因为人数众多,可以选择问卷调查的形式,力求从调查结果中发现最突出的需求。

5. 培训需求清单

常规的培训需求分析乃至培训方案设计总是先宏观后微观,先整体后个别。根据细化后的培训需求就可以列出具体的培训需求清单了。

6. 可培训性分析

列出培训需求清单之后,必须对它们进行可培训性分析,才能导出真正的培训需求。可培训性分析通过对原始需求的梳理和筛选,去粗存精,去伪存真,为最终确定培训目标做好了准备。

可培训性分析包含下列几方面的内容:

(1) 差距能否通过培训加以弥补

造成差距的原因是多种多样的,在做需求分析时必须区分能力、态度、工作条件等方面的原因。当部门和员工无法达到绩效标准时,可能是因为知识、技能、经验等方面的不足,也可能是工作态度问题乃至更加深层的原因,如激励机制、管理作风等,还可能是设备、设施、工作安排及工作条件等不尽如人意。在弥补知识和技能的不足方面,培训的作用十分显著,而在改变员工的态度、价值观方面,培训是否有效则取决于组织及其成员的具体状况。

(2) 企业是否具备培训所需的资源

培训的实施将涉及人、财、物、时间等多种资源,企业是否能够承受?对于新知识、新理论、新技术、新观念的引入,企业是否有相应的吸收能力和适宜的土壤?培训的实施会在多大程度上得到领导层的理解和支持?这些因素,都是在分析培训可行性时所必须考虑的。

(3) 受训者是否具备相应的接受能力

所有的培训目标最终都将落实到员工个人身上,所以受训者的接受能力决定了培训的可行性和有效性。影响接受能力的因素包括文化背景、工作氛围、受教育程度、个性、年龄、信仰等。差异化的受训者队伍产生个性化的培训需求,超出当前受训者接受能力的需求是无效的。

7. 合理性分析

合理性分析包括以下几项内容:

(1) 培训是否解决问题的最佳方式

人力资源管理同其他职能管理一样,要遵循成本—效益原则,选择最佳方式。例如,企业内有关键岗位空缺,但企业内尚无具备相应素质、才能的合适人选,是对员工进行相关培训后从内部提拔,还是直接从外部招聘符合条件的候选人?选择结果的不同必然导致培训需求的差异。

(2) 该培训需求是否与当前企业绩效紧密相关

培训需求分析总是围绕着企业绩效的改善进行的,能否、能在多大程度上、能在多长时间内对当前的企业绩效产生效果,成为衡量培训需求合理性的主要指标。

(3) 实施该培训是否有利于企业长远目标的实现

除了弥补现存差距之外,培训还应具有前瞻性,为企业的长远发展和变革做好准备,因此在进行培训需求分析时,要处理好眼前利益和长远利益之间的关系,既要优先选择能迅速改善当前绩效的培训需求,又不能忽略将对组织成长产生深远影响的战略性培训需求。

第三节 新员工培训需求分析

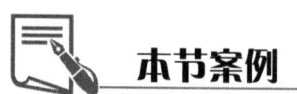

本节案例

"'浅海'计划"——新员工入职培训开课了!

为深入贯彻落实"不忘初心、牢记使命"主题教育精神,让新员工能够尽快熟悉和适应公司制度和行为规范,快速胜任新的工作,三亚崖州湾科技城正式启动"'浅海'计划"——新员工入职培训。11月1日,三亚崖州湾科技城管理局党群处开启了培训第一课,主题为"讲政治、守规矩",内容包括介绍科技城基本情况,讲解公文写作要点,并重点要求新入职员工加强政治意识,严格遵守工作纪律。11月4日下午,"科技城规划介绍"和"科技城招商工作"培训展开,旨在让新员工对科技城的总体规划和招商工作情况有所了解。当天培训在科技城用友9楼临时展馆展开,首先由规划发展处对科技城规划情况进行介绍,通过临时展馆的规划内容、宣传片播放,让新员工对科技城的规划及未来发展有所认识。随后招商服务处对科技城入驻企业情况进行介绍,使新员工对入驻企业在科技城的开发建设工作有所认识。

通过培训,员工们纷纷表示,这次培训帮助自己更好地融入了这一新集体,还提升了自己的归属感和认同感,今后,会努力把培训中所了解的知识付诸实际工作中,不断提升自我。

资料来源:三亚市人民政府网站。

请分析:新员工为什么要进行入职培训?新员工入职时的具体培训需求是什么?

刚进入企业的新员工,在试用期内离职的越来越多,很多原因是企业的文化氛围和相关规章制度不明确,还有一个很重要的因素,就是关怀不够。很多企业为此特地聘请了员工心理健康医生。也有一些新员工到岗之后,积极性和自身的主观能动性受到限制,无法发挥潜能,这也造成企业人力资源的浪费。一个企业雇用到优秀的人才并不等于拥有了优秀的员工,任何一个新员工,不论他具有多高的素质和技能,也需要在新企业中进行磨合才能更好地进行配合和合作,与团队形成合力。因此,做好新员工入职培训,是企业人力资源管理中一个不可忽视的重要环节。本节将从新员工的入职培训中发现的问题及改善对策着手进行深入的分析和探索,以便及时、规范、全面地对员工入职培训进行系统的规划和指导。

一、新员工入职培训主要问题

1. 缺乏系统性和规范性

很多企业在培训的时间安排上,没有一个固定的时间节点。很多企业以业务优先、工作忙、人手不足为借口,将新招到的员工马上分配到相关部门工作,有时间再派新员工参加培训,甚至忽略培训。这种时效性丧失的培训给新员工带来的是一种"不正规,太随意"的印象,时间过久,也不能保证培训效果,不利于新员工角色的迅速转换;同时给培训部门带来了不必要的协调工作,增加了重复培训的次数与时间成本。还有的新员工入职培训课程零散,没有体现课程间的逻辑性,也没有规划课程大纲之类的文件,造成了新员工思想的混乱。

2. 培训内容空洞

企业在新员工培训形式上,主要是领导训话、代表致辞、参观公司和部门聚餐等。很多企业完全没有内容性的培训,根本没有解决在哪些方面培训、培训什么的问题。

3. 培训需求分析缺乏针对性

新员工培训的需求调查,了解员工需求以针对性设计新员工培训内容的企业少之又少,尤其当企业面对大批量的新入职员工时,做培训需求意向的调查更是较少。很多企业在培训之前没有进行科学的培训需求调查和分析,完全按照命令办事或者仅凭自身推断,在主观上决定。只注重岗位需求分析,忽略了员工个人培训需求分析和企业发展经营战略需求,从而导致下一步的培训工作难以展开,也就无法满足企业培训的需要。

同时,有的企业的入职培训非常丰富,包含企业文化、公司制度、部门业务、具体事项的讲解,还包括团队协作、沟通技巧的指导,但是评估培训效果后,发现员工不满意。很多中层人员认为有些操作问题不必培训,专业人员表示有些管理理论没有实际价值,其实这都是缺乏针对性的表现。

很多企业把新员工贴上同一个标签,对他们进行相同的培训。其实培训需求分析的主要思想即区分培训对象,考虑培训的对象和背景,进行不同的培训,以获取绩效,这恰恰是很多企业忽略的问题。还必须考虑一项培训计划所能容纳的人员数量。再者,要根据工作性质或工种、专业、水平层次、工作时间安排等因素进行分类。同时,同一职级的员工也要尽量区分,校招新员工和社招新员工是两个完全不同的状况,因此在进行培训时要将两者区别对待。

4. 形式化严重

大多数企业把新员工入职培训当作一个简单的"行政步骤":一次性招聘人多的进行会议式学习,下面坐着听,上面宣读,一天或两天的密集课程安排。招聘人少的进行谈话式学习,然后指定主管或一位老员工为师傅。有的人认为新员工培训只要了解一些企业基本情况即可,所谓的培训也就是安排一天时间,参观企业、讲解员工手册与企业的一些基本规章制度等内容。有些企业在进行培训时,只把口号式的观念给员工一念,很多人根本不了解这些内容对自己今后开展各项工作时有什么帮助,也无法理解这些观念在工作中的具体体现。即使有真正的文化培训,也是局限在行为、制度的约束上,重点突出的是禁止干什么。这对员工来说没有吸引力,解决不了他们心中的疑问,更培养不了新员工对企业的融入感和归属意识。

5. 缺少反馈和评估

一般性培训大多注重反馈和评估,而新员工培训往往忽略这一环节。对培训效果的检验仅在培训过程中进行,而没有在实际工作中进行,造成培训与实际工作脱节;评估记录系统缺乏专业管理,大多数企业没有完整的培训记录;培训后向员工了解反馈意见,并加以分析的企业为数不多;没有互动,不知道新员工需求,也不清楚新员工培训需要改进哪些方面。

很多企业建立了完善的培训体系,花了大量时间、物力在培训上面,到新员工真正进入工作岗位时却发现培训并没有起到作用。这主要是缺乏对培训效果的评估和持续跟踪,或者虽然对培训效果有评估,但测评的方法单一,效果评估工作仅仅停留在培训后的一个简单考试,事后不再作跟踪调查。这样一来,考评培训效果的作用得不到体现,企业在员工培训上的巨大投入也就不会收到预期的回报。对新员工的培训成果缺乏认知,对其掌握的技能也难清楚掌握,就体现不了真正培训的效果。

二、新员工群体的培训需求分析

新员工最初阶段的成长对员工个人和企业都非常重要。新员工培训的成功离不开每一个细节的精心筹划。员工培训需求分析是设计新员工培训计划方案的首要环节。由员工培训管理人员采用各种方法和技术,对组织成员的目标、知识、技能等方面进行鉴别和分析,从而确定员工是否需要培训和员工培训的内容。

新员工培训需求同普通培训需求一样,可从企业、业务、个人三个层面进行分析。

1. 企业层面分析

先确定企业的新员工培训需求,以保证新员工培训方案符合企业的总体目标和战略要求。企业组织新入职员工培训,是要把新员工因知识、技能不足,不了解企业的概况、历史、现状、远景规划而造成的盲目性以及由此产生的机会成本,控制在最小限度。

新员工进入企业时,面对一个新环境,不了解企业情况,不了解职位要求,不熟悉同事,难免感到紧张不安。为了使新员工消除紧张情绪,迅速适应环境,必须进行员工入职培训。

2. 业务层面分析

业务层面分析是指新员工达到理想的工作绩效所必须掌握的技能和能力。

3. 个人层面分析

个人层面分析是将员工现有的水平与未来工作岗位对员工职业技能、态度的要求进行比照，研究两者之间存在的差距，研究需要进行哪方面的新员工培训来提高能力，实现员工的技能与职位要求的一致。

三、新员工群体培训应包含的内容

1. 公司概况

有效的新员工培训方案首先应让员工全面了解、认识公司，减少陌生感，增加亲切感和使命感。公司概况既包括有形的物质条件如工作环境、工作设施等，也包括无形的信息如公司创业过程、经营理念等。一般来说，公司概况应包括如下信息：

（1）工作场所与设施；

（2）企业历史、前景规划；

（3）企业的产品、服务及工作流程；

（4）企业的客户和市场竞争状况；

（5）企业的组织结构及重要人物。

2. 职位说明及职业必备

要向新员工详细说明职位说明书上的有关条款，需要向新员工描述出恰当的工作行为，并做出示范，制定日程安排，并在规定的时间内让新员工掌握工作方法和工作技能，要接受新员工提出的问题并给予必要的指导。对于绩效考核、晋职、加薪等规定也要详加说明。

所谓职业必备是指员工应掌握的在具体工作中的同事的联络、上司的管理风格、必要的保密要求、公司中的一些"行话"等。

3. 法律文件与规章制度

法律文件是指劳动合同、公司身份卡、钥匙、考勤卡、社会保障等方面基于法律和有关规定而签署的文件。

规章制度是新员工工作和行为的准则，有关员工工作和人事管理方面的规章制度必须让员工了解，这些通常载于内部刊物或员工手册中。

新员工文件袋清单：

◆ 公司最新组织结构图；

◆ 公司未来组织结构图；

◆ 工厂厂区图；

◆ 政策手册副本；

◆ 工会合同副本；

◆ 工作目标及说明的副本；

◆ 公司公休日表；

◆ 工作绩效评价的表格、日期及程序副本；

- ◆ 其他表格副本(如征用补偿和费用报销);
- ◆ 在职培训机会表;
- ◆ 处理紧急情况和防止事故的详细步骤;
- ◆ 重要的公司内部刊物的副本样本;
- ◆ 重要人物及部门的电话、住址;
- ◆ 保险计划副本。

本章小结

本章内容结构如下所示:

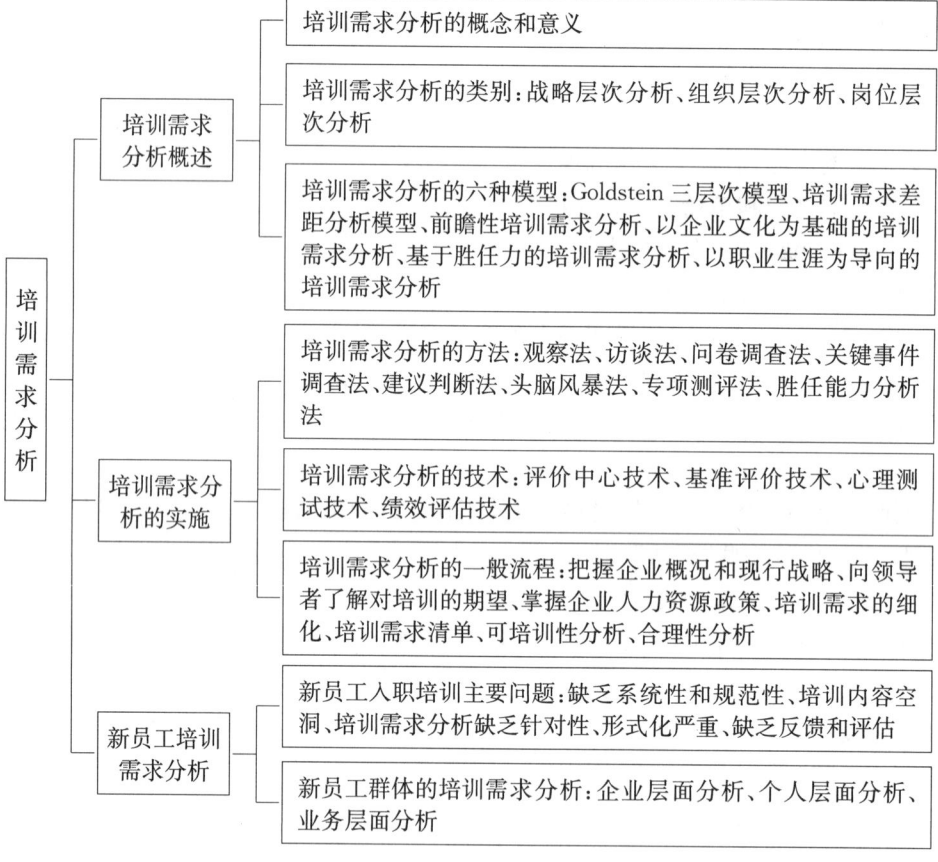

复习思考题

1. 什么是培训需求分析？培训需求分析有哪些重要意义？
2. 培训需求分析可以划分为哪几类？每一类有哪些特点？
3. 简述 Goldstein 三层次模型。
4. 培训需求分析有哪些具体的方法？

5. 什么是培训需求分析的基准评价技术?
6. 新员工入职培训面临着哪些问题?

 案例讨论

某企业针对销售人员的培训需求分析

某企业内训师对销售人员进行了培训需求问卷调查。经过对问卷统计分析,撰写此分析报告,以作为2021年度开展销售培训的参考和依据。

从调查问卷显示的内容,得出如下结论。

(1) 大部分的销售人员没有进行过系统的培训。

(2) 有一半以上的销售人员在企业工作不到一年时间。

(3) 有占企业1/5的员工刚刚进入企业,非常需要专业的业务指导和培训。

(4) 有1/3的员工没有任何培训经验,非常不利于销售工作的开展。

(5) 有接近一半的员工难以完成当月销售任务。

(6) 绝大多数员工认为可以通过系统的培训提升业绩,对培训的需求很迫切。

调查问卷对销售人员是否从事过销售工作进行了调查,结果企业有1/3的员工没有过销售经验。

对从来没有从事过销售工作经验的员工,企业应提供销售基础知识的培训,并组织专门的人员进行辅导,结合他们目前的销售实践,让他们了解如何有效地销售。

从问卷统计结果来看,在销售技巧的相关问题中,以下几个问题比较突出,如21.05%的人面临着"不知如何处理客户异议",其他的问题依次是"不知道在销售中如何沟通""不知道如何处理客户关系""不知道如何成交""不知道如何有效地介绍产品""不知道如何很好地接近顾客"。

讨论:

1. 内训师为该企业进行培训需求评估时使用了哪些方法和技术?
2. 请你为该企业销售人员的培训提供一些建议。

第七章　内训师与学习项目设计

 教学目标

学习本章后,应该能够:
- 认识到内训师对企业的重要作用
- 掌握内训师在企业中所扮演的角色与承担的任务
- 了解内训师的自我成长和职业路径
- 了解一个合格的内训师应该具备哪些能力
- 了解内训师培训效果评估的模型
- 了解学习项目的基本内涵
- 掌握学习项目设计的基本方法

第一节　内训师的角色与能力

 本节案例

某企业2019年内训师发展方案

一、2019年内训师队伍培养目标

1. 课程输出:80%内训师每人出一门精品课程。

2. 队伍规模:公司80%的见习内训师经过10个月的培养成为认证内训师;新增3名以上的见习内训师。

3. 团队氛围:营造一支爱学习、爱分享,积极向上充满正能量的讲师队伍。

二、内训师2019年的任务

1. 所有内训师在2019年需完成6本书的阅读量,并就你所读的书中,选出两本个人最喜欢的,写两篇不少于800字的读书心得。

2. 认证内训师需完成6次个人授课/分享任务;见习内训师需完成3次个人授课/分享任务(含内部/外部,线上/线下)。

3. 每月完成至少2个故事的演练任务。

4. 参加公司组织的集训任务。

5. 积极参加公司组织的线下活动。

三、内训师积分机制

序号	项目	积分
1	积极参加各类培训/活动/比赛(不限于公司,只要内容是正能量,是关于自我提升的即可)+3分(照片为证)。	5分
2	参加公司组织的内训师集训,并顺利毕业。	20分
3	完成一本书的阅读,并附不少于800字的读书心得。	10分
4	完成一次故事讲解(视频形式呈现)。	10分
5	开发一门新课程+20分;开发一门精品课程+30分;	20~30分
6	开发一门主题微课,经评审在60~79分区间的+10分;在80~89分的区间的+15分;在90~100分区间的+20分。	10~20分
7	在公司内部(含部门内部)进行一次主题分享。	10分
8	在公司内部授课一次,评估分达到85以上+10分;评估分≥90以上+15分;评估分≥95以上+20分。	10~20分
9	其他与自我提升相关的可激励项目。	5~20分

四、内训师激励

1. 积分达到80分的内训师,可获得64G的U盘一个。
2. 积分达到100分的内训师,可获得150元当当/京东购书卡一张。
3. 积分达到150分的内训师,可获得象印/魔膳师保温杯一个。
4. 年度累计积分前三名的内训师,将评为年度优秀讲师,每人可获得1 000元价值的奖品奖励,并作为加薪/晋升的优先条件。

五、内训师培养年度费用预算

序号	项目	费用
1	内训师形象照拍摄及宣传栏布置	2 000元
2	季度内训师活动(3次)	3 000元
3	积分奖励	5 000元
4	年度评优奖励	5 000元
	总计	15 000

请对以上内训师的发展方案进行评述。

一、内训师在企业中的角色和任务

内训师在企业中的角色不能简单地一概而论,针对不同的培训阶段,内训师所扮演的角色有所不同,负责的任务也有差异。一般来说,企业的培训发展分为三个阶段:培训初级阶段、培训初级阶段到培训体系阶段、培训体系阶段到学习体系阶段。

首先,培训初级阶段,内训师充当的是培训者的角色,他们是学习的主体。其次,培训初级阶段到培训体系阶段,培训各种体系开始完备,课程仍然以内训师为中心,内训师开始成为学习的客体,最主要的任务是培训课程的开发,扮演着培训管理者、咨询者、战略促进者等角色。最后,培训体系阶段到学习体系阶段,受训者开始成为课程的中心,培训方式灵活多样,内训师的职责不再是简单的课程开发和课程讲授,最主要的任务是学习氛围的营造者,让受训者自发学习,扮演学习推动者。

目前,大多数企业仍处于培训初级阶段或培训初级阶段到培训体系阶段,未来的学习培训要得到发展,必须进一步对内训师的角色定位分析。而未来内训师主要承担以下几种角色和负责相应的任务。

1. 管理者

一方面,就内训师的职责来说,内训师要对整个培训过程进行计划、组织、协调、控制和改善,管理培训项目的方方面面。另一方面,得到普遍认同的是,一名优秀的中高级内训师大都是企业的管理层人员,他们了解部门的问题,有着丰富的实战经验。

2. 咨询者

一方面,内训师要了解企业的发展状况,了解各部门的业绩短板,全面把握影响企业的发展障碍,并据此设计培训课程。另一方面,未来的培训会更加注重实效,只有全面了解企业的发展状况,才能发现培训需求,在实际上解决问题。内训师要站在咨询者的角度进行课程教授,引导学员发现工作中的问题,并找到解决问题的方法。

3. 战略促进者

培训部门不再是简单的职能部门,培训要对企业的业绩负责。内训师要熟悉企业的发展战略,通过参加公司会议、各部门会议旁听、各部门报表资料等获取战略资讯及实施关键点,进行课程体系开发,帮助实现企业的发展战略。

4. 内外文化交流者

内训师不仅仅是内部文化的传承者,企业的经营环境日益复杂,新的管理观念层出不穷,内训师要帮助企业吸收外部精华,去掉陈旧的不适合甚至阻碍企业发展的理念,真正做到将内部文化发扬下去。

5. 学习推动者

培训发展到后期阶段,各种培训体系已基本完善,内训师不再是课程的中心,开始成为学习氛围的营造者,甚至可以鼓励学员通过自主学习提出培训议题,引导学员在自学中找到解决问题的途径。这样一来,不但增加了员工的参与热情,也增加了员工的学习主动性,从而推动整个企业的学习。

二、内训师培训常见的问题和挑战

世界正经历着一场深刻的经济、技术和管理的变革,只有组织及个人的学习速度大于外在世界的变化速度,才能适应变革并获得竞争优势。因此,以学习能力提升为核心的知识管理已经成为企业获取持续竞争优势的根本性手段和全新的管理范式。要构建一个科学、合理、系统的企业知识管理和人才培养体系,一个非常关键的环节就是企业内部培训师培养(培训)。目前,企业对内训师队伍的培养,普遍以提供内训师培训(TTT)课程为主,但缺乏系统性的培养,不能完全适应员工培训与企业发展的需要。

TTT,是英文短语 Training the trainer to train 的缩写,意为培训培训师。一般情况下,它是通用企业管理培训领域的职业培训师、企业内训师的职业技能和职业素质训练课程。TTT 培训模式的课堂教学环节设计一般包括：破冰、提出问题、学员讨论与交流、分享与总结提升、实际演练这样几项内容。目前，以提供内训师培训（TTT）课程为主的传统企业内训师队伍培养，主要存在以下问题：

一是缺乏系统性和持续跟进。培训师的培养是一个系统工程，传统的"TTT"课程是一次性课程，缺乏内训师培养的系统性发展规划。内训师在"TTT"培训后，只能热一阵子，在实践、认证、激励、管理方面缺乏可持续的跟进，不能有效形成并保持文化氛围。

二是缺乏个性化。优秀专家人才作为内训师有自我发展的需求和选择工作方式的能力，传统的"TTT"课程不能提供更加个性化的培养方式和实践机会，不利于最大限度发挥内训师的优势和潜能，很难做到人尽其用。

三是缺乏标准。用培养职业培训师的方式培养内训师，角色定位与能力要求相对模糊，职能单一，无法产出企业业务部门要求的多种形式、满足业务支撑的培训师。

三、内训师的自我成长与生涯发展

1. 内训师如何提升自己的能力

内部培训师在具有诸多优势的同时，也不可避免地存在着这样那样的缺陷。其中，最为明显的问题就在于内部培训师普遍在授课技巧和授课方式上存在着一定的缺陷和不足。同时，由于长期从事实践性的工作，内部培训师往往在知识更新换代方面存在着一定的不足。因此，对内部培训师队伍进行及时相关的培训，提升胜任能力、把握正确的培训内容和方向至关重要。

首先，为了弥补内部培训师授课技巧上的缺陷，在培训中需要进行有针对性的辅导。辅导主要包括以下几方面的内容：

（1）培训师职业形象的训练：包括怯场压力的破解、手势运用技巧、表情运用技巧、语言运用技巧、培训师站坐走姿规范、培训师风格选型。

（2）培训师授课内容呈现的训练：包括开场和结尾的方法、组织主体段落的方法。

（3）培训师临场能力的训练：包括课堂提问技巧、课堂应答技巧、点评技巧、培训现场应变技巧、现场掌控方法。

（4）培训课程亮点展示训练：包括新知识元素的呈现、哲理元素的呈现、情感元素的呈现、幽默元素的呈现等。

其次，为了解决内部培训师知识体系更新换代的问题，企业应当鼓励内部培训师积极参加外部新技术、新知识的培训，从而保证内训师的知识体系能够保持在国内相关行业的先进水平。

同时，通过评估与考核正确认识不足从而进一步改善与改进。通常，内部培训师不具备较为丰富的培训经验，因此进行一定的考核和评估，对于帮助他们发现自身所存在的缺点和不足，从而快速改善提高自身水平有着重要意义。

对内部培训师的评估与考核应当从两方面着手：其一是通过对内部培训师的培训教材、培训内容和培训方式方法进行评估；其二通过对受训员工培训后效果的实时监督进行评估，如培训后员工的专业知识、技术技能是否提升、工作态度是否有所进步，工作业绩是否有所提高等。一般目前使用较多的方法有：测试比较评价法、工作绩效评价法、工作态度考察评价法、工作标准对照评价法、同类员工比较评价法、参考主管或下属意见评价法，等等。

2. 内训师的发展路径

内训师的角色除了可分为管理者、咨询者、战略促进者、内外文化交流者和学习推动者外,还可以分为授课讲师、课程设计开发师、催化师和组织教练。根据后者的分类可以推出相应的企业内训师发展路径,如图 7-1 所示。

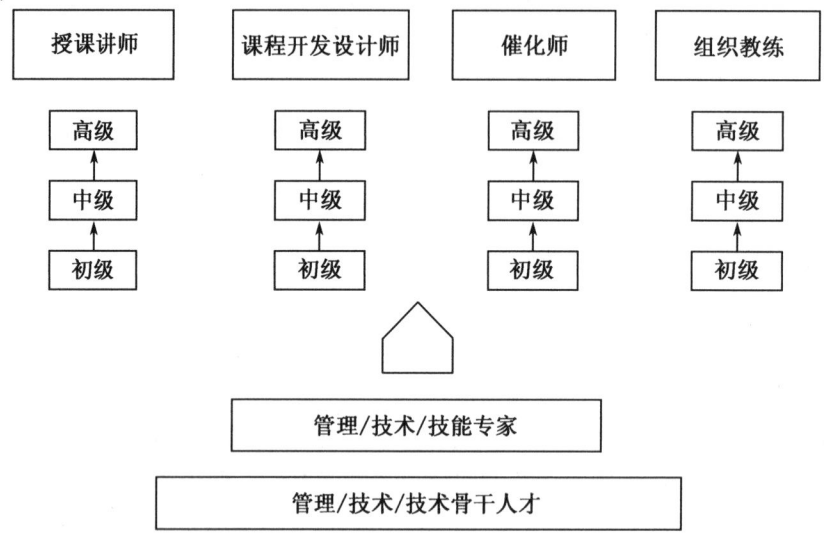

图 7-1

如图所示,内训师的发展路径可分为以下四种:

1. 管理/技术/技术骨干人才→管理/技术/技能专家→初级授课讲师→中级授课讲师→高级授课讲师
2. 管理/技术/技术骨干人才→管理/技术/技能专家→初级课程开发设计师→中级课程开发设计师→高级课程开发设计师
3. 管理/技术/技术骨干人才→管理/技术/技能专家→初级催化师→中级催化师→高级催化师
4. 管理/技术/技术骨干人才→管理/技术/技能专家→初级组织教练→中级组织教练→高级组织教练

3. 如何成为一名合格的内训师

随着知识经济的到来,企业间的竞争日益加剧,企业间的竞争归根到底是人才的竞争,因此,提升企业员工的知识技能成了企业实现长远发展的重要一环。毫无疑问,培训师成了当下企业发展中一只不可或缺的重要力量。而对于企业而言,内训师无疑是最好的选择。原因有三:第一,内训师更熟悉本企业的文化、使命、价值观,可以结合本企业实际案例进行教学培训;第二,内训师与企业内部员工相对熟悉,可以进行更好地沟通和交流;第三,本企业内训师培训可以为企业节省一大笔培训费。

那么,如何成为一名合格的内训师呢?首先,我们必须搞清楚一名合格的内训师应该具备哪些能力,从而有针对性地去刻意练习或去判断自己是否适合做内训师。具备什么条件才能成为一名合格的内训师呢?培训业内,通常会提到 9 项胜任项目,如表 7-1 所示:

表 7-1

序号	要求	备注
1	良好的个人形象	五官端正、具有一定的亲和力、为人热情。
2	优秀的表达能力	具有抑扬顿挫的语调控制能力、语言表达具有煽动力。幽默、机智,具有演员的特质、具有良好的书面表达能力(制作 PPT、讲义、案例等)。
3	卓越的业绩	在历史职业生涯中具有良好的工作业绩,否则无法让学员信服。
4	好为人师、愿意分享	从主观上愿意与别人分享知识、技巧,好为人师。
5	良好的培训控场能力	具备良好的组织能力、观察力、现场控制力、引导能力、冲突管理能力、应变能力。
6	宽厚的理论基础	具有扎实的专业知识和多元化的理论基础。
7	在某个或几个领域有自己独特的见解	好的老师不是按照别人的 PPT 讲,而是要有自己的逻辑体系;能够识别和评估各类员工的素质能力。
8	逻辑思维缜密	讲师必须逻辑思维缜密,具有一定的发散性思维,但能主动控制。
9	熟练掌握各种培训方式	授课、头脑风暴、户外拓展等。

很显然要掌握以上 9 项技能才能算得上是一名合格的内训师。用通俗易懂的话概括,其实对内部讲师的要求就是:

(1) 上台能 hold 住:气场是最基础的核心要素,你上台 hold 不住之后讲什么都是白搭。

(2) 语言是武器:培训是语言的表演,任何一位讲师,都必须努力训练自己的口才,做不到口若悬河至少也要表达流程清晰。

(3) 逻辑是盾牌:要知道作为讲师,任何时候对事物的评价都必须严谨和可验证,否则别人就会质疑你的专业性和客观性。

(4) 专业的行家:是指既具有某一领域深厚的理论知识又具有丰富的实践经验。

在了解了一名合格的内训师需要具备哪些能力后就能成为一名合格的内训师吗?答案是否定的。我们必须还要知道怎么做才行,具体做法可以参考表 7-2:

表 7-2

项目	实施要点	培训内容
有关课程开发的训练	大部分内部讲师存在的最大问题就是"讲什么"的问题,换句话说就是没有系统的培训内容。因此,就内部讲师培训而言,第一步要做的不是演讲表达技巧的训练,而是要进行课程开发的训练,可以结合公司培训课程开发项目进行,也可单独进行。	1. 建立标准版的讲师个人介绍 2. 学会写课程大纲:从一级到二级,再到三级课程大纲 3. 学会制作课件、案例 4. 学会制作课程脚本
有关个人表达技巧的训练	个人表达技巧不是一蹴而就完成的,需要很长时间的训练,对已经具备了基本条件的讲师则需要组织进行单独的提升个人表达技巧的训练。	1. 调节个人紧张情绪 2. 语调控制 3. 语速控制 4. 语言的逻辑表达

(续表)

项目	实施要点	培训内容
有关培训组织和现场控制技巧的训练	这是一门针对已经具有授课经验,拥有了一门或几门自己课程的讲师所做的升级培训。	1. 破冰及暖场技巧 2. 各类培训方式的有效应用 3. 培训学员情绪控制 4. 培训现场管理 5. 培训进度控制

4. ASTD认为培训者应具备的能力

美国培训与发展协会(ASTD)成立于1944年,是企业培训和绩效评估领域的最大职业协会和首屈一指的资源。全球网络遍及70 000多个国内、国际分支机构。

那么职场学习与绩效人员的胜任素质是什么?ASTD通过研究提出了职场学习与绩效的金字塔模型,见图7-2。在模型的最顶端是职场学习与绩效人员要扮演的四种角色,即学习战略家、商业合作伙伴、项目管理者和专业专家。金字塔的中间部分是专业领域,包括九个方面的专业领域。金字塔的最底端,也是最为基础的部分,就是胜任素质,包含三个方面的内容:

① 人际方面——建立信任、有效地沟通、影响利益相关者、利用多样性、建立人际网和合作伙伴关系;

② 商业/管理方面——分析需求并提出建议性的解决办法、运用商业头脑、驾驭结果、计划并实施任务、战略性思维;

③ 个人方面——表现出灵活的适应性、个人发展建模。

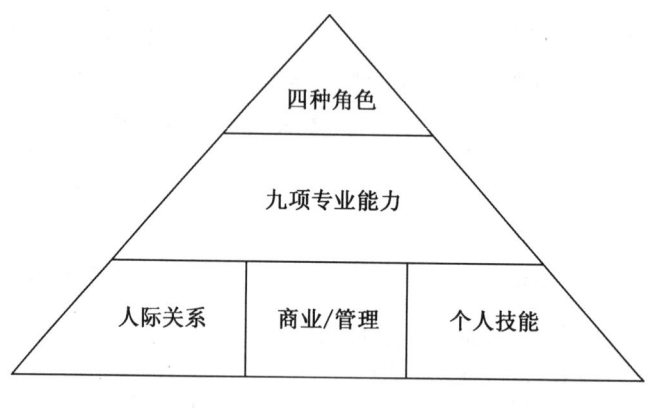

图7-2

(1) 成功实施:四种角色
- 学习策略规划与管理(企业CIO,培训经理)
- 商务合作伙伴
- 项目经理
- 专业专家

(2) 重点:9项专业技能

- 设计学习内容与学习体验
- 改进人力绩效
- 实施培训
- 衡量与评估
- 促进/协助企业变革
- 管理学习部门
- 教练技术
- 管理企业的知识
- 职业规划与天才培养

(3) 基本技能：人际关系技能
- 建立信任/有效沟通/影响关键决策者
- 利用团队成员的多样性/建立人际网络和合作关系

(4) 基本技能：商务/管理技能
- 分析需求并规划建议书/具备商务敏感度
- 促进结果的形成/计划与实施任务
- 策略性思考

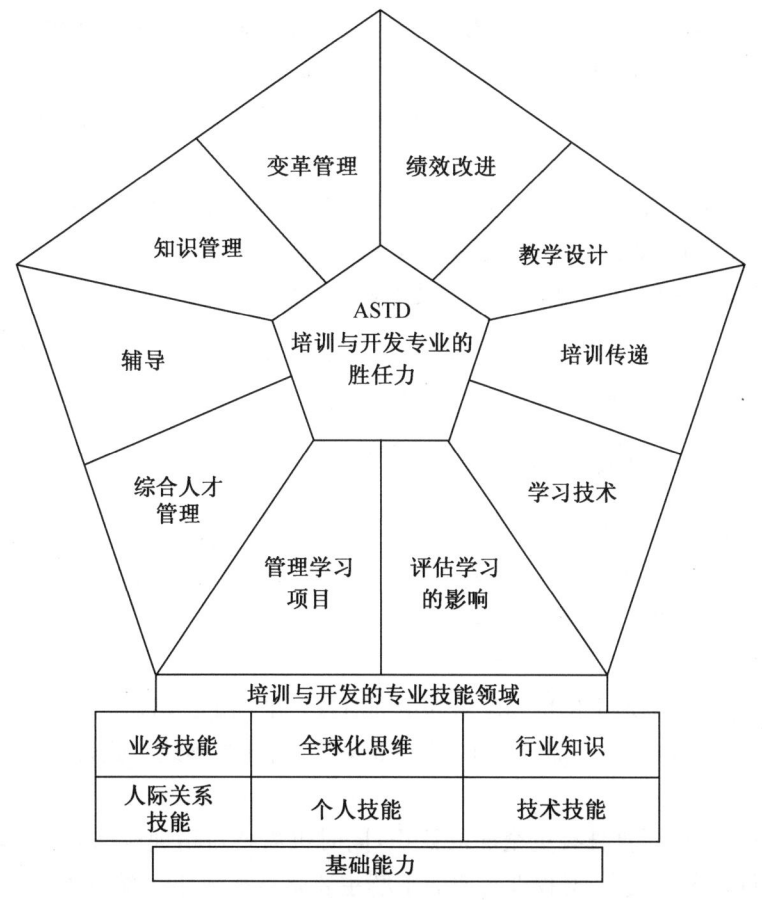

图 7-3

（5）基本技能：个人技能
- 展现灵活性与适应性/成为个人发展的榜样

2013年，美国培训与发展协会（AS7D）颁发了最新版培训工作者胜任力模型（如图7-3所示）。新版模型主要从培训工作者的专业领域和基础力两个维度，对2004版胜任力模型进行了适当调整以适应当今经济技术、人员、全球化等方面的变化趋势。

第二节 内训师的教学实施与评估

本节案例

对于中国经济而言，2019年确实是过去十年中最艰难的一年，很有可能会成为未来十年中最轻松的一年。换句话说，轻松时代已经过去。展望2020年，趋势如何？与培训师相关的趋势如下：

在线平台和内部培训师挤压了线下培训市场空间。

尽管对在线课程的评价不一，但就知识传播的效率而言，它远远超过了线下培训。对于具有一定规模的公司，在线学习平台已成为标准，这势必会挤压离线培训市场的空间。

此外，"最好的老师在我们身边"，在实践上，内部培训师的确比外部培训师好，在培训过程中，他们可以担当指导老师的角色，并帮助学生运用所学知识，这是外部的讲师无法替代的优势。

从许多方面学到的实际情况也证明了这一趋势。如果没有独特的优势，居住空间将受到限制。想一想"而不是更好，而不是不同"，您的独特优势是什么？

随着在线学习的增加，内训师如何实施在线培训？

培训使员工的知识、技能与态度明显提高与改善，由此提高企业效益，获得竞争优势。因此，企业拥有自己的内训师队伍就显得非常必要。

一、内训师如何有效实施教学

1. 掌握成功培训的要素

企业培训是一项烦琐的工作，笔者认为培训的效果是否最大化、培训是否成功主要是要做到精准定位、精心准备和精细实施等三个方面。

（1）精准定位

精准定位包括准确地定位培训需求和培训对象。准确定位培训需求主要就是通过企业调研进行培训需求分析，这一部分将在"精心准备"方面详细阐述。此处主要对准确定位培训对象进行具体分析。

作为培训师不仅对自身有更全面的认识，同时也需要对培训授课对象有精准的了解。企业培训，授课对象是成人，对授课对象的了解主要是掌握成年人学习的主要特点。第一，成年人的学而时忘之特点。随着年龄增长，大部分成年人的记性不及学生时代，所以在培训过程中培训师需要采用反复的技巧来强化学员的记忆。第二,成年人耐久性差。一次培训课程的时间一般在一小时以上两小时以内,相比较学生时代的45分钟要多出许多,因而培训学员在课堂上如果没有被培训内容吸引,容易在课堂上呈现出不耐烦的情绪,所以培训师需要在培训过程改变一成不变的授课方式,适当地调整授课方式,以吸引学员的注意力。第三,成年人的经验主义者特点。绝大部分的学员都是有工作经验前来听课的,对培训师的授课要求会高,倘若培训师的授课过程与学员的经验不相符合,学员可能会产生质疑,因而培训师在授课过程中需要更多地了解学员的工作经历,尤其是公司内训课程,更需要对公司的基本情况做出相应的了解,才能更好地施展培训课程。当下的培训市场比较火热,各式各样的培训课程层出不穷,但是真正对企业实用的课程需要培训师因地制宜的研发与跟踪。第四,成年人的实用主义者特点。企业组织一场内训是需要付出相应的经济成本与时间成本,因而企业对培训效果的要求颇高,必须是对企业与个人有帮助与提升,才能获得企业的认可,因而培训师需要对企业的培训需求有精准的把握,培训师在授课前可以通过组织方的列举问题有针对性地准备与授课。

(2) 精心准备

培训行业有句俗语:准备比资历更重要。再资深的培训大师在每次授课之前依然会精心准备课程。备课能力是一个培训师最基本的业务能力。从选题到最后的课件的形成,都需要培训师一一精心准备。一场成功的培训需要注意以下几个要素:

① 确定主题并进行企业调研

选择适当的培训主题是培训师从业后的一个关键转折点,究竟是选择市场热门的话题还是选择企业需要的主题呢?从长远角度出发,培训师在选择主题时应该考虑以下三种因素的结合,即市场热门话题、企业需要主题、自己熟悉的领域,如图7-4所示。

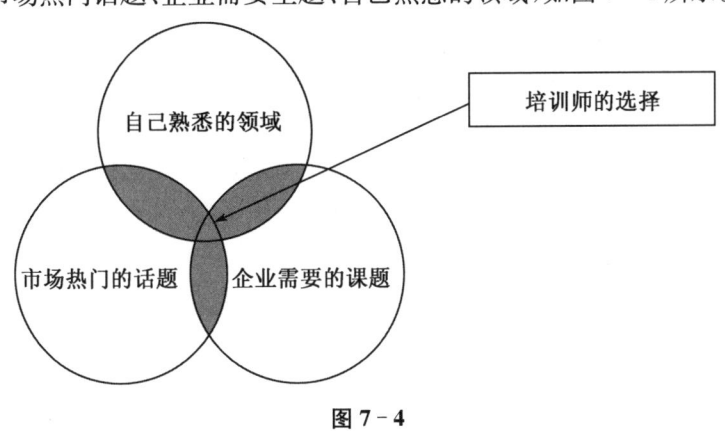

图7-4

"没有调研就没有发言权。"为了更加精准地把握培训需求,有针对性地解决实际存在的问题,培训师在开发课程的前后均需要对企业进行一定深度的调研,了解企业的基本情况,熟悉学员的工作职责,对企业的硬件资料和软件文化都需要有相应的掌握。根据企业所提供的培训需求制定培训计划,组织相应人员实施调研,整理调研资料,最终形成一个调研报告,如此才能更有针对性地把握企业的基本情况与培训需求。

② 搭建框架并制作课件

培训师在明确授课主题后需要根据调研报告搭建培训课程的框架,目前行业内的课程框架大致分为三种:要素型、流程型、WWH型。根据课程主题需要选择合适的框架结构,其中,WWH型是目前培训中较为常见的类型,因为WWH型的适用范围较广,既能够在销售管理等领域使用,也可以在后端技术板块应用,所以WWH型是培训师较为喜欢采用的框架结构。

搭建课程框架过后,培训师需要设计课程内容,设计内容环节主要有素材的应用,一场成功的培训一定需要有丰富的素材进行铺垫,素材的应用包括案例的插入、视频的准备、图片的搜集,等等,在设计课程内容环节就充分体现了培训师的专业修养和经验累积,培训师一般都会组建自己的资料库,方便备课过程的素材搜集。通过整理设计课程内容,培训师能逐步将培训课件PPT制作出来,形成属于培训师特色的授课课件。

③ 选择合适的授课方法

培训过程中有多种授课方法,一场成功的培训课是不能采用单一的授课方法的,授课方法的选择与授课内容、学员都有着密切的关系。其中,使用频率较多的是小组讨论法、情景模拟法、案例分析法等。小组讨论法是充分激发学员的头脑风暴,让学员更加积极主动地投入到培训中来,这种方法是被培训师采用最多的。情景模拟法主要目的是还原工作现场,让学员自行将培训知识运用到工作中去,以提高学员的培训效果。案例分析法主要是通过对案例进行讨论分析,让学员对培训知识有更进一步的理解与认识。以上三种方法均需要学员尽情地参与其中,让培训课堂更加活跃。

(3) 精细实施

① 合理组织课程内容并使之生动化

根据成年人的学习心理特点,在学习过程中每十分钟倘若没有他感兴趣的知识点,成年人容易分心走神,因而培训师在组织课程内容时,需要用心设计整个课程的每个环节,以确保让学员尽情参与其中,而不是"人在曹营心在汉"。为了更好地达到培训效果,培训师可以在培训过程中穿插学员感兴趣的资讯信息。比如,某知名销售培训师在授课过程中,根据授课学员不同,合理地穿插了易经风水、育儿经验等学员感兴趣的相关资讯,培训师当然也能根据授课内容或时间合理地安排课间小游戏或其他互动,让学员放松、提神。所有的互动或咨询有着一个非常重要的前提条件,即为培训主题服务。

② 培训师在授课过程中的完美呈现

培训过程中较为关键的环节——授课呈现。培训师的授课呈现主要是从专业形象、肢体语言、语音语调、沟通技巧等四个方面来体验,培训师在授课过程中不管是着装还是发型或配饰,都必须呈现出专业形象。根据授课主题的不同,培训师的形象可以进行适当的调整。比如,讲授管理层的培训课时,建议着正装;一线工人培训时着工装等。

③ 培训师在授课过程中引导学员全情投入

传统的讲授型培训已经不能满足企业的培训需求,体验式培训、分享式培训开始热门起来,培训角色开始逐步转换,已经由原来的培训师一人主讲演变成学员分享、培训师总结的新型培训模式,引导学员参与培训已经成为当下培训的主流。目前引导学员参与的方法有体验、分享、探讨、联结与应用等。体验是需要学员完成某些特点的任务,从中体会完成过程中的心得。分享是需要学员与别人分享自己观察到的事情,在分享过程中学员也强化记忆了。探讨是学员相互讨论解释到底发生了什么,为什么会发生这个事情。联结是学员将体验与现实生活联合起来,探讨结果等。应用是需要学员将所学到的知识在现实中应用。培训师引导学员为自己的学习负责,引导学员说出培训的心得体会,引导学员做出培训后的行动计划,引导学员真正投入到培训中才是培训师应该做的本职工作。

2. 设计教学活动

教学活动通常是指以教学班为单位的课堂教学活动。在企业培训中,教学活动定义与之类似,即以培训班为单位的课堂教学活动。与之不同的是,在成人培训中,教学活动的设计更旨在于提高员工的积极性和参与度。因此,此处提及的教学活动主要是为了提高学员参与度而设计的一些体验式教学活动。体验式教学是指根据特定的目标,以培训课堂为平台,引导员工通过实践活动去亲身感受与领悟,从而获得知识发展能力的过程。培训课不仅要教给员工知识和技能,更重要的是要改变员工的态度和观念,开启员工的所有潜能,并让他们将这些潜能运用到实际工作中,带来最优的个人绩效,因此,内训师要善于引导员工主动进入学习状态,要善于合理引入模拟、视听、案例、现场等多种体验式教学,让员工以亲身的经历,生成丰富的体验,从中增长知识,开发潜能。

模拟式体验是引导员工在现实模拟情境中得到相应体验的一种方式。杜威曾说,人类的真智慧,靠两样东西做基础,第一样是从近身环境中所得来的亲切的知识,第二样就是从训练中得来的处理环境的能力。情境性和亲历性是模拟式体验教学的标志性特点,内训师要用心去设计有意义的模拟情境,让员工在有意义的模拟情境中得到体验,提高认识。

视听式体验是利用现代视听技术,引导员工通过欣赏特定的文字、图片、声音、动画、影片或其组合等"体验材料",更有效更完整地在体验中获得知识技能的一种方式。现代视听技术能把抽象的理论具体化、形象化,让员工充分发挥视、听等多种感官的功能,在有亲临其境的感受中轻松愉快地获得知识技能。

案例式体验是把现实中的真实情景加以典型化处理,编写成供员工学习的案例,让员工进行思考和讨论,并提出解决问题的建议和方案的方式。精心筛选与培训目标和内容有关的教学案例,是帮助员工获得真实体验,加深理解,提高培训课效果的关键。

现场式体验是把让员工组织到生产现场通过听、思、问等环节进行观察、分析、解决问题的方式。这种体验式教学不仅能开阔视野,巩固理论知识,同时还能较好地找到理论与实际的切合点,提高运用能力。此外,内训师还应立足于自己的性格、特长,虚心倾听他人对自己的评价、意见和建议,在观察、对比、模仿中不断地加以调整和改进,精心培育自己的授课风格,增强吸引力。

体验式教学活动设计小案例:

一个在上课时专门教学员吃饭的故事

一个央企工作的营养师,专门给单位里的同事们分享如何膳食搭配。他的课程主要内容就是讲两大类问题:

(1)人每天吃进肚子里的是什么样的东西?究竟产生了什么样的效果?哪些多余?哪些不够?

(2)不同食物搭配会产生哪些后果?

这个课程一上来就讲知识内容,比如,什么是膳食宝塔,什么是食物的能量,什么是碳水化合物,什么是脂肪,什么是植物纤维……内容很不错,可大家就是不爱听,没有人感兴趣,没有起到任何有效的效果。带着这些问题,他找到了黄老鞋(课程设计专家黄铮)帮忙重新设计一下课程。这个课程经过黄老鞋一改,就成了这个样子:

学员在教室门口的时候,老师会发给每个学员一个食堂用的餐盘,并告诉大家这个餐盘就是今天的教学讲义。大家一进门就会看到一排桌子,桌子上面有一个个小格子,每个格子里都是各式各样的美食照片,每餐平时吃多少就拿多少照片,爱吃什么就拿什么,一张照片就是一份,如果不够可以再多拿照片。学员只要一进入教室就进入了平时在食堂打饭的生活场景,个个一进来就乐开了花。学员打好餐之后进入第二个环节,有助教给大家专门拿计算器计算。不是算花了多少钱,而是算有多少热量。

热量计算完毕后,学员会拿到一张热量表。等所有人的取餐热量计算完毕后,老师要求所有人按照热量从低到高一字排开。这时候我们就会发现,基本上这个班里面的身材与根据热量排队的结果是基本一致的。因为大家平时吃饭的习惯和爱好决定了食物的热量,而食物的热量直接会影响到大家的身材,很多健康问题都是吃出来的。

这时候,这位培训师问大家:想不想学习一种既能吃好吃饱,热量也少的方法?大家都说想学。之后他又问了排在队伍一端那个食物热量最少的学员:你平时就吃这么点儿你吃得饱吗?学员回答:当然能吃饱啊!大家一看他的餐盘里,碳水很少,每个人对于碳水这件事就有了直观感受。通过上述一系列过程,激发了大家对于吃饭这件事的兴趣。于是整个课程就围绕如何吃饭,如何吃出好身材等内容展开,在企业内部极度受欢迎,这位培训师也就成了企业内部的明星。

3. 与学员的有效沟通

要想和员工做到有效沟通其实并不难。在一场培训中,主要在三个阶段做好沟通。

(1) 培训前的沟通。培训前的沟通主要是为了了解员工的培训需求、适用的培训方式,等等。

(2) 培训中的沟通。培训中的沟通主要是为了激发员工积极主动参与培训,这个时候培训师可以通过创设问题情景来引发员工深度思考、合理运用"明知故问""引导员工主动发问"等策略让员工主动参与到课堂中来。

(3) 培训后的沟通。这一步沟通主要是了解培训的效果,通过学员的反馈,可以更加完善之后的培训,提升培训效果。

4. 掌握教学情境

教学情境也是指具有一定情感氛围的教学活动。孔子说:"不愤不启,不悱不发,举一隅不以三隅反,则不复也。"孔子的这段话,在肯定启发作用的情况下,尤其强调了启发学生进入学习情境的重要性,所以良好的教学情境能充分调动学生学习的主动性和积极性,启发学生思维、开发学生智力,是提高中学学科教学实效的重要途径。因此,企业内训师要创设合理的教学情境,激发员工学习的欲望。教学情境具有生活性,其实教学情境与教学活动有重叠的部分,教学活动是指与教学相关的一切活动,而教学情境则是指有情感氛围的教学活动,后者是前者的一部分。因此,在这里就不做赘述,具体见教学活动中的体验式教学的种类即可。

5. 如何做好教学管理

教学管理是运用管理科学和教学论的原理与方法,充分发挥策划、组织、协调、控制等管理职能,对教学过程各要素加以统筹,使之有序运行,提高效能的过程。教育行政部门和学

校共同承担教学管理工作。教学管理涉及教学计划管理、教学组织管理、教学质量管理等基本环节。具体的任务如下:

(1) 制定企业培训计划,明确培训目标,保证培训有计划、有步骤、有条不紊地运转;
(2) 建立和健全培训管理系统,明确职责范围,发挥培训管理人员的作用;
(3) 加强培训师的教学质量和员工的学习质量管理;
(4) 组织开展教学研究活动,促进教学工作改革;
(5) 及时沟通,提升培训效果;
(6) 加强培训行政管理工作。

二、培训效果的评估与改善

1. 培训效果评估的目的和意义

培训效果评估是在受训者完成培训任务后,对培训计划是否完成或达到效果进行的评价、衡量,内容包括对培训设计、培训内容和培训效果的评价。通常采用对受训者反应、学习、行为、结果四类基本培训成果或效益的衡量来测定。

培训效果评估是培训的最后一个环节,科学的培训效果评估对公司了解培训投资的收益、界定培训对公司的贡献都有重要的作用。培训效果评估的目的,是为了从培训过程中发现问题,进而达到指导培训工作的持续改进。培训效果评估是依据公司发展战略和员工能力需求,以及培训的目的和目标,从培训项目的开发、组织、实施等过程中收集相关的数据信息,采用科学的、可行的评估方法,得出客观的、准确的培训的价值和培训的效果。有效的培训评估,能反映培训项目的实际问题,不仅可以促进培训工作的改善,还可以从中发现新的培训需求。通过培训评估,了解公司新员工集中培训的成效及新员工经培训后上岗的绩效情况,为公司在今后开展新员工培训管理工作提供借鉴性的数据支持。总结培训评估的意义有以下5点:

(1) 正确判断培训效果,了解目标和要求达到的情况。培训的效果好不好以及培训初期定下的目标有没有达成只有通过培训后的评估才能做出正确客观的判断。
(2) 受训人知识技术能力提高或行为表现改变与培训的关系。这里是指通过培训效果评估发现受训对象技术能力提高与培训是否有因果关系以及下次是否仍需要采取相应的培训。
(3) 检查培训的费用效益。培训评估的费用是指正常培训的支出,培训的效益是指培训给公司带来的价值。
(4) 客观评价培训者的工作。培训后的效果评估可以客观地评价培训师的工作。
(5) 管理者决策信息。培训评估效果可以帮助企业经营管理者作为决策时的重要参考信息。

2. 培训效果评估的五个层次

柯氏四级培训评估模式(Kirkpatrick Model)由国际著名学者威斯康星大学(Wisconsin University)教授唐纳德·L.柯克帕特里克(Donald L. Kirkpatrick)于1959年提出,是世界上应用最广泛的培训评估工具,在培训评估领域具有难以撼动的地位。

柯氏培训评估模式,简称"4R",主要内容:

Level 1. 反应评估(Reaction):评估被培训者的满意程度;
Level 2. 学习评估(Learning):测定被培训者的学习获得程度;

Level 3. 行为评估(Behavior):考察被培训者的知识运用程度;
Level 4. 成果评估(Result):计算培训创出的经济效益;
也有人在这个基础上发展了第五级即 Leve 5. 投资报酬率评估(ROI)。

(1) 反应评估

反应评估是指受训人员对培训项目的印象如何,包括对讲师和培训科目、设施、方法、内容、自己收获的大小等方面的看法。反应层评估主要是在培训项目结束时,通过问卷调查来收集受训人员对培训项目的效果和有用性的反应。这个层次的评估可以作为改进培训内容、培训方式、教学进度等方面的建议或综合评估的参考,但不能作为评估的结果。

(2) 学习评估

学习评估是目前最常见,也是最常用到的一种评价方式。它是测量受训人员对原理、技能、态度等培训内容的理解和掌握程度。学习层评估可以采用笔试、实地操作和工作模拟等方法来考查。培训组织者可以通过书面考试,操作测试等方法来了解受训人员在培训前后知识和技能的掌握方面有多大程度的提高。

(3) 行为评估

行为评估指在培训结束后的一段时间里,由受训人员的上级、同事、下属或者客户观察他们的行为在培训前后是否发生变化,是否在工作中运用了培训中学到的知识。这个层次的评估可以包括受训人员的主观感觉、下属和同事对其培训前后行为变化的对比,以及受训人员本人的自评。这通常需要借助于一系列的评估表来考察受训人员培训后在实际工作中行为的变化,以判断所学知识、技能对实际工作的影响。行为层是考查培训效果的最重要的指标。

(4) 成果评估

效果的评估即判断培训是否能给企业的经营成果带来具体而直接的贡献,这一层次的评估上升到了组织的高度。效果层评估可以通过一系列指标来衡量,如事故率、生产率、员工离职率、次品率、员工士气以及客户满意度等。通过对这些指标的分析,管理层能够了解培训所带来的收益。

(5) 投资报酬率评估

从经济学的角度来讲,投资回报率(ROI)是指通过投资而应返回的价值,即企业从一项投资活动中得到的经济回报。从员工培训的角度来讲,投资报酬率评估指培训的货币收益和培训成本的比较。培训成本包括直接和间接成本,收益是公司从培训计划中获得的价值。

第三节 学习项目设计

本节案例

"培训为何变成竹篮打水一场空?"

斯诺亚是一家著名的瓷砖生产及销售公司,尤其专注于二三线城市的中等消费者群体,去年销售额35亿元。随着员工规模不断壮大,公司发展人才培养工作日益重要,所以专门成立了培训部,王家睿被猎头推荐过来,担任培训部主任,直接向总经理姜总汇报。

由于公司CEO姜总对培训特别认可,所以王家睿入职后就和他来了一次促膝长谈。姜总对他寄予厚望,希望能够将公司的培训工作轰轰烈烈地开展起来。王家睿也信心十足,认为自己在姜总的支持下一定可以大展宏图。他遴选了3门以前口碑较好的课程,包括《管理者精要》《柔性领导力》《沟通艺术》。

他把三门课的课纲汇总在一起,做成培训方案。一切准备就绪,他们向5个区域下发了培训通知,要求每个区域派6名店长参加。各区域收到通知后,均认为这样的培训还是安排自营店的店长参加更好。

首先,第一门课就是《管理者精要》,老师精彩的演绎得到了学员的一致认可,老师的段子也经常引起学员的哄堂大笑;第二门课是《柔性领导力》,女老师迷人的气质令学员们向往,课程中也经常引用一些世界500强公司的案例,学员们第一次听到这样的故事,觉得很好玩;第三门课是《沟通艺术》,老师讲课尽管没有那么精彩的演绎,但也算中规中矩,然而在第二天的演练中却出现了一个问题,就是大家发现3门课程有些知识点重叠,对于同一个问题的解决方案有些差异,而且老师讲到的案例和自己管三五个人门店的案例总是相差甚远,自己门店管理中鸡毛蒜皮的小事用不上这些大道理。甚至有1个学员直接站起来说:老师,我们多么希望能够在你们这些案例中的公司工作啊,你能帮我们解决一下我们门店中的问题吗?好在小组组长说,这么好的方法论,还是能够给我们启发的嘛,开卷有益。

王家睿下课后也和这个学员说:领导力的课就是这样的,需要我们把领导力转换为自己的能力。可这名学员说:其实我们昨晚吃饭时,大家都谈到老师讲课确实精彩,可是现在我们门店指标压力大,还是希望能够老师给我们支支招,让我们完成门店指标。王家睿一时语塞,不知如何应对。

最后一天,有个毕业典礼环节,安排了分管销售的袁总前来讲话,当袁总看到课程介绍时,对王家睿说:今年整个公司指标压力都很大,现在受竞争对手和网店挤压又很严重,咱们今年也开始尝试互联网营销,并且实行与大卖场联合促销、家装公司整体解决方案营销等方式,希望咱们在课程中涉及这些方面的内容。王家睿解释说:袁总,我们这个班还是以训练领导力为主,希望提升店长的领导力,这也是姜总同意的。袁总脸色阴沉地说:我不管什么领导力管理力,我要的是销售,姜总要的也是销售!而且一个培训班只有30个人,多浪费资源!最后,袁总的讲话由原来的15分钟延长到1个多小时,详细阐述了公司今年的营销策略。学员们表示,以前从来没有系统了解过公司的营销策略,原来总部有这么多市场方法,自己开阔了眼界。

请思考:为何培训存在问题?学员的学习应该如何设计?

一、学习项目设计存在的问题

(1) 项目设计没有以需求分析为基础

学习培训需求分析是培训工作的前提和依据。根据学习需求有针对性地设计学习项目是提高学习质量、促进学习成果转化的重要保证。学习培训需求分析既是确定学习目标、设计学习项目计划的前提,也是进行学习评估的基础,因而成为学习活动的首要环节。企业由于没有年度的学习培训方案和长期的培训战略,使学习培训在一定程度上成了哪里出现问题就对哪里进行学习,从而导致学习不能真正满足企业、员工的需求。某些企业的管理者对员工学习培训需求分析还停留在感性认识阶段,而没有按照企业的培训制度,根据企业、员工的实际情况进行学习需求策划分析。

(2) 项目评估体系不完善

① 企业对学习评估普遍重视不够。

② 评估工作只停留在最初级的层次上。许多企业的学习评估很不全面,多数的学习评估仅仅对培训课程中所授予的知识和技能进行考核,没有深入到培训学员工作行为、态度的改变、工作绩效的改善和为企业带来的经济效益,评估工作仅仅停留在评估的第一和第二层次。

③ 缺乏完善的学习评估流程体系。

④ 学习评估工具单一。在实际调查中,许多企业采用的评估工具很单一,主要采用的是问卷调查和测试。这可能导致评估工具不能有效反映学习项目的内容或者降低预见未来行为或结果的程度等。

⑤ 评估中缺乏量化指标。一个科学有效的评估应该是定量和定性相结合,以保证评估的科学准确性。

(3) 学习项目成果转化机制存在问题

① 缺乏各个部门管理者的支持。管理者没有对学习培训给予足够的重视,不了解培训的大体内容,不清楚应如何为员工创造有利于培训成果转化的条件,或很少为受训员工提供应用新技能的工作机会。

② 缺乏同事的支持。员工们担心变革会冲击他们已经掌握的习惯的工作方法和已有的业务知识,担心改革会威胁他们的工作安全。所以为了自身利益,同事经常规劝受训者使用原有的习惯的工作方式或技能。

③ 与工作本身相关的因素。如果工作中经常面临时间紧迫、资金短缺、设备匮乏等现象,会让学习者难以应用新的技能。

④ 学习者本身的原因。学习者不明白自己为什么需要学习,不清楚学习结束后应该达到何种目标,不具备接受学习必需的基本技能,或者学习者在学习时间由于其他原因没有集中精力接受学习,导致根本就没有将学习成果进行转化。或者学习者在进行培训成果转化时,没有得到及时的反馈,使其在学习成果转化的过程中效果大幅度地削弱,造成其缺乏学习成果转化的动机。

⑤ 培训者对学习者特征不了解。在学习开始,培训者没有让学习者做好接受培训的准备:一是培训者没有准确地掌握学习者是否具备为了学习培训内容并且将其应用到工作之中所必须具备的个人特征(能力、态度、信念及动机等);二是培训者没有去认真分析工作环境是否有助于学习和成果的转化,而且不妨碍工作业绩。对培训者而言,在培训开始前去了解学习者的学习动机,让学习者了解培训的收益,明确培训需要、职业兴趣和目标,并掌握基本技能是非常有必要的。

(4) 对项目设计与实施的重要性认识不足

① 企业经营管理层对员工培训项目设计及实施的重要性缺乏认识。由于计划经济体制的"遗留"效应,在经济体制改革过程中,人们对学习培训的传统认识仍然存在不足。一部

分企业认为花巨大的人力、物力和财力去设计员工学习项目没有什么实际意义,不对员工进行系统性科学性的学习培训,企业可以照常运转。

② 员工个人对建立系统性的学习培训项目的重要性认识不足。学习培训的眼前支出具有较强的成本性质,不可能立即得到回报。况且由于增加了学习时间,工作时间减少了,短期内会直接影响到工作任务的完成。作为受训者接受培训也要放弃一定的休息时间,耗去一定的精力来完成培训任务。另外,一些企业并没有形成较好的绩效管理制度,这使得技能高低的水平差异并不影响收入差异,这导致员工接受学习的主观积极性大大下降。

二、学习项目设计的内容

1. 学习项目设计的概念

学习项目设计是指根据企业现状及发展目标,系统制定各部门、岗位的培训发展计划。培训部门必须对培训的内容、方法、教师、教材和参加人员、经费、时间等有一个系统的规划和安排。学习项目设计的基本要求:

(1) 在学习项目设计进行之前必须做好员工需求分析,将需求分析的结果确定后整理成报告作为学习培训内容安排的基础。

(2) 学习培训方法的设计要配合培训内容、学员、场地、经费和时间的需求。

(3) 学习资源的合理分配和使用。培训师和学员的确定要提前,企业在设计培训的时候必须合理安排员工的工作时间和工作任务完成的权责问题,避免因为培训而对企业造成不良影响。

学习项目的设计是十分关键的,属于项目的顶层思维,做好项目设计的事前规划具有以下意义:实现学习项目零缺漏,学习计划可以帮助培训实施人员核实每一步的学习环节,避免因为缺漏而造成学习效果打折扣;确定学习各方面的职责。学习计划可以将具体责任落实到各个职位,学习培训相关部门和相应培训师的职责一目了然,便于学习培训的管理,保证学习培训每一步都能够得到监督,确保培训顺利进行;为学习结果评估设立标尺。学习计划会做出对学习结果的预期。通过设立结果的期望,为学习培训实施人员设立目标,让学习培训实施得更有方向性。

2. 学习项目的分类

从时间跨度上看,学习项目分为长期、中期和短期三类。

(1) 长期学习计划一般是指时间跨度为3至5年以上的培训计划。长期培训计划的重要性在于明确培训的方向性、目标与现实之间的差距和资源的配置。长期学习需要明确的注意事项有:组织的长远目标分析、个人长远目标分析、外部环境发展趋势分析等。

(2) 中期学习计划的时间跨度一般为1至3年,起到承上启下的作用,是长期培训计划的进一步细化,同时也为短期培训提供了参考内容。在中期学习中需要明确的注意事项有:需求分析、目标分析、资源的分配等。

(3) 短期学习计划是指企业在一年以内的学习计划。与中长期培训计划不同的是,短期学习计划需要明确的事项更加具有可操作性。需要明确的事项:培训的目的与目标、培训时间、培训地点、培训者、培训对象、培训方式、培训内容、培训组织工作的分工和标准、培训资源的具体使用、培训资源的落实等。

从内容种类上看,学习项目分为知识、技能、系统理解、创造力开发等。

(1) 知识培训。知识培训包括公司文化、发展战略、规章制度、基本政策,与所在岗位相关的专业知识培训等,使员工掌握公司的政策和行为规范,具备完成本职工作所必需的基础知识和达到高绩效工作标准所需的高级知识。

(2) 技能培训。技能培训包括岗位职责、操作规程和专业技能的培训,使员工在充分掌握理论的基础上,能熟练地应用、发挥、提高。

(3) 系统理解与创造力培训。新理念、新思维等有助于员工对整个生产或服务过程及各部门之间的关系进行系统理解和创新产品和服务的培训。

(4) 自我培训。自我培训是员工在工作时间之外,通过自学或其他形式积极提高自身素质和业务能力,自己承担费用的培训方式。员工自我培训是其他培训方式的基础,公司鼓励员工根据自身的愿望和条件,利用业余时间进行自我培训,对业绩有改善的员工给予奖励,同时优先考虑晋升。公司对员工自我培训发生的费用,原则上不予报销,如果与本职工作有关,对工作有帮助,可以考虑报销,但应事前申请,并须对应单位总经理批准同意。

(5) 综合培训。公司根据发展需要在有关人员自我培训的基础上进行特定项目的培训,培训形式包括公司内部培训和公司外部培训,如晋升培训等。公司有关人员从内部晋升到部门副职以上职位的前半年内,人力资源部应组织进行晋升新职位培训,包括参加针对晋升岗位的外部专题培训和公司领导人统一安排的内部培训。

3. 学习项目的落地方法

在企业培训过程中,不管是在线学习平台,还是线下课程面授,员工最终能否得到培训的内容并且运用到实际的工作中,有效地提高工作效率,产生效益,才是衡量培训本身成功与否的重要指标。

(1) 操作示范法

操作示范法是职前实务训练中被广泛采用的一种方法,适用于较机械性的工种。操作示范法是部门专业技能训练的通用方法,一般由部门经理或管理员主持,由技术能手担任培训员,在现场向受训人员简单地讲授操作理论与技术规范,然后进行标准化的操作示范表演。学员则反复模仿实习,经过一段时间的训练,使操作逐渐熟练直至符合规范的程序与要求,达到运用自如的程度。培训员在现场做指导,随时纠正操作中的错误表现。这种方法有时显得单调而枯燥,培训员可以结合其他培训方法与之交替进行,以增强培训效果。

(2) 主题式培训法

按照企业需求,围绕培训目的(主题),紧密结合企业的实际情况,为企业度身定制个性化的培训解决方案,通过组织和调度各类培训资源,为企业提供更具有针对性、实效性的管理培训服务,解决具体问题,满足企业需要。主题式培训根据企业需要,结合企业存在的主要问题,进行针对性的实战培训设计,解决企业实际问题,并推动企业展开一系列行动,解决企业具体问题,提升企业绩效。为企业进行针对性的课题规划并协助推动实施,指导企业化解矛盾、规避风险、提升绩效、解决问题。

(3) 多媒体视听法

多媒体视听法是运用网络、电视、幻灯机、投影仪等视听教学设备为主要培训手段进行训练的方法。随着声像资料的普及与广泛应用,许多企业的外语培训已采用电化教学手段,并取得了较好的效果。除了外语培训，有条件的企业还运用摄像机自行摄制培训录像带，选择一定的课题将企业实务操作规范程序、礼貌礼节行为规范等内容自编成音像教材用于培训中。

（4）案例研讨法

案例研讨法是一种用集体讨论方式进行培训的方法，与讨论法的不同点在于，通过研讨不单是为了解决问题，而是侧重培养受训人员对问题的分析判断及解决能力。在对特定案例的分析、辩论中，受训人员集思广益，共享集体的经验与意见，有助于他们将受训的收益在未来实际业务工作中思考与应用，建立一个有系统的思考模式。同时受训人员在研讨中还可以学到有关管理方面的新认识与新原则。培训员事先对案例的准备要充分，经过对受训群体情况的深入了解，确定培训目标，针对目标收集具有客观性与实用性的资料，加以选用，根据预定的主题编写案例或选用现成的案例。在正式培训中，先安排受训人员有足够的时间去研读案例，引导他们产生身临其境、"感同身受"的感觉，使他们自己如同当事人一样去思考和解决问题。案例讨论可按以下步骤开展：发生什么问题、问题因何引起、如何解决问题、今后采取什么对策。适用的对象是中层以上管理人员，目的是训练他们具有良好的决策能力，帮助他们学习如何在紧急状况下处理各类事件。

（5）师徒式培训法

师徒式培训法又称现场个别培训，强调单个的一对一的现场个别培训是一种传统的培训方式。做法是，受训人员紧跟在有经验的老职工后面，一边看，一边问，一边做帮手，来学习工作程序。在企业培训实践中，这种师傅带徒弟的个别培训方法仍在运用。然而，企业的培训部必须对采用师徒式培训方法的岗位做有效的培训组织指导，才能确保培训获得良好的效果。

4．学习项目设计的六度模型

六度学习设计模型是基于大量项目设计与实践经验的产物，这两个原则不仅是学习项目设计的方法论，还是评估设计效度的六个标准。它们既相对独立，又相互承接、相辅相成、相互支撑，见图7-5。

图7-5

(1) 关联度(Relevance)

成人学习目标导向很强,大多数追求"实用主义"。情境教学理论认为学习也是在情境中发生。Sawyer 认为,以学生为中心的环境推崇包含知识运用的真实实践,而不是把知识当作孤立内容进行处理、推敲和检索。所以关联度就是要解决到底我们的知识内容需要和学员的哪些情境关联。进一步看,组织中的学习项目需要赢得中高层的支持,必须和组织的目标关联起来。所以在组织中的学习设计相对复杂就是既要关联组织的需求,又要关联学员的个人需求。

在此理论假设下,首先要关联的是学习项目与组织战略。而组织的战略不仅仅是表现在那些公开的各种报告中,同时还体现在高管不同阶段的主要关切上。所以常听高管的讲话,常常站到高管的角度来思考问题,对于学习设计师是一个很高的要求。不管是对于企业内部的培训管理者,还是作为第三方的培训机构,如果要将学习项目做成精品、亮点,做到有影响力,最好能够关联组织战略,当然关联度的高低又决定了影响力的高低。

其次要进行关联的是学习项目与业务。学习项目和业务的运营情境相关联,和学员日常的工作痛点相关联。大到每个知识模块,小到每个知识点,具体来说就是每个知识点要解决学员的什么问题,学员学了以后能够在哪些实践情境中去使用,现在有很多学习项目甚至会将业绩目标作为培训的目标,比如银行客户经理培训,培训周期 3 个月,就将存款数、新增客户数等作为学习项目的目标,而培训的内容会与学员指标的完成密切相关。

(2) 支持度(Support)

"No Sponsor, No Result."在企业内部的学习项目中,我们希望通过学习的方式来解决实际的问题,这个解决过程也是一个系统工程,不是靠一个培训经理或者一个项目组就能解决的。

项目学习很大一部分就是做人的工作,我们不能绝对地看待这个问题,但是要说明的是,其实所谓的专业就是解决问题,而学习培训的问题就是人的问题。不管面向什么样的学员,其行为的改变,绩效的提升也需要在组织环境中,在团队中完成,所以自始至终我们都需要关注利益相关者。在项目设计前要找到我们的朋友,扩大在组织内的朋友圈。在项目设计过程中,要扫描一下整个组织,判断哪些人是需要得到其支持的,需要得到哪些支持,他们关注什么问题,如何才能赢得其支持,最为关键的当属学员的上级,他们在整个项目中参与的越多,参与程度越深,学习效果就越好。

(3) 匹配度(Matching)

匹配度要解决的是在挖掘出真实的学习需求后,匹配什么样的学习内容和学习形式以真正能解决实际问题,带来利益相关者想要的结果。所以,匹配度是在关联度和支持度基础上进行设计的。

学习内容的匹配对于所有学习设计师都是一个挑战,需要说明的是,不是说看到一个学习内容就想到去找课程找老师,有很多内容也许不是通过灌输而是需要通过研讨才能获得的。而且还要意识到"纯知识不等于技能""流程不等于技能",如学习了很多财务的知识,但是管理干部需要的不是这些财务知识,而是如何读懂报表,如何提升业绩,这是他们的工作情境;又比如学习了拜访客户的流程,但是不一定能够带来一次成功的拜访。所以,在匹配学习内容时,需要注意不能盲目认为学员学习了一些知识,问题就解决了。

学习资源是学习开展的素材润滑剂,除了少数创新性的前沿的知识内容和精品的版权课程需要引进外部学习资源外,大部分问题都是可以通过内部的方法论解决,这就要求企业内部培养大量的内部讲师,能够提炼总结自己的方法论。当然,即使是内部讲师提炼的实战性的方法技能,也有适用边界的问题。在具体的学习设计时,要考虑到不同学习内容适用于什么样的群体,能帮其解决什么样的问题。在寻求外部专家和学习资源时,同样需要不断地问这个问题:这个老师的内容到底适合我们的学员吗?除了请老师来讲课外,还需要采取哪些措施才能带来业务部门想要的结果?

关于学习方式的匹配,互联网时代学习方式越来越多,包括直播、微课、大咖秀等新兴的学习方式层出不穷。混合式学习不是说用了一种或几种学习方式就一定能解决问题,也不是说多用一些学习方式效果就会更好。"适合的才是最好的",对于学习设计师来说,不能喜新厌旧,应该根据具体要解决的问题采取相应的混合式学习方式。

(4) 参与度(Participation)

支持度是解决利益相关者的动机问题,而参与度是要解决学员的动机问题。激发学员学习动机是学习项目设计的重要一环。好的内容和好的形式本身会吸引学员的参与度,然而这还不够,学习是一个过程,而不仅仅是听课的那个瞬间。所以,激发学员的参与是要从训前开始,让学员提前进入学习状态,这包括培训营销、激活粉丝等创造学习氛围的活动。同时,如何让学员在学习后有意愿去落地、去实践同样也是激发学习动机的重要部分。

学员的参与动机分为内在动机和外在动机两个部分,其内在动机来源主要是:成长、成就、信念、渴望、乐趣;而外在动机的来源是:认可、鼓励、激励、群体、利益。而从整个学习周期来看,建议在学习的前中后采取不同的措施来激发学员的学习动机。

(5) 实践度(Action)

实践度是解决学以致用的问题,学习是发生在具体情境中的实践,没有实践就无法说明学习的发生。匹配度解决的是用什么方式学什么的问题,而实践度是解决如何让学习发生的问题。知和行之间有一道鸿沟,培训师、培训管理者、培训机构都应该在帮助学员跨越这道鸿沟上下功夫,而大部分时候我们把学习项目的终点设在了培训课程结束后,也就是仅仅解决了"知"的部分。实际上,"行"才是关键,培训课程的结束不应该成为学员学习的结束,反而应该是开始。因此,要设计学员后期落地的目标,结合其工作情境设计实践的具体举措,同时打造一个场域,引发他们刻意练习,并保持激情。

(6) 感知度(Feel)

"一次学习是一次体验",尤其是在互联网经济时代,整个经济形态都进入了体验经济时代,整个学习过程中的感知度直接影响着学员的学习效果。这既包括过程中对于学习流程、接触到的人员、学习环境等多个方面的体验,也在于能否在项目中给学员创造留下美好印象的"关键时刻"。感知度更是基于前面5个度的基础上的整体体验,这五个维度的设计都会影响到感知度。

(7) 六度模型的关联与重要性

① 实践度既重要又挑战。实践度是学习设计的关键,没有行动就没有学习的发生。改变的发生具有很大挑战性,而行动和改变的设计应该是在学习设计之初就考虑进去的,而非是培训结束时。所以,实践的设计应该是自始至终贯穿的。同时也要看到关联度、匹配度、

支持度和参与度都会影响到实践度的发生。这是不可割裂的。很多学习项目设计之初就是找老师，认为好老师就可以解决一切了，其实好老师最多能保障学员现场的满意度，而如果这个课程内容根本就不是解决学员实际问题的，那么再热闹的场面也无济于事，所以学习设计的开始就应该考虑到学员的后期落地情境。

②关联度在于与情境的关联。情境教学理论认为学习也是在情境中发生的。这里的情境是指工作和生活中的情境，情境是有时间、地点和对象的，也就是说，学员学习的内容不能孤立地学，孤立地习，而应该是紧密结合的。需要思考的问题是在学习设计之初就应该先要挖掘学员的情境，在情境中找到具体的问题及原因所在，然后匹配相应的学习内容。

③匹配度既重要又挑战。匹配度的重要性在于它更像是在关联度挖掘到问题后的解决方案部分，匹配的学习内容和方式是最终要解决实际问题的，而且指向后期实践的，包括从知到行，从低层的学习目标到高层的学习目标。

最早的培训人所做的匹配就是课程和老师的匹配，依据也是老师的风格、口碑、合作历史等。然而目前的匹配是在综合考虑业务需求、学员层次、项目成果后的匹配，包括学习内容、学习方式甚至是运营方式的匹配。

（8）六度模型的实践操作

学习项目需求分析："员工的销售能力不强，需要提高。"根据六度原则，我们应该解决以下问题。

表 7-3

维度	指标	内容
关联度	与战略、业务发展、员工成长关联	这个需求和公司今年的哪些战略重点能建立起关联？销售能力在业务人员的哪些情境中得以体现？和哪些业务痛点可以建立起关联？是通过学习能解决的吗？
支持度	管理层、学员上级、学员支持	这个项目涉及哪些利益相关者？需要得到哪些人的支持？需要他们在前中后分别提供什么样的支持？我们如何赢得他们的支持？
匹配度	匹配工作、解决工作挑战、解决工作问题	基于这些需求，需要匹配哪些学习内容？哪些是良构知识，哪些是劣构知识？我们采取什么样的混合式学习方式可以解决这些问题？
参与度	激发动机、提高参与、后期落地	学员真的希望参加这样的学习项目吗？他们的迫切程度如何？我们如何激发他们的学习动机以促进他们在整个项目中全身心投入？
实践度	学习演练、措施要求、课后技能落地	如何帮助学员真正去实践？如何督促他们后期的刻意练习？哪些措施帮助实现知识转化？
感知度	开毕业典礼、学习氛围、关键时刻	如果把该次项目看成一次旅途的话，你希望给学员留下哪些美妙的回忆？如何创造"关键时刻"？

三、学习项目设计的总体流程——"6D"法则

1. 界定业务收益（Define Business Outcomes）

首先要明确学习行为期望带来的收益是什么。界定业务结果，就是具体界定学习项目

为企业带来的预期结果。这里的核心就是把关注重点从学习转移到绩效,企业的学习活动其实是一种以绩效改善为目的的商业活动。培训不是重点,结果才是重点。

(1) 建立"以终为始"的思维。学习项目一开始就要明确想要达成怎样的效果,建立思维逻辑:"关键业务需求(通过培训可以解决)——满意度(期望的目标)、(培训结束后,会有哪些地方有不同以往的表现)——成功见证(什么样的数据可以证明该学习项目有效)。"

(2) 在学习前避免陷阱思维。避免把学习培训当作解决一切问题的万能钥匙;避免为了完成任务目标而学习;避免混淆学习方式与学习结果;避免固化思维,仅仅着眼于有成就的意义;避免对学习培训投入不足的现象。

2. 设计完整体验(Design Complete Experience)

(1) 设计法则

设计完整体验是许多学习和发展组织成功的秘诀。学习培训不仅是一场活动,更是一种完整的流程体验。学习本身只是绩效改善过程中的一个步骤,不能只注重课程本身,培训前后也发生着学习活动,工作环境也能影响学习项目的成败,新知识和新技巧必须转化为工作实践。

第二法则的目的是优化学习者的整体体验,而不仅仅是课程体验。改善转化氛围是实现突破的绝佳机会,学员必须通过实际应用来改善绩效,这样才算真正完成了培训项目。绩效改善才是学习项目真正的终点线。将学习转化为绩效改善的四个阶段分别是:学习者、学习规划和学习环节的准备——指导性学习——学习转化和应用——评估改善,这四个阶段影响着学习项目的有效性。应该确保课程介绍不仅介绍了课程内容,还强调了项目带来的结果,让管理者明白他们在优化学习项目带来的回报过程中的重要性,给予学员适时的学习激励,让学员在相应阶段获得成就感,对学员的绩效改善表示认可和奖励。

(2) 学习项目的四个阶段

表 7-4

	阶段一:准备	阶段二:学习	阶段三:转化	阶段四:评估
任务描述	阅读资料,课前准备	结构化学习,上课	学习转化与工作应用	项目结题,成果评估
主要内容	需求分析 学员筛选 课程设计 评估计划 邀请函 宣传推广 与上级交流 网上练习 训前评估	传统授课 网络授课 讨论 模拟 练习 角色扮演 行动学习	设定目标 计划行动 跟进 询问 督导他人 练习 汇报进度 反思 合作	自我评估 第三方评估 绩效指标修订 改善工作成果 表彰认可

3. 引导学以致用(Deliver for Application)

学习只有通过实际应用才能创造价值,第三法则认为,组织应该以鼓励实践的方式进行教学,即"以终为始",要通过利用课程战略、最大化学习内容的可转化性等帮助学员缩小

"学"与"做"之间的差距。

学习项目应该在第一时间抓住学习者的注意力,避免冗长枯燥的介绍,否则学员将失去学习兴趣,同时要说明学习项目给学员个人带来的好处,吸引他们的注意。学以致用还要求深入了解学员的学习习惯和成人的学习特点,激发学员动机,选择授课方法、技术和支持策略,从而帮助学员理解和记忆,推动学习转化实际应用。大多数学习项目的问题就是在极短的时间内灌输了极多的内容。

课程或项目结束后,要评估学员应用所学知识的能力,确定导致评分较低的原因并解决,学员应该在哪些方面进行调整和改善,要有目的地选择相应策略帮助学员跨过学习和实践的鸿沟。

常用的教学方法如表7-5所示:

表7-5

教学方法	适用范围
技能练习	要求学员掌握技能
情景模拟	融入思维和决策功能,缩短学员掌握技能的时间
案例研究	确保案例是实用的,与学员实际工作接近
游戏	形成印象深刻的心智模式,强调"参与"功能
测试	通过测试帮助学员固化学习内容
行动学习	小组形式学习,解决实际工作问题

4. 推动学习转化(Drive Learning Transfer)

员工只有具备了应用所学知识的能力和意愿,企业在学习中投入的时间、精力和资源才没有白费。然而几乎所有企业都缺乏专门的学习转化机制,把学习项目当成了一锤子买卖。我们要承担起学习转化的责任,要像规划课程一样认真规划学习转化。要与高层领导一起,让业务负责人也意识到他们在确保学习创造价值这一过程中的责任,让学习转化支持成为所有经理的工作内容之一——这是一项受监督、可以获得认可和回报的工作。

同时,为经理提供必要的教练技术的支持,协助他们在培训前后为学员提供教练。要制定和分享学习活动安排,利用各种系统和流程推动学习在工作中的转化,强化学习效果,提供支持,确保学员积极参与复习或反思。要用事实说话,让管理者认识到他们的参与可以带来怎样的影响。只有经过转化和应用,学习才能创造价值。

5. 实施绩效支持(Deploy Performance Support)

员工在面对新知识和旧方法的抉择时,在一定程度上是由企业是否提供绩效支持来决定的。成功的企业懂得在高层领导的带领下,共同营造一种责任感,让每个人尽己所能为学习提供支持。公司的内部客户(学员)至少应该获得与外部客户一样的支持。常见的绩效支持包括:提醒、步骤指导、流程图和决策树、模板、检查清单、视频或演示、教练、信库及专家帮助等。绩效支持的形式多种多样,我们应该开阔思维,发挥创意。学习项目结束三个月后,采访部分学员,了解他们是否收到了所需的支持,如果他们自己设计了绩效支持工具,可以考虑稍做调整后把这些工具推广到所有学员中。要根据学员的反馈进行绩效支持的调整和持续改进。

6. 评估学习结果（Document Results）

开始学习项目前，必须思考三个基本问题：我们期望达到的目标是什么？我们如何知道是否达成了目标？为了达成目标，我们可以做些什么？当我们来到见证项目学习是否成功的时刻，我们要考虑的问题包括：项目有效吗？项目值得吗？如果有效，怎样才能让它变得更有效？如果项目没有发挥作用，或者项目结果没有超过投资成本，请找出其中的原因并思考解决方案。

在管理者要求前，我们就要开始记录学习项目的价值，要用真实直观的业务成果、充分全面的业务证据争取培训信誉和未来投资。单纯评估项目安排、学员满意度或学习内容是不够的，项目是否达到预期目标才是关键。确保项目评估报告简洁、明确，根据收集到的信息制定具体的行动建议。

评估是改善的前提，须持续改善业务流程的效果和效率。根据上一个项目的成果，为下一个周期界定业务结果，这是一个不断创新、不断完善的循环，培训部应该成为持续改善的表率。另外，也要持续"营销"学习项目的价值，不"营销"的话，再好的结果也没人知道，再好的项目也无人支持。

评估原则：① 相关性。与项目目标相关，培训内容与客户需求相关；② 可信性。其中包括易理解性、合理性、公平性、严谨性、有可靠的信息来源；③ 说服力。是否令人难忘，是否具有说服力，是不是言简意赅的；④ 高效率。在以上三项的评估基础上，对时间和资金的投入效率进行评估，是否达到了"投入—收益"的最佳结果。

四、学习项目的内容设计

1. DACUM 学习内容地图

（1）DACUM 定义与流程

DACUM，即 Developing a Curriculum（教学计划开发），它的本质是一种分析和确定某种职业所需能力的方法。DACUM 是通过职务分析或者内容分析从而确定某一领域所要求的各种综合能力和相应专项技能的系统方法，现在已成为一种科学、高效、经济的分析确定职业岗位所需能力的职业分析方法。

DACUM 法总体上可以分为七个步骤：

① 明确岗位职责：明确每个岗位现在和将来所要承担的职责；

② 梳理工作任务：梳理形成每项职责所包含的工作任务；

③ 列出具体步骤：列出完成每项工作任务所包含的具体步骤或环节；

④ 提炼工作要求：提炼每个具体工作步骤应该达到的绩效标准和所需要的知识、技能和素质要求；

⑤ 制定表现型目标：根据每个工作步骤的绩效标准为每项工作任务制定所需要达到的表现性学习目标，建立工作任务—绩效结果—学习目标的对应关系；

⑥ 设置地图雏形：根据每个工作任务的学习目标和知识、技能和素质要求，设置对应的课程主题或学习单元，匹配不同的学习方式、学习时间和教学资源；

⑦ 形成学习地图：为每个课程主题或学习单元设定评估标准和学习产出，输出学习地图的里程碑事件，形成完整的学习地图和学习手册。

使用DACUM，最关键的环节是召开DACUM研讨会。DACUM研讨委员会的成员一般由8～12人组成，这些成员均是从现场精心挑选出来的优秀工作人员。委员会成员在技术业务能力方面，必须对所分析职业领域的工作非常熟悉，成绩优秀，了解该领域的发展趋势。同时，应是全日制从业人员。此外，还必须具有地区、行业、企业规模等方面的代表性，具有交流、群体合作等方面的能力。在确定了DACUM研讨委员会成员之后，要制定DACUM研讨工作进程时间表，做好各项准备工作，制定整个讨论工作计划。

研讨产生DACUM能力图表的过程，大体包括以下几个主要步骤：

① 研讨专业岗位内容，讨论出本专业相关的工作岗位。
② 确定能力领域，在研讨会中充分头脑风暴，一般一个职业要规划出十个左右的能力领域。
③ 确定各项能力领域中的技能，以动词开头，描述需要掌握的本领和态度等。
④ 合并、删改、精简表格，完善DACUM表。

DACUM表一般包括名称、能力领域、单项技能和技能操作评定等级四项内容。技能考核评定等级标准，是为了定义实际工作中单项技能的操作水平而提出来的，它分为四级六个水平（如表7-6所示）：

表7-6

级别4	A. 能保质保效完成技能的全部内容，并能指导他人完成
	B. 能保质保效完成技能的全部内容，并能解决遇到的特殊问题
	C. 能保质保效完成技能的全部内容
级别3	能完成技能要求的内容，不需要任何指导
级别2	能完成技能要求的内容，偶尔需要帮助和指导
级别1	能完成技能要求的内容，要在指导下才能完成

（2）DACUM案例样本——人力资源开发经理能力

表7-7

能力领域	技能任务
提供人力资源支持	制定招聘政策和程序；分析人力需求；制定人力资源计划；运用面试和选择技巧；控制人员预算的执行；控制员工管理的政策；监督员工、管理政策的执行；制定职级制度
管理薪酬	制定薪酬政策；建立薪酬系统；保证薪酬体系正常运转；改进薪酬体系；编制新预算；分析运用薪酬的调查结果
开发人力资源	制定人力资源发展战略；建立培训体系；审定培训计划；保证培训体系正常运转；建立维护HR系统；分析制定潜能人员；确定关键岗位；制定潜能人员发展计划及接任计划；管理人力资源政策
管理绩效评估系统	制定实施方案；指导评估；协调评估结果的用途；应用评估结果
改善员工关系	建立员工沟通渠道；分析掌握员工心态；设计员工满意度调查方案；分析满意度调查结果；改进满意度的调查方案；设计组织员工各类活动；预防各种冲突发生；处理企业内部各种冲突

(续表)

能力领域	技能任务
促进组织发展	制定组织计划;诊断组织;指出战略重组计划;协助重组机构;支持业务过程改进,落实组织发展措施
提供后勤保障	协助与政府部门的关系;制定行政和后勤保障政策;督导行政和后勤保障工作;建立安全消防保卫体系;制定劳保政策各类活动
体现个人能力	树立个人形象;制定 HH 战略目标;进行时间管理;谈判;管理信息;承受压力;预见与洞察;综合与创造;决策与规划;授权与组织;自学

2. 学习方式设计

（1）公司内部学习

公司内部培训是指由公司及其下属单位内部组织管理的培训方式，主要具有以下几种形式：

① 新员工培训，入岗培训等；

② "老带新""师徒制"培训，由一位具有经验的专业水平较高的老员工带领新员工成长；

③ 现场培训，根据工作需要由有关管理人员或资深技术人员在工作现场进行培训；

④ 轮岗，通过在不同岗位上工作，体验各个岗位的内容和要求，熟悉多个岗位的技能；

⑤ "以会代训"，在专业技术研讨会或者管理会议上由有关技术专家或者管理人员进行培训；

⑥ 专家讲座，公司邀请高、中层管理人员、有关专家就经营管理、企业文化、技能发展、人才培养等方面进行统一宣讲。

（2）公司外部学习

公司外部培训是指选派员工参加由本公司以外单位组织管理的培训，主要有以下几种方式：

① 学历或学位证书培训，如 MBA、EMBA、大专学历、大本学历培训等；

② 参加针对岗位的短期专业培训，如各类职业经理人的相关专业培训；

③ 参加有关专题研讨会、展览会；

④ 出国学习、考察、培训等。

（3）综合学习

公司根据发展需要在有关人员自我培训的基础上进行特定项目的培训，培训形式包括公司内部培训和公司外部培训，如晋升培训等。公司有关人员从内部晋升到部门副职以上职位前半年内，人力资源部应组织进行晋升新职位培训，包括参加针对晋升岗位的外部专题培训和公司领导人统一安排的内部培训。

（4）学习方式

① 老师讲授。讲授的特点是比较简单，易于操作，成本不会太高。但是，讲授是一种单向沟通的过程，学员容易感到单调和疲倦，除非将互动的方法和讲授法结合在一起。讲授法是面向全体学员的，并没有针对性。

② 讨论法。讨论法包括集体讨论法、小组讨论法和对立讨论法。讨论的优点是学员的参与性很强，在不停地思想碰撞中，可以出现智慧的火花。讨论法多是学员已经掌握了一定的知识，需要对此加以深化的时候使用。

③ 案例教学。案例分享与讨论可以锻炼决策时对决策信息需要的判断，有助于提高学习互动性，增强知识的应用分析能力。

④ 角色模拟。假设模拟真实的情境，学员扮演其中的不同角色，其他学员分成小组讨论。小组代表陈述本组意见后，重新进行演出或播放录像，由教师进行点评。最后，扮演角色的学员要对自己和对方扮演者进行点评。该方法信息传递多向，反馈效果好、实践性强，而多用于人际关系能力的训练。

⑤ 头脑风暴。头脑风暴是集中智慧讨论的一种方式，其原则是：任何人不得对他人的想法发表意见，想法的数量越多越好，越新奇越好，鼓励学员在别人的基础上做出改进或再创造。这种方法参与性非常强，对于训练学员的创造力非常有效。

3. 学习画布——体验设计画布

表7-8

阶段	准备	学习	转化	评估
学员体验设计	启动会与学员就项目和学习达成一致	学前测评与沟通	知识竞赛	学习数据统计（出勤、成绩等）
	学员筛选	往期学员分享	提供知识手册	课后测评
	组织分组	实践练习	邀请上级、讲师进行必要辅导	讨论会、庆功会
	建立学习群	学员之间分享经验	阶段性提醒和知识转化	优秀学员经验分享、展示
	学习目标制定	学习进度追踪	学习成功转化为文档或PPT	上级打分、同级互评
	……			

本章小结

- 内训师在企业中的角色
- 内训师存在的问题
- 内训师的自我成长与生涯发展辅导内容
- 学习项目设计的一般流程
- 学习项目设计的内容
- 学习项目效果评估

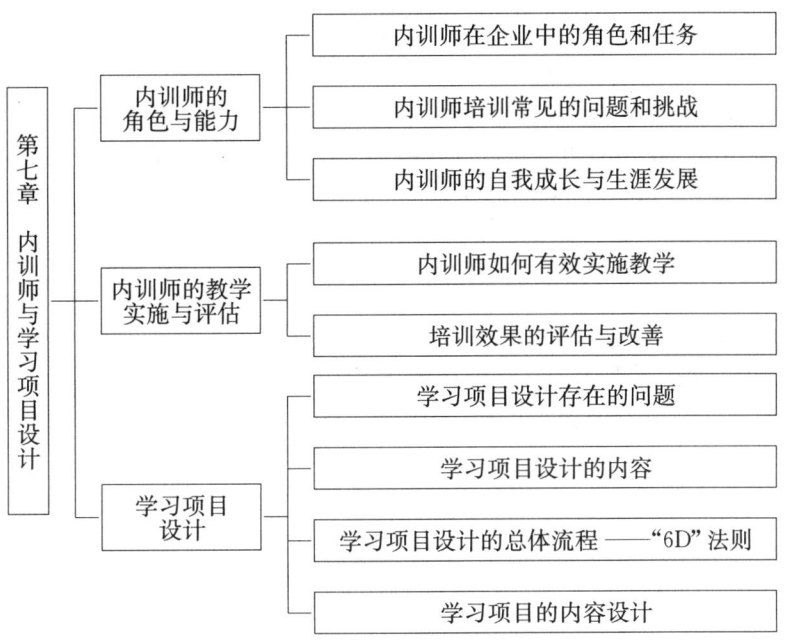

 **复习思考题**

1. 合格的内训师应该具备哪些能力？
2. 内训师在企业中所扮演的角色与承担的任务是什么？
3. 内训师如何有效地实施教学？
4. 学习项目设计的流程与内容有哪些？

 案例讨论

　　王海是一家大型汽车服务性公司的 HR 总监，作为老板最得力的一员干将，跟随企业从几个人发展到如今的几百人，属于公司的元老。王海做过销售，干过客服，也做过董事长助理，是一个多面手，可王海从内心上来说还是喜欢做 HR。工科出身的他没有专业背景，为了学习人力资源专业知识，他参加人力资源师、企业培训师、面试选拔官等各种类型的学习。可自从一年前公司启动的内训师项目后，王海一度怀疑自己是否选错了职业，是否应该回到以前擅长的销售领域中去，不能再虚度年华了。

　　这事还得从三年前说起，那天老板把他叫进去，给了一张学习卡，说这是一张 15 万元的学习卡，让其好好安排一下。事后王海才得知，老板去参加了一堂所谓总裁班的课程说明会，被现场的氛围所感染，于是就有了这张学习卡的诞生。刚开始安排人员去学习，很多人有抵触情绪，觉得工作本身很忙，还安排培训，占用休息时间。在行政命令和部门管理者做思想工作后，一年后课程还是听了一大半，可后面实在感觉到效果难以体现，于是连自己都没有信心安排课程了。

老板花了15万元，原本想提升员工的技能，也算是给员工的福利，可事与愿违，培训非但没有达到预期效果，还让员工找到了很多理由和借口。于是第二年老板又开始请培训师到企业上课，效果大有改善，可培训时间和工作时间总是有冲突，外请的培训师至少按一天或半天收费，哪怕讲一个小时也要按照半天收费，讲授的课程虽然比公开课有所改观，可针对性依旧不强。这一年公司花了将近20万培训经费，很大一部分是培训时发生的差旅食宿费。

内训开展了一年，取得了一定的效果，可经费却大大增长，还是未能从源头上解决一些工作中的问题。于是王海结合其余同行的经验，大刀阔斧开始启动内训师培养项目。他安排了专业的培训师进行了2天的培训师培训，然后分配任务，要求每个人每个月至少讲2次课程，每次至少2个小时。课程结束后，内训师们还是非常准时地把开发的课件提交了上来，可专业性不够，王海本想单独找其沟通，可自身在时间上，还有专业指导方面都积累不够，心里没底，于是只好作罢。第一轮内训师课程开始时，很多员工充满了期待，可内训师们却是茶壶煮饺子，有货倒不出，呈现效果不佳，导致培训满意度一般。如此两个月后，王海听到了诸多内训师的埋怨声：本职工作任务重，没有时间开发课程与讲课。事后，王海找了几个骨干人员调查了解，才知道，原来说没有时间是推脱之词，主要是内训师觉得授课让自己没有价值感和成就感，每一次上台更多的是备受煎熬，于是也没有多少兴趣去开发课程了。随着年底各项总结计划工作的到来，坚持了大半年的内训师授课也不了了之。

王海从一开始选择的也是对内训师感兴趣的同事，而自己也尽心尽力，可最后却成了半拉子工程，面对这些问题，他思考久久无果。培训工作成为他职业生涯中的拦路虎，也是"扫把星"，使得自己的工作能力陷入了培训的泥潭中，难以自拔。

思考：从这个案例中可以看出，王海内训师培养失败的原因主要是什么？如果你是王海，你打算从哪几个方面入手进行内训师队伍培训？

第八章 培训效果评估

 教学目标

学习本章后,应该能够了解:
- 培训有效性方案的设计
- 培训有效评估的方法和基本程序
- 培训有效性评估的常用技术模型
- 培训效果的跟踪与数据采集
- 不同培训阶段的有效性评估
- 培训评估效果的常见问题

第一节 培训效果评估的基本问题

 本节案例

企业花钱培训为什么没有效果?

湖北武汉有一家几百人左右的制造企业,年销售额达可以达到亿元以上,企业发展势头不错。公司老板程总是一个非常喜欢学习的人,只要听说或者从网上发现哪里有好的培训课程,有知名的培训大师授课,不仅自己积极参加,还要求各部门经理、主管都去学习。一年下来,光培训的交通、食宿费用就花了近200万元。

如今的企业,老总爱学习,确实是件非常难得的事情。专家大师们不就说了,企业之间的竞争非常激烈,在每个方面和能力上都要进行竞争,这个"学习力"也是竞争项目中的重要一环。但是这么高额的培训费用投入后,程总却发现没有得到应有的培训效果。每次去听课程,经理主管们在课堂上都表现得非常激动,而且感觉他们也确实学到了不少东西。

可回公司后却缺乏实际行动。公司的问题还是成堆,学完后回来的部门经理找借口和找理由的水平却提升了,还有些主管听完课后跳槽的动机更加强烈,程总感到非常迷茫。一方面成功企业都提倡学习型组织,一方面自己花巨资培训却得不到培训效果,产生不了培训效益,培训到底还要不要做?

请思考:
如何科学正确地评估培训是否起到了应有的效果?

一、培训评估有效性的基本问题

1. 培训有效性评估的含义

培训有效性指的是培训为什么发挥作用以及培训实现其目标的程度。对组织而言,培训有效性意味着组织利润的增加、成本的下降、市场占有率的扩大;对个人而言,培训有效性指的是专业素质的提升、知识的增长和技能的提高。而对培训有效性的评估是指系统地收集必要的描述性和判断性信息,以帮助做出选择、使用和修改培训项目的决策。

2. 培训有效性评估的内容

培训成果是培训有效性评估的主要内容。培训成果包含五种类型:认知成果、技能成果、情感成果、效果性成果和投资净收益,培训评估要始终围绕这五个部分开展。

(1) 认知成果。认知成果被用来判断受训者对于培训项目所强调的原则、事实、技术、程序和流程的熟悉程度。它可以衡量受训者在培训项目中学到了哪些知识。

(2) 技能成果。技能成果包括技能的获得或学习与技能的应用(技能转化)两个方面的内容。它用来评估受训者的技术和运动技能水平及其行为。

(3) 情感成果。情感成果包括受训者的态度和动机两个方面的内容。情感成果的一种类型是受训者对培训项目的反应。其他一些类型还包括对多元化的容忍度、学习的动机、对安全的态度和在客户服务中的定向。

(4) 效果性成果。效果性成果用来判断培训项目给企业带来的回报。

(5) 投资净收益。投资净收益是指对培训所产生的货币收益与培训成本进行比较之后,企业从培训项目中所获得的价值。

3. 培训有效性信息的类型

分析培训的有效性信息类型是确定培训效果信息的前提条件,不了解培训效果信息的种类或培训效果信息的集存点,就无法全面、准确地收集信息,自然也就导致最终分析的偏差。

(1) 培训的及时性。培训及时性信息是指培训的实施与需求在时间上是否相对应,培训的实施必须有前瞻性,不能何时需要何时再培训,应当在岗位工作需要前就做好培训,以适应新工作的需要。同时,培训也不能太提前,这样有可能在工作需要时再进行补充培训或强化培训,否则会因为受训人忘记培训内容而失去或者削弱培训作用,使培训效果大打折扣。

(2) 培训目标设定的合理性。培训目标来源于培训需求分析。在设定培训目标时,是否真正全面、细致地对培训需求进行研究,也就是说培训目标设定是否能真正满足培训需求。这包括有形的需求和无形的需求、长期需求和短期需求。

(3) 培训课程设置与培训内容安排的适用性。培训课程及其内容的设置是否合理适用,是达到培训目的的关键环节,是保障培训有效性的基础。

(4) 培训教材的选用与开发。教材选用与开发方面的信息是指所选用和开发的教材是否符合培训的需求,运用这些教材进行培训能否达到培训目的,它的深度及细致程度是否能被受训人员接受,会不会过于简单或者过于烦琐,而导致受培训人员收获不大或难有收获。

(5) 培训教师的选派。教师选派方面的信息是指所选定的教师是否有能力做好这方面的培训,是否了解受训人员,是否有良好的教学水平,是否掌握受训人员能接受的教学方法,是否能让受训人员全部或者部分地接受培训内容。

(6) 培训时间的安排。培训时间安排包括三个方面的内容:一是培训时机的选择是否得当,二是具体培训时间的确定,三是培训时限的设定。这些因素影响受训人员的培训参与率及学员的学习情绪,也直接决定着培训效果。

(7) 培训场地的选定。培训场地要根据培训的具体内容而定,不同的培训内容要选择不同的培训场所。理论或操作性不强的培训可以选择在教室进行,实际操作课程最好选择在操作现场或者能实施操作的地方进行。

(8) 受训群体的选择。受训群体的选择是指根据受训人员在众质、知识水平、经验上的不同,选择相应的教材和适宜的授课方式。这主要从培训效果和受训人员的接受能力来考虑。

(9) 培训形式的选择。培训形式选择方面的信息,是指所选择的培训方式是否有助于受培训人员接受培训的内容,是否还有更好的方法。

(10) 培训组织与管理状况。培训的组织与管理是对培训活动顺利开展的后勤保证,直接影响参训人员对培训活动安排的满意度。

4. 培训有效性评估的作用

第一,从企业培训的一般角度看培训评估。随着培训费用的不断增加,人们更加关注巨大的预算对组织的贡献是什么,此时培训评估更显重要。培训评估可以对当年的培训效果进行反馈。它是衡量企业培训效果的重要手段。而培训活动的有效性对增强企业的竞争力,实现企业的战略目标都有重要意义。培训评估的作用主要体现在以下几个方面。

(1) 对培训效果进行正确合理的判断,以便了解某一项目是否达到原定的目标和要求。

(2) 考察受训人知识技术能力的提高或行为表现的改变是否直接来自培训本身。

(3) 找出培训的不足,归纳出教训,以便改进今后的培训。

(4) 发现新的培训需要,从而为下一轮的培训提供服务依据。而且通过对成功的培训做出的肯定性评价,也往往能提高受训者对培训活动的兴趣,激发他们参加培训活动的积极性和创造性。

(5) 检查出培训的费用效益。评估培训活动的支出与收入的效益如何,有助于使资金得到更加合理的配置。

(6) 客观地评价培训者的工作。一般来说,培训的效果反映了培训者的水平和对待培训的态度。对培训效果的检测评估,有助于培训人员进行自我检查,进一步端正态度,从而不断提高培训的质量,同时也可以正确地对培训者进行绩效评估。

(7) 为管理者决策提供所需的信息。管理者(主要是领导者)对培训结果的重视,往往也会引起企业其他人员对培训结果的重视,从而促进了积极性。

第二,从企业的战略角度看培训有效性评估。仅从培训活动本身出发的评估,从表面上看是因为培训工作的各方的利益可以进行协调,而从全局看是没有将公司战略落实到培训之中。当公司把培训作为实现公司目标和员工目标的战略工具时,培训和目标之间的联系似乎很明显,但在日常实施培训计划时,联系经常中断。这时,培训成为一种活动而非一项战略,把培训作为一种活动和把培训作为一项战略是有很大区别的,用作战略的培训要有细致的目标定位、可选方案的系统评价、成效的严格评价等,它是一种分析方法。

培训目标与组织战略目标之间的关系应该是对组织战略管理形成过程的理解和与人力资源活动的良好配合,避免在培训流程中出现不支持、不合作的组织管理者之间的群体行为,避免影响到培训利益的合理分配以及培训目标的实现程度。所以,一个置于企业战略角度下的有效培训应该是不仅要知道对培训人员有多少好处,还要了解能为组织及其成员带来什么好处和多少好处。

从企业战略角度看培训有效性评估,就是要用更高的、统一的、具有战略意义的培训目标来对培训有效性评估进行指导,同时也是对组织和部门行为进行约束和激励,此时的培训目标已经成为组织目标的一部分,而不再仅是培训部门的部门目标。只有这样才能驱使组织、部门共建和共享培训利益而不是割裂争夺培训利益,此时应该是站在同组织战略相互联结和整合的、系统的、持续改进的过程的角度进行评估。同时由于培训投资环境中存在诸多不确定和不可控因素,企业获得培训投资收益的迟滞性和间接性,以及培训投资在数量、内容和结构上的模糊性,容易使得在进行有效性评估时陷入进退维谷的境地,只有在企业战略角度下,才能使内部不同的成员看到目标的一致性,才能共享资源和信息,才能够克服在进行培训有效性评估中遇到的障碍。

二、培训评估方案的设计

1. 确定培训评估方案的目的

培训评估主要解决三个问题:一是评估的可行性分析,通过收集的相关资料确定评估有无价值和评估有无必要进行;二是明确评估的目的,这是一个决策者和培训项目管理者向评估者表达评估意图的过程;三是明确评估的操作者和参与者,评估操作者可分为外部评估操作者和内部评估操作者,决策者应当充分考虑其优缺点进行选择。另外,还要明确评估的参与者,评估过程并非只是评估者的事情,它涉及培训对象、培训的领导者、培训管理人员及外部参与者。

2. 制定培训评估方案

在制订评估方案中,最核心的工作内容包括评估方法选择、评估方案设计和评估策略选择。在制订评估方案时最好能够由培训项目的实施人员、培训管理人员、培训评估人员和培训评估应用人员共同进行,如有可能,最好邀请外部培训顾问参与,以保证评估方案的科学性和切实可行性。

3. 培训评估信息的收集、整理和分析

培训评估数据的收集主要是注意数据的有效性、可靠性、简单易行性和经济的特点。培训评估数据收集有许多方法,常见的有通过资料收集、通过观察收集、通过访问收集、通过参与收集、通过培训调查收集等。值得注意的是,在数据收集过程中,为了防止数据的错漏,最好重新设计一个数据收集计划,对数据收集做好事前安排。

数据收集完毕后,要对收集到的信息进行分类,并根据不同的培训评估内容的需要进行归档,还要应用相应的统计方法进行整理分析,如利用一些直方图、分布曲线等工具将信息所表现的趋势和分布状况予以形象的处理。对培训效果作出科学的、客观的量化分析;并在数据分析的基础上,对培训成效做出判断和评价。

4. 撰写培训评估有效性报告

撰写培训评估报告是整个培训评估的最后工作环节，同时也是影响培训评估结果的重要环节。培训评估报告应当客观、公正，要综合所有评估意见和观点，在最后上报之前一定要召开评估小组成员会议，反复修改，以确保其真正发挥培训评估对领导决策、培训工作者工作改善的重要作用。

培训评估报告一般包含培训背景说明与培训概况、培训评估的过程说明、培训评估信息的总结与分析、培训评估结果与培训目标的比较、关于培训项目计划调整的建议等内容。培训评估报告在定稿和呈报上级之前，要尽量召集培训评估项目小组、培训项目的管理者和实施者、项目实施顾问、学员代表等相关人员共同参加评估会议。共同讨论评估报告的真实性和合理性，以确保培训评估的客观公正，真正发挥评估对领导决策、培训管理者及培训师等工作改善方面的重要作用。

三、培训评估的方法和基本程序

1. 培训评估的方法

在制订培训规划时，应该对本次培训实施中所采用的评估手段进行挑选，包括如何考核培训的成败，如何进行中间效果的评估，如何评估培训结束时受训者的学习效果，如何考察在工作中的运用情况等。需要注意的是选择合适的方法并且实施培训效果评估。

培训评估的方法一般有观察法、问卷调查法、测试法、情境模拟测试、绩效考核法、360度考核、前后对照法、时间序列法和收益评价法等。

（1）观察法。一般由培训管理者担任观察者，按照事先拟定的提纲对观察对象实施观察。

（2）问卷调查法。该方法是评估中最常用到的方法，问卷设计要根据使用的范围和时机加以调整，最好是开放式问题和封闭式问题相结合。

（3）测试法。该方法主要用于对知识性和技能型内容的测试。

（4）情境模拟测试。该方法包括角色扮演和公文筐测试等多种方法，通过在最接近实际工作环境的情境下进行测试而了解受训者的真实水平。

（5）绩效考核法。收集受训者的绩效资料，对其在受训前后的一段时间内绩效的变化进行考察。

（6）360度考核。通过被考核人的上级、同级、下级和服务的客户对他进行评价，从而使被考核人知晓各方面的意见，清楚自己的所长所短，以达到提高自身能力的目的。

（7）前后对照法。选取两个条件相似的小组，在培训前，对两个小组进行测验，分别得到两组成绩。一个小组施加培训，一个小组不进行培训。在培训结束后，再对两个小组进行测验，比较每个小组的测验成绩，看培训是否对小组起作用。

（8）时间序列法。在培训后定期做几次测量，通过数据对比分析以准确分析培训效果的转移程度。

（9）收益评价法。从经济角度综合评价培训项目的好坏，计算出培训为企业带来的经济收益。

2. 培训评估的基本程序

评估是为了检验培训管理体系的有效性,衡量培训管理工作所取得的成绩,找出培训管理中存在的问题。所以,为了确保评估工作的顺利开展和客观公正,还必须规范评估的流程,科学地计算其经济收益,做好评估后的反馈工作。

科学的评估程序是正确评估的基本保证。培训管理体系的测评由四个步骤组成。

(1) 第一步:评估目标确定。主要内容包括确定培训评估是否开展;进行培训评估的可行性分析;确定培训评估的项目;确定培训评估的目标。

(2) 第二步:评估方案制订。培训评估方案一般包括培训测评的价值分析,培训评估的项目及目的,培训评估的时间、地点和人员,培训评估的方法、标准及步骤,培训评估的分工与合作,培训评估的报告撰写与反馈等。制订培训评估方案时,要征求培训项目实施人员及外部培训专家顾问的意见,确保培训评估方案的科学性和可操作性。

(3) 第三步:评估方案实施。包括培训信息的收集和整理分析。不同的培训评估信息收集的渠道和收集的方法有所不同。常用的收集方法主要有原始资料收集法、观察活动收集法、访谈活动收集法和调查问卷收集法。由于培训评估需要的信息来自不同的渠道,信息的形式也各不相同。因此,有必要对收集到的信息进行分类,并根据不同的培训评估内容的需要进行信息归档。通过表格及图形将信息所表现的趋势和分布状况予以形象地处理。

(4) 第四步:评估工作总结。对培训效果评估工作的整体进展情况进行总结和评价,指出评估方案实施过程中的收获和不足,为下一次开展评估活动提出建议。对培训项目的实施效果撰写培训评估报告。撰写培训评估报告是整个评估的最后工作环节,同时也是影响评估结果的重要一环。因此,撰写评估报告时要在充分信息收集的基础上,征求多方面意见和观点,提高培训结果测评的价值。

四、培训评估的常用技术模型

1. 泰勒模式

泰勒模式诞生于20世纪30年代,泰勒评估模式与现代学生评估的关系最为密切。这一模式的基本观点集中体现在所谓的"泰勒原理"中。"泰勒原理"是由两个密切相关的基本原理组成的:一个是评价活动的原理,另一个是课程编制的原理。泰勒模式对培训评估的理论指导在于:培训评估的首要任务就是确定培训是否达到培训目标,其理论依据就是泰勒的目标评估模式。

泰勒模式的评价步骤如下:

(1) 确定教育方案的目标;

(2) 根据行为和内容对每个目标加以定义;

(3) 确定应用目标的情景;

(4) 确定应用目标情景的途径;

(5) 设计取得记录的途径;

(6) 决定评定方式;

(7) 决定获取代表性样本的方法。

泰勒模式的特点是以目标为中心,结构紧密,具有计划性,它从目标出发指导实施,以目标为依据,找出实际活动与目标的偏离,根据反馈信息修改目标,比较简单易行。泰勒模式在教育评估理论中占有重要的地位,主要用于学生评估。其缺点,一是没有对目标本身进行评估;二是注重预期效果的评估,忽略非预期目标的评估;三是重视结果评估,忽视过程评估,不能得到及时的反馈;四是目标的制定大多是教育者的意见,较少注意学生的意见。

2. 层次评估法

层次评估法是国外企业培训效果评估方法中发展最为完善的一种评估方法,也是运用得最为广泛的一种评估方法,它的着重点在于通过把培训效果分层次进行评估,层层递进。柯克帕特里克四级评估模式、菲利普斯五层评估模式等都属于这种方法。

层次评估法的主要特点在于:① 层次分明。对培训效果的评估由易到难,循序渐进;② 定性和定量分析方法相结合;③ 其中的多层次评估法把对培训效果的评估逐步由对个人素质能力提高的评估转移到整个组织绩效提高的评估上来。

层次评估法的主要贡献在于:① 把培训效果具体化、形象化,分为若干层次,使对培训效果进行有效评估成为可能;② 菲利普斯五层评估模式不断完善,使评估的层次更加全面,更其说服力。

层次评估法的不足之处在于:① 评估体系中考虑的因素不够全面,因素的确定带有一定的主观性;② 数据的取得是根据单个人的描述取得的,但是每个人的理解又有不同,容易造成混乱;③ 不能把各个层次形成一个有机的整体。

(1) 柯克帕特里克四级评估模式

柯克帕特里克四级培训评估模式是目前国内外运用得最为广泛的培训评估方法,柯氏四级评估模式将评估活动分为四个级别,对培训效果进行评估。柯克帕特里克从评估的深度和难度角度将培训效果分为四个递进的层次——反应层面、学习层面、行为层面、结果层面。

表 8-1 柯克帕特里克四级培训评估模式

层面	标准	重点	问题
第一层面	反应	受训者满意程度	受训者喜欢该项目吗?课程有用吗?他们有些什么建议?
第二层面	学习	知识、技能、态度、行为方式方面的收获	受训者培训前后,在知识以及技能的掌握方面有多大程度的提高?
第三层面	行为	工作中行为的改进	培训后受训者的行为有无不同?他们在工作中是否使用了在培训中学到的知识?
第四层面	结果	被培训者获得的经营业绩	组织是否因为培训经营得更好了?

一级评估:反应评估。所谓反应评估,是指评估学员对课程的满意程度。通常邀请学员填写课后问卷以了解学员对课程的满意程度,并将搜集的意见作为未来举办同样课程之改善参考。问卷项目通常包括课程实用性、深浅难易度、时间长短、讲师讲授技巧等。

反应层级评估需要注意的事项:
① 应当将受训学员对培训课程的主观感受进行量化,来反映受训学员的评价(主观)

而不是培训的真实效果。

② 反应评估是最容易实现的评估,所有培训课程都可以进行,是反应评估得到广泛运用的原因。

③ 如果受训学员反应层涉及多个维度,通常用加权法进行数据汇总,加权法比平均法更能反映真实情况,更能反映培训成功的关键点。

④ 反应评估的结果会因为不同时间去做调查而出现不同的结果,通常会随着时间的推移,大部分培训课程反应评估的结果会逐渐下降,主要原因是培训结束时收集反馈,学员还停留在对培训讲师的第一印象或者热烈激情的教学气氛中,而一旦回到工作岗位,受训学员会反思是否真正用到了工作上,是否能驱动绩效发展。若真正有用,这时所评估的结果往往会比培训刚结束时要高;否则,就低。

⑤ 反应层级评估要采用多时间段、多阶段的信息收集;培训进行或结束时收集反馈,了解学员对培训课程、讲师、培训组织的直接感受;3个月左右与行为层级评估同期收集,了解培训是否能够运用到工作岗位上;6个月以后与结果层级评估同期收集,了解培训是否对绩效实现有驱动效果。

反应是评估的最低级别,柯克帕特里克将反应定义为受训者对培训的感受和看法。它包括:① 对培训者的满意;② 对培训管理过程的满意;③ 对测试过程的满意;④ 培训项目的效用;⑤ 对课程材料的满意;⑥ 对课程结构的满意。一般由学习者的直接反馈得到评估数据,通过培训后的学员填写评估调查表。

该层次的评估时间,通常是培训当场或课程一结束就进行。评估内容包括组织安排、场地、讲师、课程内容等。评估方式一般都是使用问卷调查的手法搜集满意度,有时也会进行抽样访谈。

二级评估:学习评估。学习反映受训者对培训内容的掌握程度。它主要测定学员对培训的知识、态度与技能方面的了解与吸收程度。学习评估结果表明了培训的质量,在一定程度上表明培训的实际效果,且可用来预测培训的最终效果。

根据课程类型不同,有以下几种不同的评估方式。

① 书面测验。用来了解学员对专业知识的理解程度。书面测验常于课后一周内举行,包括是非题、选择题、填空题和实际操作,及格分数大多设定为70分。测验的目的是为了让学院能够于课后温习,以便对最根本而重要的观念牢记在心。

② 模拟情境。即在课后设计一些工作中的模拟情境,以观察学员是否能正确应用所学的相关知识与技巧。这种情境模拟评估方式,通常在管理技能训练与顾客服务训练课程中较常被用来评估学习成效。

③ 操作测验。例如电脑操作训练,应设计实操题,以便评估学员是否已会操作使用。

④ 学前、学后比较(pretest-posttest)。即在课前先自我测试对于授课内容的了解程度,然后在上完课后再做一次测试,课前、课后差异的比较,能看出学习的成果。这种比较法通常是在管理技能训练中使用。

学习层级评估需要注意的事项：

① 学习层级评估需要进行测试，这是其显著特征。能进行测试的，必须进行测试，否则可以说，没有测试就没有学习层级评估，不管是理论层级的考试，还是实操层级的操作测试。

② 受训学员学习层级评估测试所得的值与培训效果评估需要建立一个函数关系，企业可以根据自身的情况进行定义和设计函数公式。

③ 学习评估量化评估值不仅反映了学员对培训知识是否掌握和掌握的程度如何，同时也反映了学员的学习能力。学习能力和学员未来的成长路径有很大关系，当然也映射出学员的学习态度，这些数据的提取，有助于支持人力资源管理相关政策的改进和优化。

④ 学习层级评估反映的是培训前后的学员能力提高的变化情况，因此要进行学习评估，就需要在培训前和培训后对学员的能力进行测定。如果是新知识、新技能、新概念类的培训可以测试，也可以不测试，如果测试的话，应将受训前能力值设置为零即可。当然，对新知识、新技能、新概念培训进行学习层级评估测试，可以反映整体学员的学习能力或整体水平和新知识、新技能、新概念的难易程度。

⑤ 对于实操类培训的学习层级评估，如果测试的只是某一个方面的技能，则用平均算法；如果是多项技能，则可以采用加权算法；加权算法加权法比平均法更能反映真实情况，更能反映培训成功的关键点。当然，加权系数企业可以根据自身情况定义。

上述前三种学习评估方式，亦常被企业作为员工能力评估的方法。本层次的评估时间，一般是在培训现场或培训结束之后。评估内容包括培训课程中所涉及的知识、技能和态度。评估方式主要有课堂现场测试（提问、展示等）、笔试、对比测评、设定标准分的测评、能力测评、情境模拟等。

三级评估：行为评估。它反映受训者将培训所学运用到工作中并改变工作行为的程度，是学习在工作中的转化，行为指标水平既可以由内部人员测定，也可由外部人员测定，内部人员指受训者的直接管理者，外部人员指人力资源专家和顾客。

本层次的评估时间，通常在培训结束后 3 个月进行，评估内容包括测评其工作行为是否因培训而有所改变。评估方法主要有问卷调查法（主要通过同事、上下级来收集数据）、面谈法、观察法（一般技术操作类培训可以采用这种方式）、行动计划法（这是在培训追踪中较多使用的一种方法，要求学员列出培训后需改进的地方并形成计划，定期按计划保持追踪）。

四级评估：结果评估。柯氏使用结果来描述培训项目导致的组织目标的实现，反映培训的最终结果。主要是测定学员对组织经营成果有何直接且正面具体的贡献，并且还要确定这些变化是否是培训的效果。例如，产量增加、效率的改进、不良率的减少、成本费用的减少、抱怨的减少、意外事故的降低以及离职率的降低等。

结果层级评估需要注意的事项：

① 不是所有培训课程都适合做结果层级评估，一些对绩效没有直接影响或关联的课程，无须做结果层级评估。

② 要使得结果层级评估有效,绩效管理要科学,绩效目标符合 SMART 原则。

③ 结果层级评估的核心是评估课程的有效性,是评估培训给绩效带来的变化,而非定义或区分绩效改变中培训驱动力占了多大的比重。

④ 做结果层级评估的前提是反应、学习、行为三层级必须进行了评估,特别是行为层级评估取得了相应的数据。

⑤ 四级量化评估值是学员行为改变和绩效差异之间的函数关系所得到的结果。

⑥ 结果层级评估值个体的意义要大于群体平均值,从个体分析的绩效改变中可以得出,什么样的培训对什么类型的受训学员产生影响,哪些因素是培训带来的,哪些是非培训因素带来的。

柯氏评估模式认为,对各种评估来说都有一个基本的学习分级,或叫作学习的层次、步骤,培训之后的问题首先是受训者的反映问题。如果这种反应效果很差,受训者就不大可能会学到知识,因而工作表现的改进也就谈不上了。如果反应良好,受训者可能学到知识,也有可能没有学到知识。如果他们确实学到了知识,接下来是能否将知识运用到工作中,并且确实提高了工作绩效,但同时,个人绩效的提高并不意味着整体绩效的提高。

该层次的评估,一般是在培训后半年或一年。评估内容主要是与该培训内容直接相关的绩效指标。评估方式主要采用培训前后绩效周期的绩效结果对比。这是建立在行为评估基础上的,只有行为的改变,才有可能将绩效结果的改变与培训挂钩。

柯氏模型有两个鲜明的特点:一是评估是分级进行的,并且是按照一、二、三、四的级别进行的。级别越高,对培训项目的评估就越深入。二是如果某个分级评估的思想被接受,那么前一级别的评估信息可以作为下一级别的基础数据。

柯氏棋型的优势在于,其简单且实用的分级评估策略适用于不同培训项目的不同层次的培训评估要求。但是,它在效果评估级别上缺少有效衡量的价值体系。

柯氏模型是目前应用最广泛的评估模型,它简单、全面、具体,从反应、学习、行为、结果四个层面上进行了论述,有很强的系统性和操作性。实际上,这个模型确实能解释有关培训计划的大多数资料,同时为以后评估模型的发展研究奠定了基础。但是,柯氏四层次模型中的反应仅仅是从情感态度上进行评估的,而缺乏对培训效用程度的深入分析。

(2) 菲利普斯五级评估模式

菲利普斯五级投资回报率模式,是在柯克帕特里克四级评估体系的基础上增加了一个第五级评估。

表 8-2　菲利普斯五级投资回报率模式

级别	描述
1. 反应和既定活动	评估学员对评估项目的反应以及略述实施的明确计划
2. 学习活动	评估技能、知识和观念的变化
3. 在工作中的应用	评估工作中行为的变化以及对培训资料的确切应用
4. 业务结果	评估培训项目对业务的影响
5. 投资回报率	评估培训结果的货币价值以及培训项目的成本,往往用百分比表示

投资回报率是一个较为宽泛的概念,可以包含培训项目的全部效益,有多种定义和计算公式。这里将投资回报率看作将培训项目的成本和效益进行比较后所得出的实际价值,最适合用于对培训项目进行评估的公式是采用培训项目净效益除以成本,即

$$投资回报率=(项目净效益/项目成本)\times 100\%$$

五级投资回报率模式也是一个分级评估的模式,它弥补了柯克帕特里克的四级评估不对培训效益进行定量计算的不足,是目前比较常用的一种评估方法。但是由于对培训进行定量分析时变量很多,又很难区分工作改进到底是由什么因素带来的,因此具体的运用存在很大的困难。

(3) 柯氏改良模式

柯氏改良法是在柯氏四层次评估法的基础上,针对四层次评估法的不足而形成的一种培训整体效果评估的模式。培训是一个完整连续的过程,培训效果的评估不应该只是作为一个提高组织绩效的方法,它还是完整培训过程重要的组成部分。柯氏改良法把四个层次连接成为一个有机的整体,把培训效果评估看作是培训的一个重要部分,没有把评估和培训分割开,这样一来可以有效地把培训计划和培训内容以及培训评估结合起来,使培训评估对培训计划具有导向作用,使培训计划更加适合员工以及企业的培训需求。它的不足之处在于把四个层次有机联系的同时容易造成层次的混乱,使各个层次本来的评估内容不够明晰。

3. 目标导向模型法

目标导向模型(Objective-Oriented Training Evaluation Model)是由 Jackson 报据英国曼彻斯特机场的执行方案进行改进而提出的。它的精髓在于:① 关注的是受训者而非培训者的动机;② 评估受训者个人素质能力的提高;③ 把培训效果的测量和确定作为优先考虑的因素;④ 培训者和公司的其他人员是培训的执行者和评估者。

目标导向模型法的评估重点是受训者个人能力和素质的提高程度,重视的是受训者的培训需求而不是公司或者培训者的培训需求。它的最大贡献在于它的弹性和适应性,它可以根据评估者的要求设计成定量和定性相结合的评估方式,可以把落脚点放在受训者的能力或者行为等方面,并且适用各种类型的组织,包括一些私营性质的企业。

不足之处在于:该评估方法在时间上要求是一个完整的过程,比如调查、会见记录、数据收集等都必须包括在内,而且要求是显著的可信性,特别是第一次采用这种评估方法的企业必须花费很长的时间和精力。

五、培训效果的跟踪与数据采集

1. 收集培训效果信息的目的

所谓培训效果的信息收集,是指企业在培训活动开始后对整个培训过程进行的总结和反馈。这种反馈的形式应该是多种的,而且涉及的方面是多样的,这样才可以避免因为片面之词而影响对整个培训的评估。要做到有效的评估,对整个培训过程中的培训信息收集是必不可少的。

完善的培训效果信息收集体系,一方面验证了培训结果是否达到了企业及员工个人的培训期望;另一方面也为将来的培训需求分析、课程设计、实施与管理提供了有科学价值的

反馈信息,为改进培训系统与效果提供了可靠的依据。

2. 不同类型培训效果信息的采集

培训效果信息的类型对于评估培训效果的优劣是非常重要的,要保证评估的准确性,就必须多方面收集信息,不能单一地就某一类型或渠道进行信息收集,依据单一的信息类型或渠道就会片面地作出评估结果,使评估结果不准确,最终导致整个培训评估计划的失效。全面的信息采集是做好培训评估的保证。

(1) 主观信息的采集。在确定信息采集主体后,结合调查问卷等信息采集方式,正面采集个体对培训的反馈。在培训过程中贯穿非正式的信息调查采集,如小范围的座谈、餐歇时的交流和倾听培训主体之间小群体的交流等。非正式渠道的信息采集要以确认正式渠道所采集的信息准确度为目的,注意形式的多样和气氛的控制。

(2) 客观信息的采集。客观信息的采集包括一切可用数据衡量的信息,如员工知识水平的提升、操作水平的改变等。在正式采集信息的前后可进行多次非正式的测量或评分模拟,以确认在正式采集时信息的准确性,排除偶然因素的干扰。但不能忽视时间作用对正式采集信息结果的影响,应在不同时间间隔时期进行多重检测,确定信息的稳定性。

(3) 信息之间的对比分析。在正式采集各主体的信息后,应对同一问题的不同主体之间的信息进行对比分析,这也是非正式信息采集的一种方式。例如,同一问题不同主体之间的信息偏差过大,则存在进一步确认的必要,找到分歧所在,是信息技术处理问题还是主体理解程度问题等,从而保证信息的准确性。

3. 培训效果信息的收集渠道

信息的准确性是保证培训评估结果准确性的基础所在。多样的信息采集方式、全面的信息采集渠道、客观而合理的信息收集技术等方面能正常地发挥作用并有机地结合在一起时,才能真正确保信息的准确性。人们在不同时期和不同情景下会出于本能进行有利于自己的信息整合,通过多渠道的信息检测和采集才能真正地把握主体所提供的信息,并排除一些偶然因素的干扰。因此,多渠道、全面的信息采集是必不可少的,只有在培训效果的信息收集十分全面、数据十分完整的情况下,才能有效开展对培训的评估。培训效果信息的收集方法主要有以下四种。

(1) 通过资料收集。收集的资料来源可以是各种各样的,上课的教程、受训员工的总结报告、培训师的课堂总结等这些资料可以是对课程文字性质的描述,也可以通过数理的统计办法反映到直观的数字上。收集的资料也可以是其他收集办法的书面体现,如运用问卷调查法得到的调查问卷。

通过资料,可收集以下信息:① 培训方案的资料;② 有关培训方案的领导批示;③ 有关培训的录音;④ 有关培训的调查问卷原始资料和统计分析资料;⑤ 有关培训的录像资料;⑥ 有关培训实施人员写的会议纪要、现场记录;⑦ 编写的培训教程等。

(2) 通过观察收集。这个方法是通过对员工上课的表现、课下员工的反应来体现的。在上课的过程中,员工的状态可以反映出课程对他们的吸引力;课下员工的反应可以体现员工对于课程的认识深度等问题。

通过观察,可收集以下信息:① 培训组织准备工作情况;② 培训实施现场情况;③ 培训对象参加情况;④ 培训对象反应情况;⑤ 观察培训后一段时间内培训对象的变化。

（3）通过访问收集。访问收集是一种成本较低也便于实行的方法。可以通过受训员工的上级来实现。在课程结束后，上级应当了解员工对于此次培训的看法及收益，还可以通过观察员工培训前后工作的变化来及时与受训人员联系和沟通。在上级主管日常的工作中就可以完成这项工作。在某种意义上，这种方法是与观察法相结合进行的。

通过访问，可收集以下信息：① 培训对象；② 培训实施者；③ 培训组织者；④ 培训学员领导和下属。

（4）通过调查收集。这种方法十分普遍，也比较容易得到结果。在培训后及时填写一份调查问卷，可以保证调查结果的时效性，而且便于收集。但在使用这种方法的时候要注意避免主观因素的影响，调查对象不应只是员工或培训师，而是对受训员工、培训师、上级领导甚至是未能参加培训的员工的全面调查，只有客观的调查结果才是后期统计和效果评估的客观依据。由此可见，多种多样的收集办法是对后续工作客观性和真实性的有力保障。

通过调查，可收集以下信息：① 培训需求调查；② 培训组织调查；③ 培训内容及形式调查；④ 培训师调查；⑤ 培训效果综合调查。

4. 培训评估信息的处理

不同的培训评估信息收集的渠道和收集的方法是有所不同的。例如，培训计划评估与培训最终效果效益评估的信息收集渠道和收集方法就有所不同，前者的信息收集渠道主要是培训计划制订的参与者，收集方法是与参与制订培训计划的相关人员进行沟通面谈，并争取得到与培训计划相关的所有资料和培训计划本身，而后者的信息收集渠道和信息收集方法则涉及的更加广泛。

培训评估需要的信息来自不同的集道，信息形式有所不同，因此有必要对收集到的信息进行分类，并根据不同的培训评估内容的需要进行信息归档，同时要制作专用表格对信息进行统计，并利用直方图、分布曲线等工具，以生动的图像显示出各种统计指标的变化趋势和分布状况。

5. 信息收集过程中的沟通技巧

收集信息的访谈过程是一个耗费时间的过程，如果时间短暂，设计、准备不充分则会导致不能全面、深入地了解被访谈者对主题的看法，致使访谈达不到预期的效果。在效果信息访谈中，匆忙地进行访谈，除了达不到目的之外，还很可能使被访谈者感到自己不受重视，自己的意见没有得到充分的尊重，对于访谈的积极性降低，久而久之，被访谈者势必会对访谈产生抵触心理，敷衍了事。因此，在访谈前做好充足的准备，包括了解被访谈者相关信息、设计访谈方案、合理安排时间和地点等，绝对不打"无准备之战"。一般来说，可根据访谈对象的实际情况，进行有针对性的访谈。

（1）培训结束回到工作岗位后的访谈

首先，培训结束后一段时期，需要通过调查参训者的工作效益来评定培训成效，如培训后每隔6个月，以实地访问的方式了解受训者受训后在工作上的获益情况。

其次，受训员工回到工作岗位一段时间后，访问受训者主管或下属，了解他们对受训员工工作表现的看法，如人事主管人员是否认为受过培训的员工的工作有进步，根据所得意见来评定培训的成效。无论是主管还是下属的意见，均为评定受训者培训成效的重要依据。

最后，根据受过培训与未受培训的员工工作效率的比较来评定培训成效。

(2) 培训结束时的个人访谈和集体会谈

首先,了解受训者在接受培训后的个人收获和对培训效果的满意度等。

其次,了解员工关于培训的改进建议。培训结束时把调查表发给受训员工,征求他们对培训的意见,如员工确能提出有价值的改进建议或其他意见,则表示培训已获得应有的重视,并且受训者具有更深的认识,可断定培训已有成效。

最后,了解培训期间出席人员的变动情况。在培训期间,应随时了解询问培训的进行情况及受训人员对培训教学效果的反应并收集相关信息,根据主持培训及协助培训的人员的总结报告等来评定培训成效。

第二节 培训有效性评估的不同阶段

本节案例

惠普的培训体系

如果谈起培训,就不能不提到惠普公司。惠普公司的培训体系有着悠久的历史,长期以来使惠普在业界保持着很好的口碑和声誉,被形象地比喻为一所"没有围墙的大学"。惠普实行的积极向上的培训措施,使得无论身在惠普,还是离开惠普的员工,都接受过很多的产品知识、公司知识和各种技巧知识的培训,以及各种专业的培训,他们都对惠普存有感激之情,惠普也因此被美誉为"中国IT黄埔军校"。

学习发展部(Learning & Development)是中国惠普公司负责培训的部门,负责制定面向中国惠普公司5 000多名员工的培训计划。惠普培训体系分为三个层次,包括公共平台培训(CORE)、专业平台培训(BUSINESS)以及领导力培训。

1. 公共平台培训

在CORE里分为很多不同的课程,比如NEO"新员工定位"(New Employee Orientation)培训,惠普会为新员工做公司整体框架的全面介绍,使他们在第一时间充分了解公司的愿景、使命和战略方向;新员工必须参加的商业道德(SBC)培训将告诉新员工什么事情可以做,什么事情不能做。CORE里还有很多不同的内容,比如怎么和人打交道,即沟通技巧。另外,惠普通过自己开发和购买第三方培训课程,在内部网上放置3 000门网上课程供员工学习,每名员工都可申请学习这些课程,而课程的费用统一由惠普学习发展部支付。学习发展部同时要随时选择及更新这些网上课程,保持高度的全球同步性,也保证惠普公司全球员工用同一种声音面对客户和合作伙伴。在这里,惠普公司员工可以学到诸如演讲技巧、自我激励、项目管理、时间管理等方面的课程。惠普会结合每个员工的职业特点安排不同的培训内容。

2. 专业平台培训

专业平台的培训与惠普各个业务部门(BU)相关的培训,包括产品、销售、市场、服务、研发等。惠普对与业务部门相关的培训相当重视,每年会投入很多培训资源用于业务部门员工的培训和发展,其中尤其以销售培训最为重视。惠普有一个70-20-10培训法则,70%是员工在业务项目中获得的实战培训;20%是通过导师指导、团队互助等方式获得的培训,称为关系培训;10%是通常意义的培训,比如读书、网上学习和面对面培训等。惠普注重实战培训,当公司对员工赋予一项挑战性的任务时,这本身就是培训,对员工形成激励使他不断发展,这也是对惠普"工作是最好的培训方式"理念最好的诠释。惠普针对销售人员的培训课程就有50多门,课程量非常大,其中,"卓越销售培训"(Sales Excellence)是专业平台培训的代表,它将致力于打造出一支惠普全球的精英销售团队。

3. 领导力培训

如果员工在销售、市场或技术工作上获得了长足发展,而希望转为经理人,惠普则有针对各个级别经理人的培训计划,如由惠普全球副总裁兼中国区总裁孙振耀亲自挂帅的"狮子计划"、惠普高级经理人学习俱乐部等,都对惠普培养经理人的领导力起到了重要作用。通常每年,中国惠普都会派遣各种类型的经理人到惠普全球分公司工作,期满回国后,他们又成为中国惠普的中坚力量。

另外,惠普对刚进入公司的应届毕业生提供的培训也值得关注,这是一个为期三至四个月的培训计划。这样的完整计划能够让一点工作经验都没有的学生,在几个月的时间之内,通过学习公司的文化和背景,通过学习各种各样的产品知识,通过各种各样的惠普的内部机构以及内部的流程的学习,来熟悉整个惠普,包括惠普的业务的特定内容和产品的特定内容等复杂的知识。同时,我们也会在这几个月的时间里给他们提供非常完整的各个阶段性的考试,以检验培训结果是不是每一步都按照计划完成。去年,对应届毕业生的培训计划是三个月,今年,对另外一批新入职的应届毕业生的培训是四个月。

从公司的角度来说非常清楚,实际上培训的安排和员工进入公司的时间是有直接关系的。刚进入公司的时候应该受到什么样的培训,进入公司一个阶段以后应该受到什么样的培训,如果到公司一定时间后进入了经理团队,应该又有什么样的培训。在公司的组织机构方面,在架构上的设计方面,这些都是非常清楚的,没有任何的缺失或者断层的东西。所以,员工进来以后,会得到非常优秀的培训体系的关照。

请思考:

对于类似上述各种培训的效果评估是否在培训结束后进行?如果不是,那么培训效果的评估应该在什么时期进行?

为了保证培训取得预期的效果,就必须对培训进行全程监控和评估,对培训进行全程监控,可以保证培训活动按照规划进行,保证及时解决培训过程中出现的问题,还能够将各种影响培训效果的因素记录下来,以便在以后的培训中加以改进和提高。

由于培训监控牵涉面广、影响因素多,所以对培训效果的跟踪与反馈应从以下几个方面进行。

一、培训开始时的评估

对受训者进行培训前的状况摸底,了解受训者在与自己的实际工作高度相关的方面的知识、技能和能力水平,目的是为了与培训后的状况进行比较以测定培训的效果。如果培训的内容比较单一,摸底也没有必要在很大的范围内进行,只需在与培训内容相关的方面进行即可。

二、培训过程中的评估

1. 受训者与培训内容的相关性

培训要取得预期的效果,就必须保证培训内容与受训者实际需求的合理衔接,即把培训提供给那些真正需要这些培训的人员,实际运作中的衔接方式有两种:一是先定培训内容,再根据培训内容选择受训者,如财会培训班;二是先定受训者再定培训内容,如经理培训班。对前者就要审视受训者的选择是否合理,对后者就要根据培训前的摸底情况审视培训内容的设计是否恰当。

2. 受训者对培训项目的认知程度

根据成人教育理论,只有当受训者对培训项目的内容有了充分的了解,他才可能对培训产生兴趣,具有参与培训的积极性。因此,为了提高受训者的参与意识,培训的组织者就应该采取适当的措施,向受训者宣传此次培训活动的目的、内容、进程和方式方法。让受训者相应调整自己的态度和行为,此时要监测受训者对培训的参与热情和持久性,在培训过程中的出勤率和教学合作态度等诸多方面的表现。

3. 培训内容

监控的目的是及时发现实际提供的培训内容与计划的培训内容之间的差异,保证实际提供的培训与计划高度一致。差异主要表现为内容缺失或不完整、培训内容错位或非标准化等。导致出现这种差异的原因可能是:培训项目的管理机构或人员没有严格按照计划实施培训;计划中的培训内容没有得到受训者的认同,从而在执行中走了样;不同项目之间的交叉或相互影响,从而对培训内容做了调整;外部环境的干扰。一般情况下,应该保证培训按照计划进行,除非有充分的理由证明调整和改变的必要性。

4. 培训进度和中间效果

监控培训进度能够保证培训项目在时间进度和资源投入进度方面与计划保持一致。监控中间效果能够评估受训者在不同培训阶段的提高和进步幅度,及时发现受训者取得的进步和与计划预期的差距并采取补救措施,如果只是在培训结束后才来检查,即使发现问题也为时已晚,这种监控在大型培训项目中,特别是那些连续性很强的培训项目中非常重要。

5. 培训环境

根据学习转换理论,规划时一般都会使培训的实施环境与受训者的工作环境尽量相似,以保证培训效果得到最大的转换。因此,在具体培训实施过程中,就需要及时分析受训者的实际工作环境的变化,调整培训的实施环境,以保证培训适应新环境下的新需求。

6. 培训机构和培训人员

包括培训的管理人员和培训教师。培训的管理人员和培训教师都是培训的具体执行者。培训最终效果的好坏与他们的工作密切相关。评估的内容主要是他们的行为表现,如管理人员的工作积极性、合作精神、领导能力和沟通能力,教师的教学经验、能力、方法等。评估主要是为了保证培训机构和培训人员有能力做好培训,使其满足真正的需要。

三、培训结束后的评估

在培训结束后评估培训究竟发挥了多大效果。培训使企业和受训者的行为发生了多大

程度的改变。效果评估是培训评估的重点,主要包含以下几个层次:

(1) 评估受训者究竟学习或掌握了哪些东西。可以以考卷形式或实地操作来测试,这时就需要把测试结果与培训前对受训者的摸底情况进行对比分析。

(2) 评估受训者的工作行为有了多大程度的改变,即受训者是否能把在培训中学到的知识技能有效地运用到工作中去,如果受训者在培训中学到的知识技能未能有效地运用到工作中去,培训也就没有发挥作用。

(3) 评估企业的经营绩效有了多大程度的改进。如果一项培训达到了改进受训者工作行为的目的,那么这种改进是否有助于提高企业的经营业绩呢?提高企业的经营业绩是企业投资培训的真正目的。

四、培训后的管理效率评估

培训需要高层领导的大力支持,而取得高层领导支持的最有效的方式就是提供一份详细的培训项目评估报告,让他们知道自己的投资得到了什么样的回报。只有当他们获知培训收益后,他们才会给予有力的行政支持和资金保证。效率评估除了向高层管理人员汇报外,也是对培训部工作的一个很好的总结,有助于提高培训效率。通过效率评估,可以与以前的培训效率进行纵向对比,与不同企业之间的培训效率进行横向对比,与企业实际达到的效率和应该达到的效率进行基准对比,从而找出差距和改进措施,进一步提高培训质量。

第三节 培训效果评估的常见问题

本节案例

可口可乐:员工培训是企业制胜的法宝

风行全球110多年的可口可乐公司是全世界最大的饮料公司,也是软饮料销售市场的领袖和先锋。其产品包括世界最畅销五大名牌中的4个(可口可乐、健怡可口可乐、芬达及雪碧)。产品透过全球最大的分销系统,畅销世界超过200个国家及地区,每日饮用量达10亿杯,占全世界软饮料市场的48%。

而重视员工培训,正是这家传统饮料公司之所以能够长盛不衰的一个重要原因,是企业制胜的法宝。可口可乐的一名高管就曾经说过:"可口可乐是一家培养人才的公司,生产碳酸饮料不过是我们的副业。"

员工能不能发挥其能力,有没有忠诚度,关键在于培训。据了解,可口可乐系统的培训是经常性、全员性、广泛性的,其目的是让人人都感觉到这是个大家庭,除了工作奉献外,还能促进个人成长。其作用也是持久而有效的,能让人终身受益。

请思考:正如可口可乐公司所说,培训非常重要,那么在实际培训过程中,可能会出现哪些问题呢?又该如何避免?

一、成本过高

对用人单位来说,培训评估需要成本,不仅仅局限于财力人力上的成本,时间成本也是影响培训评估应用的巨大阻力,培训评估在用人单位组织培训时就已经开始,但是很多用人单位并不愿意支持培训评价体系,因为培训评价体系需要更多的评估人员对培训进行监控,这样才能保证培训评估的有效性,然而这一部分费用和需要再组织一部分的培训评估人员,让很多用人单位都望而生畏,而且比起培训后的考试来说,考试更节省成本,所以大部分用人单位并不愿意接受培训评估。其中有一部分是用人单位选择培训评估的参与,但是由于培训评估体系并不完善,所以用人单位需要增加人力、时间来保证评估的准确性。

二、评估难度过大

培训效果评估难度过大主要存在于以下几个方面:

1. 培训评估的技术不完善

在很大的程度上,培训评估的技术影响着培训评估的应用,所以培训评估并没有应用于各大用人单位中。培训评估的技术有认知成果测试、绩效成果测试等其他方法,但是用人单位在实际的应用中并没有运用到培训评估中,大部分用人单位仍然采用传统的考试方法去检测受训者对培训内容的掌握程度。

2. 缺少培训评估人员

有一些用人单位已经开始重视培训评估的运用,而且已经运用在用人单位的培训过程中,但是并没有很好的培训评估的考核人员进行考核,或者考核人员的体系并不健全,导致培训评估的结果并不能如实地反映培训的效果。

3. 培训评价的体系不健全

在国内并没有形成很好的培训评价体系,对于培训前的评价、培训中的评价和培训后的评价,很多用人单位并不十分了解培训评价的具体内容,怎样去实施培训评估,并没有十分明确的步骤,并且用人单位对于培训评估的了解仅仅是对培训后评估的认识,但是也只停留在以考试为主的考核方式,并没有意识到如何科学地考察培训效果。

三、人际障碍

培训效果评估中,评估者和被评估者各自有各自的想法和意见,这种主观性的看法容易导致对评估结果的不一致,进而产生冲突。大部分人都希望在利益方面尽量不要互相干涉,秉持着"你好、我好、大家好"的原则。

四、评估结果无用

培训评估在国内应用并不广泛,很多用人单位都忽视了培训评估的重要性,在用人单位的培训过程中培训评价有着至关重要的地位,但是很多用人单位并不了解培训评估,对培训评估的认识也仅仅是培训后的评价,对评价的重视度不够是导致培训评价发展的阻碍,进而导致培训评估结果没有意义。正是由于这种不重视,有很多培训的效果用人单位并不了解,仅仅通过考试获得培训效果只是对培训成果的片面了解,并不能完整地了解培训的效果,比如培训之后员工对待工作的态度有没有发生变化，或者通过培训员工是否真正地与用人单位的要求融为一体，因此仅仅通过考试考察培训效果是远远不够的，所以用人单位要重新思考培训评估在用人单位中的地位。

本章小结

本章内容结构如下所示：

```
                           ┌─ 评估有效性的内容、含义与作用
                           │
                           ├─ 评估有效性方案的设计：确定培训评估有效性方案的目的；制
                           │  定评估有效性方案；评估信息的收集、整理和分析；撰写培训
             培训效果评估的 │  评估有效性报告
             基本问题       │
                           ├─ 培训有效性评估的方法和基本程序：
                           │  方法主要有观察法、问卷调查法、测试法、情境模拟测试、绩效
                           │  考核法、360度考核、前后对照法、时间序列法和收益评价法等
                           │  基本程序为评估目标确定；评估方案制订；评估方案实施；评
                           │  估工作总结
                           │
                           └─ 培训有效性评估的常用技术模型：泰勒模式、层次评估法、柯
                              克帕特里克四级评估模式、目标导向模型法

培训                       ┌─ 培训效果结果的跟踪与数据采集：收集培训效果信息的目的；
效果                       │  不同类型培训效果信息的采集；培训效果信息的收集渠道；培
评估         培训有效性     │  训评估信息的处理；信息收集过程中的沟通技巧
             评估的不同阶段 ├─ 培训开始时的评估
                           ├─ 培训过程中的评估
                           ├─ 培训结束后的评估
                           └─ 培训后的管理效率评估

                           ┌─ 评估难度过大
             培训效果评估   ├─ 人际障碍
             的常见问题     ├─ 评估结果无用
                           └─ 成本过高
```

 **复习思考题**

1. 培训评估主要从哪几个部分开展?
2. 什么是培训有效性评估?
3. 培训有效性评估有哪些作用?
4. 评估培训有效性的方法有哪些?
5. 评估培训有效性的基本程序是什么?
6. 简述柯克帕特里克四级评估模式。
7. 培训效果评估中有哪些常见问题?

 案例讨论

培训后某公司高管的困惑

我公司属高技术日资企业,员工素质较高,每一个新进员工和转岗员工都要求进行为期一周的专业技能培训,在培训完成之后进行调查评估,主要是根据柯克帕特里克四级评估方法进行评估的,在第一层反应层和第二层学习层都能够达到比较好的评分,但在第三层行为层时效果特别差,在生产作业现场经常出现不会生产(现场挂有作业指导书),或作业不良的问题,用过多种办法还是不能达到很好的改善效果,第四层效果层就更不用说了。是否是我公司培训评估时使用的方法不对?或是我公司不适合使用这种方法?

讨论:
请你尝试为该高管解答他的困惑。

第九章　企业大学建设

 教学目标

学习本章后,应该能够:
- 了解企业大学的历史沿革
- 了解企业大学的发展现状
- 掌握企业大学的发展趋势
- 掌握企业大学的基本知识
- 了解如何构建高绩效企业大学

第一节　企业大学概述

 本节案例

中国早期市土大学之一——海信学院的发展变革

海信学院1998年成立,是我国最早成立的本土企业大学之一。海信学院成立的目的是为集团构建"人才加工流水线",成为海信集团的人才培养基地。为了帮助员工实现"学科教育"与"企业知识"的融合,海信学院设计了新员工培训、价值观培训、专业技能培训等全方位的培训体系,使员工了解企业工作环境和初级职业技能。

2006年海信集团收购科龙公司,集团员工和业务量剧增,培训规模进一步扩大,每年培训5 000余人。为了满足员工能力提升的需求,海信学院构建了职业发展培训、专业技能培训和领导力培训等全方位的培训体系,使员工进一步获得前沿产业知识和升级后的学科知识。

2008年海信集团全面实施国际化和智能化战略,海信学院更侧重研究企业内部问题。在促进企业内外部知识交流方面,海信学院不定期组织小型的问题解决型研讨会,使参加培训的学员在轻松的氛围中探讨交流,搭建了员工之间的非正式关系网络。2009年海信学院成立管理研究中心,通过"跨界研究"搭建与企业内部业务部门的平台。例如,为解决企业实际问题,海信学院的学员在参加培训时必须要提出针对本公司、本部门急需解决的三个问题,学院根据提出的问题汇聚研发部门、生产部门和市场部门等的员工组成课题小组。课程结束后学员提交"工作研究报告",而这份报告在海信内部被称为"跨界研究"。海信学院的跨界研究工作通过员工之间相互的交流和学习,运用创新的思维模式解决生产制造中的各类疑难问题,促进企业生产力的提高和生产方式的改进。此外,通过不定期组织核心伙伴联合会,与运营商、垂直行业领军企业等就智能技术的跨产业合作等问题进行研讨。海信学院与山东大学、麻省理工等高等院校合作,进一步完善师资体系和课程体系。通过举办各种专题的技术商业化培训班等,海信学院为上下游产业链和客户进行技术评估和商业化战略指导。同时,海信学院每年选派百名员工到三星、日立等跨国公司接受管理培训并参与技术合作。海信学院建立了网上技术信息市场,在网上发布技术难题,为相关的高校、科研院所、上下游产业链的合作伙伴提供了与企业进行广泛而深入交流的平台。

2011年之后,海信集团建立了多个研发中心和国家级重点工作室、研究院及博士后流动站,海信学院是这些联合机构的主要联系单位,这也表明海信学院已经开始日益关注产业基础理论研究和工程科学研究活动。海信学院较早设立了技术研究中心,运用评估程序和技术方法分析新产品、新工艺的技术实施可行性和市场可行性。通过海信学院的信息平台,研发部门更加了解市场需求,进而转化为实用性的研发课题。海信集团组建了技术开发专家委员会,海信学院协调参与了项目立项和成果鉴定的评审,研讨技术研发规划等重大技术事项。针对研发项目组建项目小组,海信学院聚集生产部门和研发部门等工程师进行协同攻关。海信学院还参与了多项国家标准和行业标准的制定,将前沿的信息和国际技术认证标准带给企业,应用到企业内部的开发和设计中。依托设立在海信学院的博士后工作站和西安交通大学等6家高校建立的产学研联盟为集团提供技术创新咨询,吸引国内外著名的高新技术企业及项目,海信学院发展为企业技术服务的综合性"技术孵化基地"。

请分析:海信学院的组织架构和业务定位。

全球知名学习专家、《企业大学手册》的作者马克·艾伦这样描述"企业大学"的定义:"它是一种战略性的工具,其职责是通过实施能培养个体或组织的学习、知识和智慧的活动来辅助组织达成自身使命。"艾伦从宏观战略角度对企业大学进行了解读,同时也点明了企业大学在组织建设发展过程中的重要性。事实上,随着经济发展和企业竞争的加剧,越来越多的企业都已经建立了自己的企业大学。据不完全统计,截至2019年底,中国大陆地区的企业大学数量已经超过3 000家。越来越多的企业已经意识到企业大学在人才培养、知识创新、文化传承、变革管理等方面的作用,并把企业大学作为企业进一步改革发展的重要议题。

一、企业大学概述

1. 企业大学的概念

企业大学是以企业文化、企业战略为核心,运用现代科技手段,按照混合式培训模式建立的虚拟化或器物化的企业学习基地,它以构筑企业全员培训体系为基础,通过企业文化的导入和企业学习习惯的培育,形成企业知识管理、人才培育、市场竞争的智力平台,最终成为实现企业战略的有力武器。

2. 企业大学的特点

(1) 企业性

企业大学的管理和建制是按企业性组织框架建立的,分为公司、经营和管理三部分,以盈利或推动企业盈利为主要目标。许多企业大学都建有一整套适合企业标准的学分管理制度,把学习效果与工作绩效、个人升迁结合起来,其教学活动服从企业战略发展的整体要求。

(2) 创新性

创新体现了企业大学办学的基本理念,企业大学尤其强调人才培养的创新、观念创新、技术创新等。

(3) 主动性

企业大学载于企业之船,行于市场风浪。它灵活主动地面对市场变化和员工实际的学习需求,从以教师为中心的相对固定的教师授课,转向以学员为中心的团队合作或产生于行动中的自主式学习;从被动地接受订单式的培训和学习,转向根据企业市场战略发展和员工的实际需求,主动为员工设计学习方案的学习;从企业被动地跟随市场变化,视供应商和客户为竞争对手转向了主动出击市场,建立价值链服务体系,主动营造良好的互动关系,促进合作双赢。

(4) 开放性

相对于传统大学而言,企业大学本质上是一种开放性教育,具有中学以后继续教育的特征。

(5) 虚拟性

与传统大学不同的是企业大学不一定要有校园,例如,戴尔大学(Dell University)、太阳微系统大学(Sun Micro system University)和威力风大学(Verifone University)等都没有建立有形的校园。在教学设施和教学手段上,企业大学几乎都采用网络技术、多媒体技术或卫星电视等手段传播培训课程,由此形成虚拟校园或虚拟化教学体系。

(6) 非学历教育

企业大学不是一种以学历教育为主的教育,办学宗旨也不是为了发放文凭,因此一般也没有学历/学位的授予权。企业大学奉行的是培养对企业有用的、有创新能力的人才的教育观,即"有用的教育才是最好的教育"的现代教育观。

3. 企业大学的类型

(1) 生产技能型

这类企业大学多为传统制造业企业创办,以基本的专业技能训练为主,培训内容和培训时间不固定,特点是提供即时性、实用性技术培训服务,按照市场需求设计课程。事实上,这类大学在我国占多数,目前发展还不成熟,大多停留在企业大学的初级阶段,甚至可被看成是企业的培训机构。此类企业大学源自传统技工培训,所不同的主要是理念上的升华。实德企业领导说:"现在是因为有了实德集团才有实德大学,未来将是因为有了实德大学才有实德集团。"具备这种企业发展的战略眼光,才能避免此类企业大学滑入技工培训简单升级的轨道。

(2) 服务沟通型

这类企业大学主要集中在公共事业和餐饮百货,以及银行、保险、酒店、旅游等服务性行业。服务沟通型企业大学培训内容的技术含量不高,主要是宣传和建立自己的标准化服务规则,贯彻企业品牌文化,特别强调以人为本的服务理念。教学内容上以一对一为顾客提供产品和个性服务为基础,学习倾听、沟通的技能和团队合作的精神,从而形成规模营销,赢得市场。教学方法主要是通过观点呈现、情景模拟等方式,让学员从实战演练中自查问题,共同分享成功,这一类企业大学是典型的扁平型组织结构,采用分散决策和人性化制度管理相结合的办法,以快速、便利、无缺陷服务为特色,特别强调员工自身领导能力的挖掘和开发,培养梯队。这一类企业大学包括:麦当劳的汉堡包大学(Hamburger University)、迪斯尼学院(Disney Institute)、兰姆斯大学(Lams University)、西尔斯大学(Sears University,这是一家有着七个销售中心的百货公司的大学)、目标百货公司创办的目标大学(Target University)、嘉信理财公司创办的嘉信大学和中国泰康企业大学等。

此类企业大学的教学活动,以自身企业文化为灵魂,着重用来自企业运营的、卓有成效的观念和知识,来提高员工的交流沟通能力。它的教学对场地、环境、设备的要求不高,办学灵活便于克隆,正好和此类企业扁平化组织结构相适应。

(3) 科技创新型

这一类企业大学高科技含量高,规模巨大,主要集中在高新企业、制造业、电信业等,大多由超级跨国公司创办,他们的产品销售到哪里,企业就跟随到哪里,企业大学就开办在哪里。这类企业大学的培训课程比较完善,技术培训对外开放,建有相对完善的价值链培训服务体系。此类企业大学大都采用独立决策和分散决策相结合的组织形式,便于针对市场、产品出现的问题及时研究和处理,它们的特点是注重新技术的研发和创新,注重新产品开发,捕捉市场动态,融合当地文化,以新的机构适应环境,以新颖产品占领市场。由此而产生的企业文化是特别注重强调技术创新精神,质量第一的服务精神和终身学习的学习精神。因此,这种企业大学的教育培训及课程都是围绕着公司的企业文化而展开。这一类企业大学有:摩托罗拉大学(Motorola University)、西门子大学(Siemens University)、通用汽车大学(General Motors University)、通用电气管理发展学院(General Electric Management Development Institute)、惠普学院、甲骨文大学(Oracle)、戴尔大学(Dell)、中国的海尔大学、联想学院、春兰大学、四川新希望企业商学院等。

以我国的海尔大学为例。海尔企业集团是世界知名的跨国企业集团,在英国《金融时报》发布的2002年全球最受尊敬企业名单中,海尔雄居中国最受尊敬企业第一名的位置。1999年12月,海尔开始创办海尔大学,现在它的培训对象已从海尔内部员工延伸到海尔的分供方、专卖店并扩展到国内金融、保险、电力、电信、服务、制造等各个行业,海尔大学还与国内清华、北大等,国外哈佛、剑桥、IMD、沃顿商学院等世界名校及研究机构建立了合作关系。

高科技领域风险大、竞争激烈,产品、组织、技术知识更新变化快,发展创新精神是企业的生命线,可以说高科技企业的企业文化虽有差异,但毫无例外都包含着创新精神的要素。因此就像海尔大学的校训——"创新、求是、创新",依托高科技行业的丰厚资金、人才储备和技术设施,教学模式的内在特征都是以创新为出发点走向更高的创新。一般说来,科技创新型企业大学都是通过建立或力图建立学习型组织,保持企业持久竞争力的较为成熟的企业大学。

4. 企业大学的职能

(1) 人才培养

通过整合企业培训资源,进行系统的知识管理,制造、携带和传承企业基因与商业思想,提升企业组织的学习能力,培养企业自己的人才,从而提升企业核心竞争力。

(2) 战略推动

企业战略变革实施出现问题的重要原因往往是员工对战略或改革措施的不理解、不认同，企业大学通过多样化的学习培训方式，帮助员工了解并认同组织战略，推动战略变革。此外，企业大学还通过定制化、体系化的人才培训课程，帮助企业提升战略实施所需要的员工胜任能力，进一步促进企业的战略变革。

(3) 文化传承

任何企业的正常运行都离不开组织文化的作用，组织文化能够与企业学习、企业战略共同作用，推动组织的发展。企业大学为组织文化的传播提供了平台，学员在这里可以接受到来自高层管理或业务骨干的思想价值观"传道"，还能通过沟通、探讨、思维碰撞等方式加深对企业文化的理解和认识，这些都有利于组织文化的建设和传承。

(4) 组织变革

企业的发展离不开组织变革，尤其是在当前社会环境复杂多变，时代发展日新月异的情况下，更要求企业关注组织变革。组织变革的对象可以是多方面的，包括管理变革、业务变革、能力变革、文化变革，等等，但是不论是什么变革，首先都要完成观念的变革，完成能力结构的变革。企业大学通过设计领导力课程、变革思想宣导活动、组织变革推进解决方案等，帮助企业完成组织变革。

(5) 知识管理

随着知识经济社会的快速发展，知识管理能力逐渐成为企业核心竞争力的重要组成部分。企业大学为企业提供了一个知识沉淀、知识共享和知识创新的平台，通过宣传培训、案例整理、思想碰撞等方式，帮助企业实现零散知识系统化、外部知识内部化、隐性知识显性化，进一步增强企业的知识管理能力。

(6) 价值链整合

企业未来的竞争不再局限于企业和企业之间的竞争，而是供应链和供应链之间的竞争。企业经营的势能不再取决于企业拥有多少资源，而取决于企业能够支配多少资源。通过对供应链伙伴提供培训，提升对方的工作效率和技术水平，使企业和伙伴获得共赢。此外，培训过程中可以增进双方的了解和沟通，有利于形成稳定的战略同盟，促进长期合作发展。

5. 企业大学的角色定位

从企业大学输出功能的复杂度与战略目标的紧密度分析，企业大学从诞生之日发展到现在，共经历了五次角色变迁：① 学习方案的提供者，企业大学为员工提供学习课程、学习方案等，但整体功能单一，与企业战略目标的联系紧密度较低；② 能力方案的提供者，针对各级员工提供培训，提升员工的岗位胜任能力，进而帮助企业完成战略目标；③ 组织能力的促进者，作为企业的战略性工具，承担起企业的部分战略任务；④ 内部咨询的参与者，随着外部环境日益复杂动荡，组织在发展过程中面临更多的不确定性，企业大学开始扮演起内部咨询的参与者角色，全力推进企业战略发展；⑤ 组织智慧的激发者，全球化进程的快速推进和信息技术的飞速发展，对组织敏捷性提出了巨大挑战。企业大学开始拓展自身边界功能，成为组织智慧的激发者，帮助组织快速适应环境、利用环境甚至引领环境，保持基业长青。

二、企业大学建构的理论基础

1. 人力资本理论

（1）古典人力资本理论

古典学派代表亚当·斯密首先在《国富论》中提出人力资本的概念，并指出"学习一种才能，须受教育，须进学校，须做学徒，所费不少，这样费去的资本，好像已经实现并且固定在学习者身上，这种才能对他个人自然是财产的一部分，对他所属社会也是财产的一部分，工人增进熟练程度可和便利劳动、节省劳动的机器和工具同样看作社会上固定的资本。学习的时候，固然要花费一笔费用，但这种费用，可以得以偿还，赚取利润"。亚当·斯密指出人的才能和其他任何种类的资本都是重要的生产手段，而要增长才能就必须进行人才资本投资，进行教育投资。

（2）现代人力资本理论

1979年，诺贝尔经济学奖获得者西奥多·W. 舒尔茨第一次系统地提出了人力资本理论。他认为人力资本是体现在劳动者身上的知识、技术、能力等要素的价值总和。舒尔茨对美国教育投资与经济增长的关系进行研究，发现教育投资与经济增长的收益率呈显著正相关，揭示了教育投资的重要作用。

舒尔茨从宏观角度指出了教育投资对经济增长的重要作用，贝克尔则从微观角度对人力资本进行了分析。贝克尔认为人力资本最优投资量和年龄增长呈负相关，应该在个体青年时期进行最优投资。贝克尔进一步扩充了人力资本的内涵，他认为人力资本除了知识、技能之外，还包括时间、健康和寿命，由于人具有主观能动性，因此通过激励可以促进人力资本的利用率，这也是人力资本和物质资本的本质区别。

除了舒尔茨、贝克尔等国外学者之外，国内也有大量学者对人力资本进行相关研究。例如，丁栋虹指出，人力资本可以分为同质型和异质型两种，在特定的历史阶段，会呈现出边际报酬递增和报酬递减的生产力形态特征。李健民则认为人力资本要素可以提高技术、资本、物质等其他生产要素的生产效率。

2. 学习型组织理论

1990年，彼得·圣吉在其著作《第五项修炼》中首次提出学习型组织这一概念，随后学习型组织理论在全球广泛传播，各国掀起了组织学习和创建学习型组织的热潮。彼得认为在组织内部，每个员工充满了学习的热情和能力，员工之间互相学习，并且在合作的过程中不断启发和相互促进，这种学习是持续的，组织在创新和试错的过程中不断地迭代进化和自我发展。企业大学本身属于企业内部的学习型组织，它需要适应学习型社会的时代要求和服务母体企业的战略性需求，推动其整个母体企业成为学习型组织。高绩效企业大学通过为企业培养人才和知识管理，以及为企业提供整体解决方案等方法，创造一种良好的学习氛围和学习生态，从而打造企业员工终身学习的体系，促进企业大学的完善和高绩效运行。

3. 终身教育学习理论

1965年，保罗·郎格朗在联合国教科文组织"第三次促进成人教育国际委员会"上首次提出了"终身教育"的理念，在教科文组织的积极倡导下，终身教育理论成了一种国际思潮快速传播。郎格朗认为终身教育是需要贯穿人的整个生命生涯中的，不再是接受完高等教育就结束了,也不能把人生简单粗略地分为以学习接受教育为主的青少年时期和以工作生活为主的成年阶段。此外,郎格朗还指出,现行的教育仍然以国家的学校教育体系为核心,各类教育处于隔绝和分离的状态,终身教育要把社会教育与其他培训学习方式相结合,从而使人们根据需要随时获得受教育的权利和机会。社会要对各类教育资源进行整合协调,要为人的学习成长提供教育学习机会。

1972年,埃德加·富尔在向联合国教科文组织递交的《学会生存——教育世界的今天和明天》报告书中,首次提出了终身学习的理念,他指出:一个人在接受教育的过程中,应该由对象转化为主体,教育过程的重心应当从传统教育的教学上转移到教育与学习过程的"自学"原则上,个人应该不断学习,建立个人文化成长系统。

终身教育和终身学习的理念提出,对于承担学校后教育和学习的组织——企业大学来讲,任何一所高绩效企业大学的建立,必然会以提高人才的素质和能力为基础,以知识管理为核心,从而实现个人绩效和企业绩效的统一,而企业必须为企业大学的高效运营提供各种资源和机制的保障,才能够自上而下去推动组织内部人才的培养与发展,而形成以学习为企业文化的良好氛围,反过来也会促进企业内部自下而上的自我驱动学习机制的形成,即从"要我学"到"我要学"的观念的根本转变。

三、建立企业大学的程序

为什么企业热衷于筹建专属自己的"企业大学"呢?对此,摩托罗拉曾算了这样一笔账:企业每投入1美元的培训费就会创造30美元的价值,而且,除了有这样的高回报外,还有一个重要的原因是:传统的大学教育体系无法满足企业在实务上的需求,企业想要量身打造自己所需的人才,而不是将此任务完全交给传统的大学,所以说,为企业培养人才是企业大学当仁不让的基本使命。不仅如此,企业大学已经悄然"变身"——它远远超过培训本身,已被赋予更多的内涵,它可以是高层管理人员和员工沟通的最佳空间,也可以是传统企业文化的最佳平台,也可以延伸到供应商或客户那里成为整合战略性资源的秘密武器。那么,企业应如何结合企业自身实际建立企业大学呢?

1. 构建学习型组织,完善企业文化

建立企业大学首先要改变企业传统的学习习惯和学习环境,导入学习型组织理论,改善企业员工对于企业培训既有的心智模式,统一企业员工的认识。

不同企业拥有不同的企业文化。对于启动企业大学的企业来说,它应该在其企业文化中补充这样一点:提高企业全员的学习能力至关重要。企业应该意识到持续学习是企业发展的潜在动力,但不只是管理层才需要提升工作技能,提高生产力应该基于每一名员工,企业的学习对象应该由定制的特殊群体转向全体员工。同时,致力于提高专业技能的培训已经远远不够,企业应该将培训的焦点从提高个体员工工作技能转向培养全体员工的学习能力。此时,工作和学习从本质上说是一回事,企业大学使传统组织中忙碌的工人转变为忙碌的学习者。在培养全员学习能力的过程中,企业应注意使之与企业的经营目标直接相连,以便切实改进员工的工作绩效,获得全员的认可,并保持员工的持续自主学习。

企业在改进企业文化以建立企业大学时,还应意识到对员工进行企业文化和企业价值观的培养,恰恰正是企业大学的核心课程。企业大学须向企业所有层次的员工(而不仅仅是新员工)反复传播企业文化、价值观和愿景。此外,每一所成功的企业大学,组织都为它描绘了清晰的未来景象,这个愿景相对容易沟通,并能够给所有的利益相关者留下深刻的印象。愿景陈述应该是鼓舞人心、令人难忘、可信和简明的,而且应该不断调整、不断发展。

事实证明,这个展望成功的组织愿景有助于企业大学明确自己前进的方向。

2. 建立组织机构

建立组织机构和重置人员,就是在构筑企业文化、统一基本认识的基础上,开始建设企业大学的运营体系。

一般而言,典型的企业大学组织由五个部分构成,即市场开发、产品设计、销售发行、财政和执行,企业大学通常以这五个部分为基础展开架构,各功能板块实行各自的职能,同时又集中在一起工作。而传统的培训中心在组织架构上则仅以产品为基础,我们发现以产品为基础建立培训中心的组织模式,其最大优点是形式简便且易于管理,但缺点较多,如冗余责任带来的费用、企业组织上下难以共享培训资源、培训中心与企业的整个组织缺乏一致性等。

如果我们能够意识到企业大学实际上就是一个企业,其组织架构也应该像健全的企业一样以各功能部分为基础建立,那么企业很快就会看到它的收益。在建立企业大学时,企业应该改变原有培训中心的内部组织架构,使其以市场开发、产品设计、销售发行、财政和执行这五大核心部分为基础建立完整的组织架构,并保证各功能板块各司其职、良好运作。在这样的企业大学中,人们将明确各自的角色和职责,他们将由原有培训中心的通才变为专家,更致力于自己角色下的本职工作。

另外,在企业的整体组织架构中,培训中心一般被安排在人力资源部下,向人力资源部汇报工作。活动范围大的企业大学可以改变这一点,同企业的各职能部门并列,直接向企业的最高层汇报工作。当然,不同的企业可以依据自身情况来决定企业大学的执行系统。扁平化、柔性的组织更适合建立企业大学,并且使其直接与组织的不同职能部门进行有效的协调。

在企业大学基本成形后,肯定会有人提出这样的质疑:"是否需要把所有的培训都安排在企业大学这个平台上?"对这个问题的解释使一些培训项目因为关注费用和效率而被集中,而另一些贴近消费者的项目则被逐渐分散。集中还是分散确实是一个两难选择,这里有一个简单而有效的测试,即确定在什么地方能够获得最大的成本效益,能够把员工学习和经营目标联系起来。答案是,在员工学习的战略职能上应该集中培训,如全面学习理念的发展、管理、制定和发展核心课程、登记、管理、测定、营销和远程学习的相关方针和程序等;而有关具体培训的责任则适于分散到当地或本地区。

组织架构的改变决定了企业大学的人员设置不同于培训中心,同时企业大学对人员的要求也不同于培训中心。那么,企业应如何为企业大学配置合适的人才呢?首先,要牢记企业的经营战略,保证企业大学的人员完全具备与企业经营目标直接相连的商业敏锐性与工作能力;其次,在已经成形的企业大学组织架构中考虑需要建立的职位,细致描述每个职位的职能和工作要求,再以此来甄选最适合的人才。

另外,对企业大学的培训师资,我们也必须知道他们不再等同于培训中心的原有师资。培训中心在聘用师资时,多寻求于外部,高薪聘请知名的大学教授或培训顾问,但这样做对企业经营的改进效果并不明显。企业大学在寻求教学师资时,应该将目光从外部转向企业内部,让具有实际经验的高层管理者或者专家担任企业大学的培训师资。企业的管理者和专家具有实际的工作经验,对企业战略有较深层次的理解,在开展培训时更有的放矢,能够始终保持与组织战略的联系。在进行企业文化与价值观的培训中,内部培训师的优势更加明显。而且,从财务方面看,用自己的管理人员做兼职师资更具优势。当然,外部师资也不能完全摒弃掉,在条件允许的情况下,企业大学应建立内部高层管理者、大学教授和培训公司顾问联合组成的培训师资联盟。

3. 建立产品和服务

一旦明确企业大学的组织结构和人员,接下来的任务就是确定企业大学所提供的产品和服务,这是建立企业大学的核心内容。

(1) 建立全方位的课程体系

基于企业大学在企业战略运作中的职责和服务对象在横向和纵向的深化,企业大学必须调整原有培训中心的培训课程体系,建立能够满足企业发展需要的全方位的课程体系。归纳起来,这一课程体系主要包括以下几个部分:

① 通用课程。通用课程指基本适用于所有企业的商科及技能类课程。这类课程对于企业全员基本素质的提高和知识结构的全面发展有着重要的作用,包括人力资源管理、生产管理、财务管理、营销管理、营销技能、普通法律知识、商务礼仪等。

② 专业课程。专业课程指适合于特定行业的专业课程。由于从事的行业不同,企业需要的课程体系也有很大的区别,行业专业课程对于洞察行业先机、提升企业行业竞争力有着重要的作用。因此,专业课程是从事特定行业的企业重要的学习内容,如金融行业、石油行业、煤炭行业、钢铁行业的专业课程等。

③ 定制课程。定制课程是根据企业内部资料和实际需求委托专业公司开发的课程。对企业来说,定制课程是对企业要害问题的学习解决方案或是将企业自身积累的宝贵知识进行固化。因此,定制课程对企业的商业价值极高。定制课程的内容包括管理知识技能的培训、新员工培训、技术知识培训、新产品推介、营销队伍培训、各渠道和客户培训、新系统或商业过程培训等。

④ 自主课程。自主课程指企业自主选题、设计、开发的个性化课程。随着现代企业科技水平的进步,企业可以自主制作相关课程,通过针对一些企业急需推广的知识和技能进行课件制作,可迅速在企业的特定部门、特定人员中进行普及教育,而它在内容上是专属的,是企业无形资产积累的重要方式之一,对于企业来说具有极高的商业价值。

⑤ 辅助资料。辅助资料指企业学习过程中的辅助工具和类比资料等。通过辅助资料的积累可以深化企业员工对学习内容的理解,提高员工的学习效率。同时,辅助资料库的建立也是企业知识体系是否完整的一个重要标志,它包括企业图书馆、企业案例库、行业数据库、行业法规库等。

(2) 培训内容的层次

从企业管理层次考虑,企业大学培训内容的层次安排应包含以下内容:

① 高层管理技能培训。高层管理技能培训包括领导艺术培训、高级管理学历课程(MBA)、如何指导下属和在不同部门就职、如何完成特殊委派,以及如何转变管理方式,制定战略决策等。

② 中层管理技能培训。中层管理技能培训包括决策计划技能,领导艺术,与其他经理

交流的技能,如何进行时间管理、项目管理,如何辅导雇员制定工作目标和完成工作计划等的培训。

③ 职业技能培训。职业技能培训包括人际交流技能、计算机操作技能和其他的相关专业知识(如财务,人事,营销,工程等),以及各种基本技能的培训。

④ 技术培训。技术培训包括计算机操作、生产工艺、使用特殊系统和设备、执行有关政策和规程等方面的培训。

⑤ 安全和健康培训。安全和健康培训的主要目的在于普及企业安全生产建设方面的常识和身体健康方面的知识,其基本内容包括安全生产知识、安全作业流程、如何确保工作场所的安全与人员健康、新员工培训及如何处理工作压力和建立健康的生活方式等。

⑥ 新员工上岗培训。新员工上岗培训目的是确保新员工有一个良好的开端,能迅速与组织融为一体,其内容包括具体工作场所的基本介绍、公司企业文化介绍和组织制度等。

⑦ 组织发展培训。组织发展培训指的是有关组织变动管理的培训,如建立学习型组织、全面质量管理计划、顾客服务和团队建设等方面的培训。

⑧ 员工个人及家庭教育。员工个人及家庭教育指的是有关员工及其家庭成员学历水平提高、学习能力提高、取得职业资格等方面的教育培训,包括升学考试、出国留学、会议活动等方面的信息、辅导课程和资料。

4. 建立运作体系和评估体系

企业大学应以市场开发、产品设计、销售发行、财政和执行这五个核心部分为基础建立完整的运作体系,需要强调企业大学作为独立实体,在运作中与企业内部和外部的联系。企业大学的市场同时存在于企业内部和外部,市场开发的首要任务是明确客户的具体需求,结合当前的企业战略以及企业文化的分析,设计企业大学的课程体系,并确定培训计划。和培训中心相比,企业大学更需要强调培训与企业战略和企业文化的一致性。

针对既定的课程体系设计,产品设计部门开始进行培训产品的开发或者采购,产出具体课程及其价格。接下来,销售发行部门把具体课程及计划推广到相应的培训对象,以期得到和市场分析相符合的参加确认。

在财务方面,企业大学主张独立核算。在培训对象接受并确认参加培训之后,需要有相应的付款流程以实现企业大学应收账款。

建立好企业大学的运作体系,就要有一个良好的评估系统。企业大学最看重的是与企业长远的组织战略相连,并通过持续提高员工的学习能力对之产生最终的影响。所以,企业大学在评估学习与培训效果时,必须采用能表明企业大学对企业业务经营产生影响的直接指标,通常这些指标是围绕着企业战略与各职能部门沟通协调确定的。

企业大学应该评估培训的最终产出,而不是培训的投入。传统培训的结果通常以每名员工每年接受的培训时数、接受培训的员工数和培训投资占收入的比重来衡量。但企业大学必须衡量培训投资对推动企业发展的真正价值,比如,确立一些指标,用它们来衡量企业大学对企业人力资本、对企业内部和外部客户,以及最终对实现企业经营目标和战略产生的影响。

当然,不同价值和运作范围的企业大学的衡量指标并不能高度定制化,但我们发现,优秀的企业大学经常会使用至少 7 个指标,它们分别是:受训者满意度;产品/服务质量;运行费用;企业文化评估;年收入额;净利润;员工满意度。

第二节　企业大学的历史沿革与发展趋势

本节案例

腾讯大学：对内为人才战略服务、对外实现开放共赢

腾讯的企业大学分成对外和对内两部分，对内叫腾讯学院，对外叫腾讯大学。最早成立腾讯学院时，初衷是为了更好地组织内部员工的持续培训，注重企业内人才的系统发展与培养，力求形成完善的内部人才培养体系。但腾讯学院期望做到的，不仅仅是员工培训，更重要的是提升人才发展的高度。

在腾讯的产品业务做开放战略以后，腾讯学院随之成立了对外的腾讯大学，开放给腾讯的一些合作伙伴、上下游的企业或者个人，在这个平台上相互学习、交流和分享。腾讯大学先是做了一些线下的培训，后来逐步开始做外部在线的学习平台，并且打造了 3A(anytime、anywhere、anyway)的 Q-Learning 系统，希望能实现开放共赢。

目前，对内的腾讯学院是腾讯 COE 下设的一个部门，承接人力资源战略，为腾讯提供课程和培训方面的支持。在架构上，腾讯学院分为领导力发展中心、职业发展中心、培训运营中心等多个部分。

在腾讯看来，一个好的企业大学应该是服务于公司战略目标的，所以腾讯学院通过绘制部门的战略地图与平衡计分卡，对人力资源战略进行分解，强调通过干部管理能力的提升，强化后备领军人才的能力准备度，提升干部管理的有效性，培养和造就一支有主人翁精神的干部团队，紧密联结产品战略，涉及和高层的战略沟通。

目前腾讯大学细分为四个子学院：微信学院、开放平台学院、营销学院、游戏学院，四个子学院都是对外开放的。比如游戏学院拥有导师团 70 余人，均为腾讯内部和游戏行业内的人才。游戏学院不仅提供线上课程及文章、游戏开发丛书编写发行，在大学开办选修课程、行业名人交流分享，而且注重对学员的实践培养。实践课程共有四个模式：一是在线组队如团队合作实践，二是赛事活动如游戏创意高校大赛，三是建设校园俱乐部网络，四是定期举办线下训练营。学员们完成课程学习、修满学分、通过导师团考核可以获得游戏学院颁发的专业技能证书。如果学员在实践课程中表现优秀，通过赛事或俱乐部等方式提交的项目得到转接团队的认可，还可以获得项目孵化和资金支持的机会。

请思考：腾讯大学是如何建设自己的企业大学的？

一、企业大学的历史沿革

1. 企业大学的历史沿革

(1) 企业大学的萌芽：20 世纪 20—40 年代

企业大学的历史渊源最早可以追溯到 19 世纪上半叶。产业革命推动了工业化的发展，机械化的生产方式取代传统的手工生产，对工人提出了更高的要求。工人尤其是机械工人

不仅需要熟练掌握机器的操作技能,还需要了解或熟知相关的基础知识。但由于大学教育及各类工程教育的发展相对滞后于工业化进程,导致工程技术人才匮乏,劳动力的专业水平普遍偏低。为了填补人才空缺,以英国为代表的工业化国家纷纷兴起了厂办学校的热潮。厂办学校以班级授课集体教学的方式,对一线员工和学徒工进行培训,初步满足了企业对熟练技工的迫切需求。

随后出现的第二次产业革命,催生了电力机械化和半自动化生产,企业对熟练员工的需求不再像以往那样迫切。与此同时,管理经营者在工业生产中的作用逐渐凸显,企业需要能够胜任工业化生产的经营管理者,由此产生了企业管理教育培训的最初需求。而高等教育中的工商管理教育相对落后,难以满足产业革命对企业管理者的大量需求。因此,企业培训对象开始拓展至经营管理者,培训层次、培训地位显著提升。

1913年美国设立了全国企业教育协会,由关心员工教育培训的企业组成,注册企业囊括了铁路、电信、机械、汽车、钢铁等不同行业,培训对象也由经营管理者拓展到大学毕业生。

1914年通用电器公司(GE)Charles Steinmetz倡导创办企业学校,成为企业大学萌芽的重要标志之一。1927年9月,通用汽车公司召开所属17家工厂的代表会议,确立了企业内生产主管人员的培训计划与培训内容,并于同年创建了"通用汽车工程与管理学院(GMI)"。GMI的建立是现代企业大学诞生的雏形。

(2) 管理变革阶段:20世纪40年代—90年代

20世纪四五十年代,随着第三次工业革命的兴起,电子计算机开始被广泛应用,生产和经济快速发展,劳动生产率普遍提高。企业对员工的知识能力水平提出了新的要求,企业大学也由此进入新的发展阶段。

1955年,美国迪士尼公司创办迪士尼大学,意在培养企业内部的高素质员工。这也是第一次企业大学作为一个清晰的概念被明确提出。1981年美国摩托罗拉公司创办摩托罗拉培训和教育中心,以协助公司建立企业文化。随后,摩托罗拉培训和教育中心与企业外的教育机构合作,在为员工提供继续教育与职业训练的同时,开始培育和建设企业战略的业务能力,帮助推动组织变革和战略实施。这一举动赋予了企业大学新的功能和定位。1989年,已经能够提供内外综合培训服务的摩托罗拉培训和教育中心正式更名为摩托罗拉大学。

(3) 创建学习型组织阶段:20世纪90年代至今

20世纪80年代后期和90年代早期,终身学习理念的出现让企业大学开始了新的发展章程,创建学习型组织风靡全国。20世纪90年代,摩托罗拉大学开始扩大合作伙伴,在全球24个国家设立了101个学习点,为摩托罗拉的员工、员工家属,甚至是客户和供应商提供培训。1993年摩托罗拉中国区大学成立,成了我国境内企业大学诞生的最早开端。1998年5月海信集团建立了中国第一家本土的企业大学,随后海尔大学、春兰学院、康佳大学相继成立,中国真正进入企业大学时代。

2. 企业大学的盈利

传统企业大学的运转资金主要来源于企业的培训经费,但随着企业的发展和企业大学的不断革新,目前企业大学正朝着企业化运作和盈利方向发展。总的来说,企业大学的盈利方式主要表现在四个方面:

(1) 开展对外培训

从对供应链上下游客户或者合作伙伴开始,逐渐发展到面向社会招生,为企业大学带来收益和利润;

(2) 知识产品输出

企业在对内、外部培训的过程中会不断丰富自己的知识库,随着课程和项目的研发,可以发展出相关的知识产品,比如书籍、教材、标准工具等,这些都可以成为企业大学的收入来源;

(3) 硬件设施租赁

企业大学校园、多媒体教室等硬件设施,可以作为企业资源对外开放。在提高资源使用率的同时,还可以增加企业大学收益,扩大企业大学的影响力;

(4) 非物质收入

企业大学作为企业对外形象展示的窗口,可以帮助拓展企业知名度,成为企业塑造品牌的重要平台,这是企业大学的无形资产。

以上四个方面仅仅是企业盈利模式当中的一部分,在企业实际运作过程中,可以结合自己的发展战略和资源现状,开辟新的业务范围和盈利方向,确定适合自己的发展道路。

二、企业大学的发展现状

1. 国外企业大学发展现状

(1) 国外企业大学实践情况

自1927年美国通用汽车公司成立GM设计与管理学院至今,"企业大学"(Corporate University)在全球经历了近百年的实践。自通用电器公司在1956年创办"克劳顿学院"以来,企业大学的数量快速增长。以摩托罗拉大学的成立为标志,企业大学由制造业很快发展到金融保险业、技术咨询服务业、运输业、医疗卫生业和农业等各个行业,近年来逐步成为发达国家继续教育领域一个令人瞩目的现象。

尤其在美国,企业大学不再是少数大型企业的专属,很多中小型企业也已拥有或正在筹划自己的企业大学,因此企业大学的数量增幅远远超过前数十年。有数据显示,1997年,美国100所企业大学注册的学员数量就已相当于在125所类似密歇根大学规模的正规大学注册的学生数;同时,进入企业大学进修者的规模也日益增长。84%的企业已设立或在筹备自己的企业大学,其中34%的企业员工数少于5 000人。

(2) 国外知名企业大学

① 全球第一所企业大学:通用公司克劳顿管理学院

1955年,全球第一所企业大学——通用电气公司克劳顿管理学院正式成立。克劳顿管理学院位于纽约州哈得逊河边,建立在神秘而神圣的"克劳顿村",占地58英亩,距纽约30公里。GE克劳顿管理学院是GE高级管理人员培训中心,在全球500强CEO里,出自GE公司的CEO就多达137位。

在克劳顿管理学院成立之初的头20年里,主要是为员工和团队领导设计和提供理论方面的培训,内容涉及产品和流程,目的是为了使学员理解GE的业务板块和公司如何运行。

进入80—90年代以后,随着公司第8任董事长——通用公司的世纪CEO杰克·韦尔奇的上任,公司进入了发展快车道,克劳顿的领导力培训内容也朝多元化和丰富性方面发展,逐步形成了从初级领导到中级领导,最后到全行政级别的一系列领导力培训项目。在克劳顿致力于开发领导力技能的背后,都离不了杰克·韦尔奇的身影。

② 遍布全球的企业大学:西门子管理学院

西门子管理学院遍布全球各地,其宗旨是提高全球员工的管理水平,为在当地的业务拓展和长期发展提供坚实的人力保障。

在西门子人事政策中,最有特色、最有成效的部分是培训。1995年西门子总公司对西门子(中国)有限公司及其合资企业进行了专项培训需求调查。调查显示,一个职位是否有吸引力,除了工资及社会福利外,培训的机会多少也是一个决定性因素,而在各种培训需求中,工作技能、销售、商务及对企业中高级管理层的培训又是重中之重。这项调查包括800多名员工和200多名高级本地管理层人员提出的培训要求。

西门子为了体现对管理培训的重视,决定将其在中国的培训机构命名为"西门子管理学院",其特点是学习环境宽大、舒适,适合成人学习,并能实施小组讨论、网上学习及声像等现代化的教学手段。

西门子管理学院的任务包括对公司管理层的培训和对员工的培训,其中特别针对与西门子合资企业的职业教育和商务培训,以及与中国高校的合作培养后备力量。此外,学院还有与中国有关机构的联络及合作培训。

西门子管理学院培训活动的主线主要是"管理学习教程",这是一项建立于世界公认的教学原理基础上的公司培养教程,该教程由五个级别组成($S1\sim S5$),各级均以参加前一级所获得的技能为基础,其主要内容是根据业务部门的实际需求制定的,业务部门也随业务的发展而参与教程的不断更新。

③ 第一所为本企业带来巨大经济效益的企业大学:摩托罗拉大学

摩托罗拉大学是摩托罗拉公司的培训机构,总部在伊利诺伊州,全球有14个分校。每年教育经费约在1.2亿美元以上,这不亚于国内名牌大学全年的教育经费投入。美国政府曾提出,企业用于投资教育的资金在工资总额的比例中,不应低于1.5%,摩托罗拉的比例却高达3.6%。1993年,摩托罗拉在中国成立了摩托罗拉大学,这所大学分两部分,一部分是在天津生产基地的培训中心,另一部分是在摩托罗拉北亚总部(北京)的一所写字楼里。

摩托罗拉大学拥有强大的讲师团队和富有经验的咨询专家队伍。讲师来自三个渠道:公司内部、国内外学术机构以及各大院校。其中50%的专家和教授拥有博士学位,30%拥有硕士学位。他们的相似点是既能讲授课程,又能够提供咨询,特别是在软件成熟度认证、业绩改进六西格玛培训咨询和质量管理方面,摩托罗拉大学的讲师和咨询专家具有丰富的知识和超前的实践指导经验。他们的经验源于在摩托罗拉公司长年从事管理工作和担当专业技术骨干的经历,他们的优势在于既懂得技术又懂得管理,同时自己就是实践者。有些咨询专家更是具有多方面的才能,在教学、实践和学术方面均有建树。讲师和咨询专家都曾经是学术带头人、项目领导者,他们在摩托罗拉大学有五到十五年以上的授课经验,很多人还在不同领域担任很高的职务。

④ 全球快餐行业第一所企业大学:汉堡包大学

1961年,在芝加哥市奥海尔机场附近一个名叫阿尔克森林的小镇里,麦当劳的掌门人克罗克麦建立了全球快餐行业的第一家企业大学,这家企业大学的第一届毕业生只有3个人。1972年底,布里克鲁兹被任命为汉堡包大学校长。在布里克鲁兹校长的领导下,汉堡包大学迅速扩大。

麦当劳公司人才培养模式的特色：

A. 企业文化贯穿于培训内容的始终

企业文化可以理解为：共同的价值观和规范的集合，它赋予组织成员一种信念，向他们提供组织的行为准则。

麦当劳公司的 QSCV 管理理念。许多人曾从不同角度评论麦当劳的成功，其中不乏论及其卓越的行销策略、成功的房地产投资、科学化的研究及发展策略。虽然这些都是事实，但必须强调的是：真正促使企业发展的是在第一线服务顾客的工作人员。因为一套好的服务策略必须考虑到消费者，但真正服务于消费者且让顾客满意的是服务员。能够让顾客愉悦而且不断地购买，其唯一的秘方就是使顾客满意。对于麦当劳公司而言，尽管在全球已超过了两万家，但在经营上最基本的理念 QSCV 永不变。其内容是：

Q(quality)：品质上乘，操作严格，追求完美；

S(service)：服务周到，顾客永远是上帝；

C(cleanness)：整齐清洁；

V(value)：物有所值，只赚应该赚的钱。

在麦当劳，业余打工人员占很大比例，甚至像日本麦当劳公司，其员工中临时工作者占的比例就达到了 95%以上。利用业余临时人员，一般企业在费用上固然可以节省，但日常服务、品质管理、环境清洁等，就会显得力不从心，而解决的唯一方法是培训。

B. 不断打造学习型企业

学习型企业是指通过不断学习来改革企业本身的组织，学习在个人、团体、组织或者组织相互作用的共同体中产生。企业人员终生学习、全员学习、全过程学习、团体学习，通过学习增强企业的竞争力。麦当劳就是这种学习型的企业。麦当劳公司不仅在其总部设立汉堡包大学，在澳大利亚、日本等国也先后建立了汉堡包大学。

麦当劳总公司规定所有雇员不但要上岗前接受培训，而且在其以后的快餐职业生活中，还要定期"回炉"深造，经历若干次再培训。这一点对麦当劳白领来说更是如此。餐饮经理则至少须培训 2 000 小时，这样长时间的培训任务并不是一次完成，而是用回炉培训的方法，由他们重回汉堡包大学学习来累计实现。

麦当劳大学激励人们不断学习，不断提高。它淡薄智商，更看中毅力、魄力、努力；摒弃庸才，不容惰性、傲性、奴性。它为职工在职和脱产学习提供了更多的机会，这也是麦当劳公司经营多年仍能够在世界范围内获得持续发展的重要因素之一。

C. 坚持产、学、研结合

麦当劳公司不仅有汉堡包大学，而且还有研究机构，美国麦当劳总公司企划研究人员有 150 人，正在从事与麦当劳产品服务管理等方面的研究，其研究一旦成功，成果可作为一种知识产品以技术形式转移到世界各地的麦当劳公司，这些知识产品包括：接待顾客、调味、进货、销售、点面经营、利益管理等，对于每个经营部门来讲，都是很周到和全面的。新技术新产品的出现，随之而来的就是再培训和再教育。而且研究成果作为教学一部分及时扩展，使其成为现实的生产力，这种以最快的速度把技术转化为生产力的依托就是培训。

D. 人才培训机制与激励机制相结合

麦当劳公司对人才的培训不是无目的的，而是经过培训使其创造更大的价值，使其能够胜任更为艰巨的工作，所以这种培训目的性很强，而且效率很高，同时，这种培训还能使每个员工感到这是一种荣誉。

E. 讲师是来自实践的一线管理人员

美国麦当劳公司共有30多位专职教授，负责讲授和指导各类必修课程。麦当劳公司自办高校以来，一直对各类讲师的任教条件严格掌握，校董事会规定：凡具备担任汉堡包大学教师资格者，必须是曾担任过麦当劳地区分公司总经理以上职位的人，否则根本不予考虑。正如汉堡包大学一位前任校长在评价该校教授时所说："他们没有学士资格，甚至有些高中尚未毕业，但这毕竟是麦当劳的管理人员教授麦当劳的管理方法。"这恰恰与我国现行提倡的"双师型"教师相吻合。所不同的是，现在的"双师型"教师大多是从学校毕业进入学校，真正在企业从事过技术工作的仅占少数。

麦当劳公司的人才培养方式不仅得到了社会的公认，而且其开设的许多课程已被美国政府教育部门所承认，列入美国相关大学或研究所的正式学分系列。纵观汉堡包大学的发展，在职业教育方面的确给我们树立了榜样。

（3）国外企业大学建设特点

综合国外企业大学建设情况，可以看到大部分企业大学都具有以下特点：

① 企业大学是企业的培训"中心"

从重视企业员工培训数量开始，国外企业大学开始关注培训的有效性和培训方法的多样化。例如，克劳顿管理学院就是高级管理人员培训中心；麦当劳汉堡包大学是麦当劳的全球培训发展中心，旨在为员工提供系统的餐厅营运管理及领导力发展培训。

② 企业大学与公共教育相结合

国外企业大学起步较早，一些企业大学与公共教育进行了适度的融合。在企业大学里修完相应课程，获得学分，毕业后可以颁发学历证书，可以视为大学同等教育。摩托罗拉大学与麻省理工学院等美国知名高校合作培养专业技术人才，并且双方相互承认学分。麦当劳汉堡大学同样与公共教育紧密结合，部分核心课程在全球广受高等学府的认可，获得了美国教育委员会认证的学分资格。

③ 企业大学开展外部业务

企业大学在成立之初通常都是面向企业内部服务的组织，针对企业内部开展培训等相关业务。随着企业竞争的日益激烈，企业开始认识到价值链上关键成员企业的实力对自身的成败也有重要影响。为了提高上下游供应商和客户的能力，很多企业大学开始为价值链的上下游供应商、客户提供培训等相关服务。还有些企业大学的定位就是利润中心，而非成本中心。但多数的企业大学，如摩托罗拉大学、克劳顿学院等，仍是以内部业务为主，仍局限于企业内部员工的培训和开发、企业文化和价值观的推广、知识管理和继任者管理等。

自20世纪90年代以来，互联网和远程教育的普及，为企业大学所面向的客户群体的扩大提供了技术可能。在满足内部市场需求的同时，很多企业大学已经开始为外部客户输出培训项目和专业咨询项目，在提升经济效益的同时扩大了企业的品牌知名度。

④ 高层领导的高度参与

美国著名的企业大学咨询公司CUX的调查报告显示，在较为成功的企业大学中，企业高层领导都积极参与企业大学的办学,这促进了企业大学的发展。有的首席执行官和高级管理人员扮演着学习倡导者的角色。他们参与制定企业大学学习计划,并推进学习工作的开展。此外,部分一线业务经理还承担了授课讲师的任务。

GE 克劳顿管理学院,大部分高层经管人员都是企业大学的教师,其中包括前董事长杰克·韦尔奇和现任董事长杰夫·伊梅尔特。在过去几年中,杰克·韦尔奇曾多次出现在教室里,亲自为通用电气公司的经理和行政管理人员授课。

高层主管的参与不仅对于员工有示范作用,更重要的是可以在课堂上跟员工进行交流,更多地了解员工的想法,与员工形成良好互动,促成和谐氛围,从而提升团队凝聚力。同时,这种高层参与对于企业大学各项事务的顺利推行与实施也十分有利。

⑤ 重视学习计划的效果评估

根据 CUX 的调查显示,66% 的企业大学担负着对学习进行衡量和评估的职责,其余的则是与企业其他部门共同承担;成立时间超过 10 年的企业大学则完全承担着这种职责。在这些企业大学中,有一半对学习效果对企业业务的影响力进行了评估。

由卡普兰和诺顿企业大学首先引入的平衡计分卡(BSC)已被 44% 的企业大学实施。例如,摩托罗拉大学已将平衡计分卡列为自己的一项核心产品,并对外提供相关服务。BSC 包括了可以为企业大学活动提供指导的学习评估及未来发展展望,因此为企业战略的制定提供了具有前瞻性的衡量标准。此外,还可以帮助企业大学识别出培训需求的优先次序和制订学习投资决策,使企业大学的作用最优化。平衡计分卡所拥有的优点已被广泛认可,在成立 10 年以上的企业大学中的使用率已高达到 47%。

2. 国内企业大学发展现状

(1) 国内企业大学实践情况

自 1993 年,摩托罗拉公司给中国带来企业大学这一全新的企业培训理念和模式以后,跨国公司纷纷在中国建立起自己的企业大学。与此同时,中国本土建立企业大学的热情也不断高涨。据统计,到 2012 年底,中国建立了 1 186 家企业大学。到 2017 年底,累积达到 2 700 家。到 2019 年底,企业大学的数量已经超过了 3 000 家。企业大学发展的速度之快,规模之宏大让人惊叹,见图 9-1 所示。

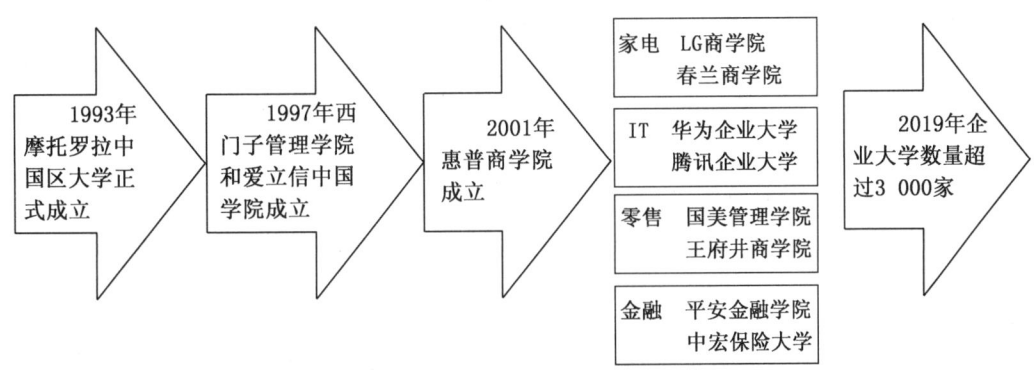

图 9-1

（2）国内知名企业大学

① 国内第一家企业大学：春兰学院

春兰学院成立于1998年9月28日，坐落于春兰工业园区内，是一所综合性的现代化人才培养基地。春兰学院开办了不同层次的学历教育，目前，学院设有职前的本科、研究生、博士生等多层次的学历教育，并设有在职管理人员、职工岗位培训、工程技术人员业务培训、继续教育和关键岗位的专题培训等多项教育内容。

春兰学院为新任经理开设《新任经理管理基础技能培训》，为在任经理开设《带队伍培训》《绩效考核管理培训》和《公司内控体系培训》，对于负有经营责任的中高层领导，还设有《企业经营决策能力》《领导力与团队建设》等课程。

② 世界上首家通过ISO10015国际培训管理体系认证的企业大学：海尔大学

海尔大学建立于1999年12月26日，海尔集团首席执行官张瑞敏指出："企业办大学关键在于其内涵和软件，海尔大学要成为海尔员工思想锻造的熔炉和能力提升的黄埔军校。"

在这一思想的指导下，海尔大学重点抓企业文化和模式创新的建设，开始了以"观念、案例、互动、传播、创新"为主线的培训活动，为海尔生态圈创客的培养和输送起到了积极的推动作用。为调动各级人员参与培训的积极性，海尔集团还将培训工作与激励紧密结合。海尔大学每月对各单位培训效果进行动态考核，划分等级，同时还引入了激励机制，这是增强培训效果的重要手段。

（3）国内企业大学建设特点

综合国内企业大学建设情况，可以看到大部分企业大学都具有以下特点：

① 与高校建立紧密合作关系

国内大多数企业大学自创始成立即与高校建立了紧密的合作关系，如海尔大学与美国哈佛大学、英国剑桥大学、日本神户大学及国内的清华、北大、复旦等国内外著名院校建立合作伙伴关系；威可多企业商学院是中国人民大学工商管理研修中心和北京威可多制衣中心联合创办的结果。

② 重点开展企业内部业务

国内很多企业大学是由企业内部原有的培训部门演变而来，例如，将企业大学设置在人力资源部门，所以大部分仍集中在"如何做好事务专家"方面，借助企业内部已有的比较成熟的人力资源管理体系，对内开展具体的业务。此外，一小部分企业大学从成立之初就开始拓展企业外部业务。最典型的是吉利集团成立的北京吉利大学，它是一所由企业出资建立的民营学校，面向社会招收学员，学生毕业后拥有相关学历和学位。

③ 充分利用企业外部资源

为了控制运营成本，拓展业务体系，许多中国企业大学在软、硬件投入方面都积极利用企业外部现有的资源。一方面企业高层管理者支持企业大学的工作，但一般不亲身参与培训计划的制订与授课，而是更多地聘请高校名师和行业专家进行授课和辅导；一方面是利用外部机构的培训设施来开展企业大学的日常管理、教育、培训等。

④ 专注于企业各具体业务环节的培训

国内有些企业大学在做培训时非常认真。先在员工内部做培训需求调研，再据此开发培训课程，配备相应的资源，组织课程实施。培训内容多集中在企业所需的营销、研发、管理、协同、变更等具体的业务发展与企业管理环节,以在短期能达到在发展过程中的需求和目标。

三、企业大学的未来趋势

1. 重视口碑建设

人才培养是企业大学最本质的职能。企业人才培养的能力,其外在表现为:公司信守承诺获得声誉的能力,创造竞争力战略并执行到位的能力,保持技术领先的能力,吸引并保有优秀人才的能力,构建强大组织能力的能力和培养杰出领导人的能力。人才品牌还表现在管理的输出和培训标准的输出,如 GE 克劳顿学院的活力曲线、行动学习等,惠普商学院开设的管理、销售、服务之道系列课程。只有深入分析企业大学的发展趋势,结合自身使命定位,确定符合组织实际的业务发展模式,建立企业大学组织架构和运作机制,梳理核心业务,配置核心资源并高效运营,才能为组织战略服务,才能充分发挥文化宣导、知识管理、人才支撑和智力支持等作用。

2. 统一业务标准

在人才管理方面,优秀企业大学表现出以人才价值链为主线,形成以规划、通道、能力与任务模型、测评、人才库对接的课程及项目体系,建立以职业通道、胜任素质模型为前提的评价中心,对培养对象实施测评认证,将认证与职业发展紧密关联,有效激励组织人才发展,是将企业发展战略与企业大学人才培养体系有效对接的工具。比如,长安汽车大学从岗位分析出发,辨识岗位的核心能力要求,然后按照不同的需要判断培训的内容和采用的学习方法,形成学习地图和针对不同层级培养对象的培训体系。

3. 企业战略工具

企业具备的核心能力应与其经营战略紧密对接。企业核心能力落脚于岗位胜任能力,即将企业的核心能力转化为对内部各类岗位和岗位人员的要求,确保合适的人在合适的岗位上通过合适的能力做合适的事情,从而提升员工岗位胜任能力,这是企业大学的最重要任务。例如,中兴通讯学院形成了从战略主题到组织能力到岗位能力到学习项目的工作逻辑。中航大学使用平衡计分卡工具,通过绘制战略地图和关键绩效指标体系建立企业大学运营与企业战略的对接。

4. 对象由内转外

目前企业大学仍主要面向内部员工,面向供应链合作伙伴、关键客户的企业大学比例不足 25%。根据企业大学服务对象的不同,可以将企业大学划分为内向型企业大学和外向型企业大学。内向型企业大学专注于内部员工的培训,定位于传播企业文化,创造学习氛围,培养企业专有人才,并成为企业发展战略的一部分。外向型企业大学根据服务对象不同细分为两类:面向供应链体系的企业大学,支持企业业务发展;面向整个社会的企业大学,注重提升企业形象或实现经济效益。总结惠普商学院、汉堡大学和 GE 中国培训发展中心服务对象的转变,可以发现随着企业战略要求提升和企业大学的成长成熟,企业大学逐渐从内向型企业大学转变为外向型企业大学。

5. 价值功能延伸

随着企业大学的成长、成熟,企业大学的功能逐渐不局限于人才培养,而是转向集前瞻研究、变革管理、价值链整合、品牌营销、文化传播、知识创新、幸福管理等功能于一体,成为提升组织能力的重要平台。

第三节　如何建立高绩效企业大学

本节案例

高绩效企业建设典型案例——招银大学

一、内外部环境和资源分析

1. 外部环境和资源分析

（1）技术环境

随着互联网技术的兴起,传统行业受到了技术的冲击,促进了产品和服务的不断升级,以及商业模式的不断更新迭代,传统行业所面临的挑战和竞争压力逐渐增大,对传统行业的员工素质也提出了更高的要求,对于招商银行这种传统的大型企业来讲,必须要进行组织变革、升级人才,才能抵抗日益增加的外部环境竞争压力。

信息技术成为知识生产的重要生产力,为我国企业大学跨越式发展提供了技术支持,招商银行拥有7万多员工、众多的分支机构和营业网点,基于银行员工基数、行业特性和企业管理体系,招商银行积极应用信息技术和人工智能等新兴技术,从初期实现远程视频、在线考试的在线学习数字化学习平台,到满足培训需求成立的远程培训学院再到基于移动互联网和大数据分析基础的集平台开发、内容研发和运营支持于一体的招银大学的建立,招商银行培训中心到招银大学组织形态的演变和升级,都是随着互联网技术的改变而迭代。

（2）外部资源

招银大学与外部咨询机构合作,建设招银大学学习平台,促进招银大学的信息化建设,在其协助下构建针对不同职能板块和不同层级对象的课程培训和学习平台,与清华大学合作创办领导力高级研修班,主要展开管理素质与领导力课程培训,同惠普商学院合作推出"金狮计划",通过管理素质测评工具、导师计划、高层关键对话对总行管理人才进行管理理论和管理方法的培训。

除此之外,招银大学从建设以来积极参加企业大学行业论坛,并与外部其他优秀企业大学进行交流合作,不断引进外部先进的管理理念和先进的课程和测评工具等,在行内外得到较好的评价,累计获得国内国家大奖30多项。

2. 内部环境和资源分析

1997年,招商银行在还没有自己产权的办公大楼的条件下,投入巨资建设招行培训中心,常年进行各类培训,在后期近十多年的发展中,招商建立了针对总行、分行和支行的全方位、分层次的三级九类培训体系,并与清华大学、惠普商学院等外部机构合作,针对高层次核心骨干和管理人才进行专项培训,为后期招银大学的高绩效运行奠定了丰富的培训学习内容体系基础。

招银大学在建设过程中,从总部到各分支行的高层管理者自上而下对招银大学的建设和运营提供了有力支持,很多高层管理者甚至亲自参与到企业大学的授课和导师辅导中,在制度层面,建立一系列学习制度和办法,招银大学能够整合内部师资和学习资源,结合招行自身管理特色,开展针对各层级特色化和定制化的培训学习项目,为企业大学的高绩效运营提供了组织和制度保障。

二、企业大学的战略定位

(1) 关注人才发展,招商银行七万员工职业发展整个过程,通过提升员工的能力素质,促进个人和组织整体绩效的提升;

(2) 关注组织智慧,萃取实战经验,沉淀组织知识,传承知识和智慧;

(3) 打造学习生态,利用内外部资源向标杆学习,创建内部学习的企业文化氛围。

三、运营体系

1. 管理体系

战略决策层设计:招银大学作为总行的一级部门,牵头全行人才发展,招银大学总体建设运营由总行统一进行顶层设计。组织推动总行年度培训工作,督导各分行实施各类教育培训活动,并提供相关专业协助和支持。

运营执行层设计:招银大学下设两院四室,负责招银大学日常运营管理。两院:远程培训学院和IT培训学院,四室:教务管理室:负责企业大学各种资源的合规和管理,以及日常行政管理;开发平台管理室:负责远程及学习平台的优化,保证平台有序安全平稳地运行;教学研发室:开发和建立课程项目,建立知识管理体系,制定相关系统运行管理办法;培训督导室:推动总行年度培训工作,督导各分行各类教育活动的实施,研究企业大学教育培训投资回报率(投入产出比),对各类教育活动大数据进行挖掘分析,为总行教育培训整体部署提供决策依据。

2. 课程项目体系

在教材开发上,坚持结合外部引进和内部开发相结合的原则,但以内部自主开发和定制开发为主,内部采用"教材编写十步法"即确定教材、组建小组、开发调研、确定大纲、合理分工、分部编写、教材总纂、内部评审、二改、三校十个步骤。引进和研发先进的测评工具,针对不同对象、不同层次、不同形式等采取针对性的开发模式,提高课程开发的专业度和效率,逐步开发出有招行特色,针对领导力、专业条线、新员工三大人才培养体系的相关课程,包含传统教材、精品课程、微课程、电子课程和超过4000个的相关教学案例,各类教材被广泛用于员工的学习和知识产品的生产和传播中。

四、评估方式

从评估态度、绩效改进度以及投入产出程度来对不同的培训活动效果进行评估。同时招银大学通过平台考试中心日常运营管理、试题管理来对员工培训学习后岗位所需掌握的知识和技能进行评估,评鉴中心通过引进并自主研发各种组织氛围、胜任素质模型、管理风格、管理行为等各种测评工具,通过大数据的跟踪、测评和分析,对各层级员工和领导学习动机、需求和学习效果来检验培训效果,并根据结果来设计更有针对性的课程项目。

五、运营绩效

从外部影响力来讲,招银大学在业内外获得了较高的品牌度和美誉度,已成为行业对标和学习的对象，多次获得"中国最佳人才发展企业奖""引擎奖""中国最受尊敬的知识型组织奖""亚太最受尊敬的知识型组织 MAKE 奖"和"知识创新应用奖"。

从内部管控来讲，招银大学在近十几年来的摸索和发展的进程中，始终坚持以总行发展的整体战略为指针，确定自身的发展战略目标和规划，整合内外部学习资源，建立了比较完善的课程体系、师资体系、学习资源平台，具备相对完善的人才培养体系和知识管理平台，伴随着互联网浪潮下从 PC 端到移动端 APP 一体化知识管理平台的建设，招银大学成为人才培养和绩效提升的服务平台和组织智慧增长能力的新引擎，不断变革和创新经营管理方式，成为招商银行各业务单元的战略合作伙伴，推动招商银行成为行业内学习型组织的标杆和轻型银行战略目标的实现，在人才培养、知识管理、组织变革以及学习型组织的构建四个方面都取得了显著的建设效应。

案例来源：任小青《高绩效企业大学系统模式研究》。

请分析：招银大学是如何建设成为高绩效企业大学的？

一、高绩效企业大学的概念

高绩效企业大学的思想和理念源于西方高绩效工作实践和高绩效工作系统，是一个合成型概念。概念的主体是企业大学。国内目前比较权威且认可程度高的高绩效组织定义如下：高绩效组织可以是一个公司、部门或者一个团体，是以人为本进行管理，以人力资源为核心竞争力，可以快速应对商业环境的变化，并为员工、股东、客户、社会创造有效价值的组织，也是能够快速解决问题并用于面对新业务的学习型组织。高绩效企业大学符合高绩效组织的含义和特征，是当今企业管理领域最热门的话题之一。

与传统企业大学的对比

（1）组织结构比较

传统企业大学一般是培训中心的简单升级版，职权与责任有限，职能权限范围一定程度上决定了其在组织中对企业资源统筹协调的权限范围，传统企业大学只能根据企业内部需求提供被动的和分散的临时性或确定性标准化培训，比如，针对员工的入职培训和基础的技能培训等，即使可以根据企业战略分解全年培训计划，但由于培训部门与企业业务部门及其他职能部门处于平级的地位属性，培训计划也往往会缺乏战略性、统筹性和有效性，也决定了其计划执行过程中无法协同企业内外部资源，实现资源的系统整合和管理分配，只能局限于操作层面，偏重于事务和执行层面。

高绩效企业大学的核心职能定位以服务实现企业战略目标为主，在企业的组织结构中具有重要的战略地位，企业大学要实现服务企业发展战略的职能，首先要有健全的组织保障，完善合理的组织结构和明确清晰的职责权限，即实现职能的有效执行机构，企业大学的组织结构要与企业的各项人、事、物进行高度匹配结合。高绩效企业大学一般在企业的组织机构中隶属于企业决策层和管理层，具有较高的组织地位，由企业的董事长或 CEO 和各职能部门、业务部门领导高管共同组成企业大学委员会，参与企业大学的重大决策与企业大学的日常运营管理，高绩效企业大学的组织结构为其更好地服务企业发展战略提供了有力的组织保障。例如，中国电信学院院长由中国电信集团副总经理兼任，成立了教学指导委员会，委员会成员由集团公司各职能和业务部门领导组成，委员会定期召开会议，进行决策方针的制定和内部运营交流反馈,以确保企业大学运行服务于公司的战略,中国电信集团在组织和制度上确立了电信学院的战略地位,得到了整个企业内部系统资源的有力支持。

(2) 职能定位比较

传统企业大学在组织结构中的地位决定其职能定位,传统企业大学由于是企业培训中心的简单升级版,在组织机构一般属于从属职能部门,层级地位决定其运行过程中无法协同企业内外部资源实现系统战略培训和学习,以事务操作层面为主,培训层次也不高,往往以岗位的基础知识技能性培训为主,即使大型企业集团公司培训职能部门,也通常局限于通过知识生产与知识的应用过程来输出适合企业发展匹配的人才培养和知识管理层面,很难上升到与企业战略相结合的高度,很多企业的培训计划的制订是通过搜集市场上企业运营管理相关的课程,建立相关的课程体系,供企业内部选择,然而最大的问题是无法与企业战略和实际业务相结合,难以有效解决相关实际工作层面的问题,并转化为工作绩效。比如,某汽车集团公司企业大学,提供的课程从汽车专业知识、数控技术,到人力资源、领导艺术、项目管理营销技巧等,涵盖范围之广,内容丰富,但未能与企业内部实际需求相结合,职能定位以基础的人才培养为主。

高绩效企业大学在企业组织结构中具有较高的组织地位,为其战略职能的实现提供了组织保障和相应的权限和职责,高绩效企业大学服务于企业战略目标的实现,企业战略关乎着企业的整体和长远发展利益,因此高绩效企业大学承担着全局和长远性的人才培养和知识管理的任务,而非局部被动短期应急式培训,高绩效企业大学协同整合内外部资源、环境、内部机制和企业文化等要素,通过全员的知识生产和应用传播的动态管理过程,为企业实现人才培养、知识管理、传承文化、企业变革、品牌宣传等战略功能提供智力支持,而且高绩效企业大学从组织结构确立的战略地位得到了企业高层和各部门的支持和配合,再加上组织制度和激励机制的保障,能够真正使员工能力与个人职业生涯相结合,个人学习与组织知识效能转化相结合,个人绩效与部门和组织绩效相结合,真正实现企业大学高绩效运行。

由于企业的发展具有前瞻性和战略性,战略决策的依据要求企业必须深刻了解自身运行的规律和逻辑,要知己知彼,了解行业现状及外部发展环境,高绩效企业大学不仅为决策和管理层提供内部交流研讨环境平台,同时会与外部产业链合作伙伴发展合作同盟,积极参与行业交流及共享行业产业最佳实践,并积极寻求与高等教育机构的合作,研究未来企业发展所需的能力,为企业的未来发展储备人才。比如,摩托罗拉大学利用其在领导力、学习和质量管理方面的优势,为员工、产业链供应商和客户提供学习解决方案,形成了六西格玛和领导力人才培养两大核心项目,其中六西格玛管理体系成了世界质量管理的先进范例,受到世界范围的关注。

高绩效企业大学服务企业的战略定位和组织保障,能够自上而下对企业内外部的学习资源进行统筹协调集约管理,便于实现对企业整体培训工作的系统管理,从而更好地聚焦和服务战略。同时,企业大学的学习组织体系能够保障企业大学与企业各个研发、生产、营销等各环节相融合,与企业的各职能和业务部门密切联系,基于完善的学习组织体系,是员工实现职场教育和终身学习的主要平台。高绩效企业大学在企业中的职能定位与企业大学的组织结构相呼应。

(3) 运行逻辑比较

在目标差异上,传统企业大学以人才培养为主,高绩效企业大学则着眼于企业的战略实施、组织变革、文化融合、知识管理等目标,进行系统的人力资源开发;

在培养对象上,传统企业大学以基层员工培训或中基层管理人员培训为主,高绩效企业大学的培养对象则是全员培训和中高层管理人员,部分企业大学针对企业的客户、供应商、合作伙伴提供价值链相关培训;

在筹资运作上,传统企业大学以企业根据预算划拨为主,高绩效企业大学一般以企业划拨预算、独立实体方式经营(指企业大学通过提供有偿服务来获得收入,不以赚取利润为目的)和利润中心三种运行方式为主。比如,GE克劳顿学院、华为大学、惠普商学院分别对应以上三种模式;

在课程体系上,传统企业大学主要引进外部通用课程,或有内部课程的开发,但课程零散、缺乏系统性和针对性,高绩效企业大学则根据企业战略和业务需求来进行课程的内部设计、开发和不断优化迭代;

在评估方式上,传统企业大学无评估或只局限于反应层面的对授课质量等满意度的评估,高绩效企业大学在培训学习后对"反应、知识、行为、绩效"等多个层面进行综合评估,衡量培训学习对组织发展的回报率。

二、高绩效企业大学的标准

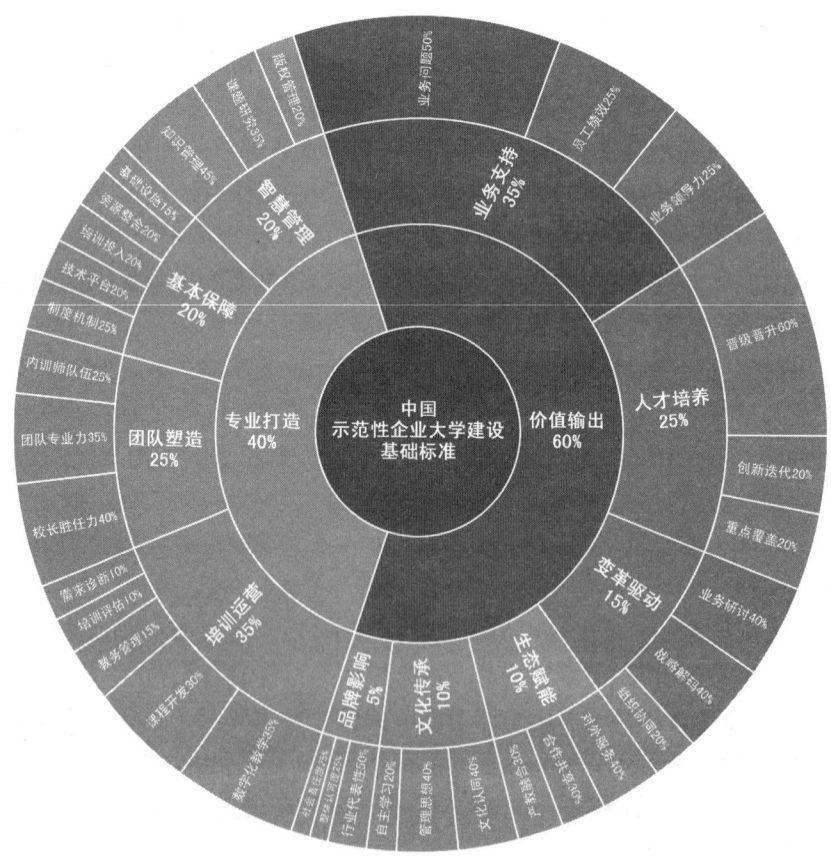

图 9-2

根据《培训杂志》最近研发的《中国示范性企业大学基础标准1.0》的主要思想,将示范性企业大学的发展水平分成两条线进行考察,一条是价值产出线,一条是专业能力线。一所高绩效的示范性企业大学,其价值输出功能应该占整体功能权重的60%,涵盖变革驱动、业务支持、人才培养、文化传承、生态赋能、品牌影响六个一级维度;专业打造功能的权重应该占整体功能权重的40%,涵盖团队塑造、培训运营、智慧管理、基本保障4个一级维度。每个一级维度下又包含若干二级维度,共同构成高绩效示范性企业大学的基础标准。

表9-1 中国示范性企业大学基础标准(价值输出60%)

一级维度(权重)	二级问题(权重)	重点评价内容(影响因子)
变革驱动 15%	战略解码 40%	战略研讨/解码/落地推动成效
	业务研讨 40%	业务规划/创新变革/研讨成果
	组织协同 20%	组织诊断/组织关系协同程度
业务支持 35%	业务领导力 25%	业务领导力评估/提升/持续支持
	业务问题 50%	业务问题界定/破解/引导支持度
	员工绩效 25%	个人绩效提升方法/工具辅导成效
人才培养 25%	重点覆盖 20%	领导/技术/高潜/关键人才培养总数
	晋级晋升 60%	结项学院管理晋升/专业晋级人数
	创新迭代 20%	人才发展理念/模式/方法/技术创新度
文化传承 10%	管理思想 40%	内部管理思想/经营智慧传承度
	文化认同 40%	公司文化价值观认同度/践行复盘成效
	自主学习 20%	组织学习生态环境/氛围营造成效
生态赋能 10%	产教融合 30%	校企合作/产学研融合深度
	对外服务 40%	标准/技术/经验/培训输出额
	合作共享 30%	平台合作/资源共享开放度
品牌影响 5%	行业代表性 50%	对标频次/行业评选/专著引用数
	社会责任感 25%	行业标准制订/公益教学参与度
	媒体认可度 25%	媒体曝光率/专业成果发表数

表9-2 中国示范性企业大学基础标准(专业打造40%)

一级维度(权重)	二级问题(权重)	重点评价内容(影响因子)
团队塑造 25%	校长胜任力 40%	向上管理/战略规划/体系建构/运营能力
	团队专业力 35%	编制/人才结构/专业研修/业务专精
	内训师队伍 25%	内训师资总量/专业认证数/授课量

(续表)

一级维度(权重)	二级问题(权重)	重点评价内容(影响因子)
培训运营 35%	需求诊断 10%	战略要求/业务诉求/人才需求匹配度
	课程开发 30%	课程开发量/理论依据/原创占比/迭代率
	数字化教学 35%	数字化应用/教学数据/业务场景融合度
	教务管理 15%	老师接待/学员管理/教学物资调配能力
	培训评估 10%	评估方法/考评范围/层级数/可量化程度
智慧管理 20%	知识管理 45%	经验萃取量/知识传播量/文库检索量
	课题研究 35%	前瞻课题/业务痛点/人才专项研究成果
	版权管控 20%	版权意识/版权登记数/版权维护成效
基本保障 20%	资源整合 20%	课程/讲师/专家/供应商/平台资源整合度
	基础设施 15%	硬件设施种类/数量配置/使用情况
	制度机制 25%	责权分工/总分协同/奖惩激励/风险管控机制
	培训投入 20%	核算方法/培训预算/实际开支分类占比
	技术平台 20%	数字化技术/系统平台兼容/使用率/升级率

其中值得关注的是,《中国示范性企业大学基础标准1.0》将战略解码指标定义为企业大学参与企业战略制定与落地的支撑能力,并将此指标升级为变革驱动,置于价值输出这个基本面之中,重点考量了企业大学在战略制定及OD层面的价值贡献。此外,《中国示范性企业大学基础标准1.0》在运营维度中增加了数字化教学的二级维度,重点考察数字化技术与企业大学业务场景的融合度与技术支撑度。

三、高绩效企业大学的三大基石

1. 财务规划

在企业大学创建和日常运行中,需要关注财力的平衡。不论是管理需要,还是评估需要,企业大学都要建立成本会计系统。只有足够的预算才能保证企业大学在运营的时候更加顺畅。

2. 制度建设

制度建设指机构日常运营管理及配套细则规划。对于那些从培训中心发展而来的企业大学来说,主要是增补和修订原有的制度体系,比如,职责体系、学籍体系、财务管理、执行实施细则等。不管是初创型还是升级型的企业大学,都必须跟企业的人事管理、薪酬制度、晋升制度、绩效管理制度等结合修订,实现企业管理制度的衔接有序和规范严谨。

3. 硬件配备

硬件设备的建设涉及培训场地以及配套的设施设备,比如,教室、投影设备、音响设备、配套休闲设施等。

四、高绩效企业大学的四大支柱

1. 课程体系

课程体系是企业大学的核心。企业有再好的硬件设施,如果没有好的课程体系,企业大学很难支持到企业核心能力的构建,也难以真正支持到业务的发展。

很多知名的企业大学都因其精品课程体系而为人所周知,如GE的领导力开发体系课程,涵盖了新任经理发展项目、高级职能经理项目、高层经理项目、最高层管理研讨会等一系列针对与不同群体、不同阶段、不同学习目标的领导力开发体系,培养了一代又一代的GE领导人。

在这几年的发展过程中,电子化学习手段也为企业大学在组织内部的培训渗透起到积极作用。最近Web2.0技术,如维基、实践社区、博客等,也开始被大量引用在企业大学的学习手段拓展上。翰威特所帮助客户管理的培训平台中,每年都会有上千万人次的在线学习,为企业培训提供了良好的课程和技术支持。

2. 师资体系

师资队伍是企业大学能保持长期健康发展的原动力,国内外许多优秀的企业大学都对于师资队伍建设极为重视。例如,GE注重实战培训,讲师中有一半来自企业内部,另外一半来自具有丰富实战经验的大学教授或咨询顾问。讲师的授课效果都会有学员来进行评价和反馈,通过反馈去改进课程,对最差的讲师会直接解聘。而平安大学的讲师都是内部兼职讲师,企业大学的项目组负责不断地发掘内部讲师,比如,马明哲就是公司战略课程的讲师。

总体来讲,中国企业大学内部讲师比例偏低,更倾向于使用外部大学教授、咨询顾问、专职培训师等。从全球最佳实践来看,标杆企业更倾向于使用内部讲师进行课堂式培训,但会更依赖于外部咨询进行电子化课程及平台的开发和设计。

3. 评估体系

对企业大学的有效性评价,是企业老总关心的问题。如何通过企业大学的投入,真正支持到企业经营业绩的提升、如何构建企业长期发展的原动力。现在多数企业会采用Kirkpatrick的四级评估模型"学员反应—学习效果—行为改变—产生的效果"来评估企业大学的有效性。现在部分企业大学已经开始采用评价顾客忠诚度的提高、新顾客的获取、成本的降低等不同业务指标对企业大学的实际效果进行衡量。评价体系的建设将最终帮助企业大学更好地对自身工作进行提高,更紧密地支持企业的业务目标的实现。企业大学对于很多中国企业来讲还是个新生事物。通过企业大学的设立和推进,许多企业的组织能力得到了很大提升。我们希望看到有更多的企业大学通过更战略性和规范化的运作,为企业长期健康、可持续发展做出更大的贡献。

4. 信息知识管理体系

信息知识管理体系是指将企业培训信息和资源进行收集、整理、归档、共享,让企业的知识和智慧沉淀下来,并在企业整个组织中形成共享和协同,创造和激荡出新的知识,以提升组织整体的人力素质。

本章小结

本章内容结构如下所示:

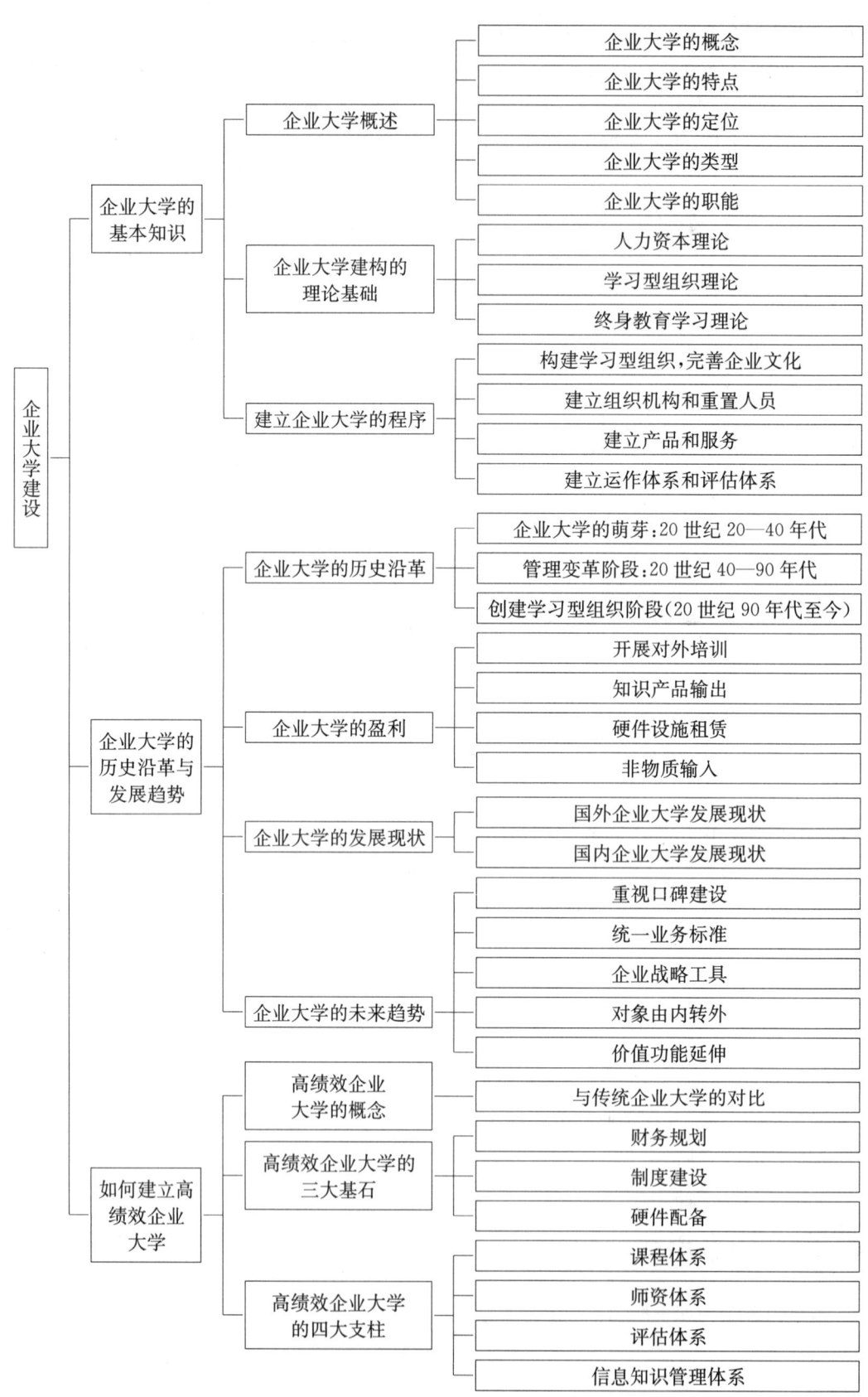

 **复习思考题**

1. 企业大学兴起的时代背景和历史环境是什么？
2. 企业大学的发展特点和未来趋势有哪些？
3. 企业大学的职能和定位是什么？
4. 建设企业大学的流程是什么？
5. 企业大学建设过程中需要考虑哪些内容？
6. 如何建立高绩效的企业大学？

 案例讨论

惠普大学的职能演进

惠普大学在传统培训阶段仅为员工提供与岗位相关的技能知识。以岗位的能力素质模型为基础，通过混合式学习设计核心课程和在岗实战演练，使员工了解企业规程、企业运营知识和规章制度等。2001年惠普大学推出了基于管理之道、销售之道、服务之道的惠普之道课程，旨在将职业标准与生产过程对接，为员工提供企业知识。惠普大学设计了为新员工培训的"狮子计划"项目，此项目实行导师制，通过跨团队合作、研讨、虚拟团队项目等在岗培训机制提升员工的工作技能。

伴随着市场的演变，需要及时更新员工的企业知识和学科知识，惠普大学知识类型逐步延伸，开始为员工及上下游供应链提供领导力提升、业务流程优化管理、供应链整体解决方案的分析等。为帮助员工获得前沿产业知识，以创新研讨会的形式定期或不定期邀请行业专家就前沿趋势和行业动态进行交流和学习。惠普大学的研究中心也为员工推出了一系列依托移动互联、大数据、云计算等进行前沿知识学习的课程。2002年惠普大学的惠普商学院开展了MBA培训班使员工可以获得更高的学历，成为第一家培训ITIL顶尖人才的培训机构。2004年为使员工进一步获得升级的学科知识，惠普大学与斯坦福大学合作开办了开发技术领导力的高级研修班。2009年惠普大学加强了学历教育服务，与中国科学院联合培养IT战略与IT服务管理方向研究生。此外，通过邀请各行业专业人员及经济学家等为员工解析产业知识。

2010年后惠普大学发展为外向型企业大学，成立了外包学院。随着惠普大学的发展，它提供知识服务的衔接范围逐渐扩展至为制造、电商、金融等各领域的企业提供知识服务。惠普大学一方面运用惠普的业务流程管理和机遇问题咨询的方法论，根据流程间的信息传递关系对组织内部流程建模，帮助业务部门实现内部全流程的规划、整合和梳理；规定业务部门内部日常的流程，通过量化的监控和统计分析找出知识部门的相关专业知识是否缺失以及技术科学知识的掌握情况，最终获取与相关部门匹配的知识并制定持续改进计划；利用仿真角色扮演并开发了一款赛车游戏以讲解跨部门的组织分工和协同配合，行动学习和跨界学习促进了企业内部生产部门、研发部门和营销部门等的知识顺畅连接。另一方面，惠普大学引进摩托罗拉的精益六西格玛方法,从差距分析、培养人才发挥潜能、战略分解和项目增进等方面持续改进业务部门业务流程,并解决工作中的质量管理和运营优化等实际问题,引入了企业架构的TOGAF课程、数据中心专家国际认证课,推出云计算系列等为上下游产业链提供立体式的学习设计,提高产业链管理的成熟度。

惠普大学逐步从单一的员工技能培训演化为支撑企业业务运转、探查产业前沿共性知识、管理理论方法的融知窗口,形成了企业特有的知识生态环境,为客户提供人力资源、流程、咨询、学习技术的全方位业务体系和创业孵化服务,促进了企业内外部知识的耦合。惠普大学归纳出了一系列诸如目标管理、走动式管理、员工持股计划等的管理创新的理论。2011年惠普成立惠普质量管理学院,引入ISO9000质量体系标准和TQC管理理念,通过跨部门的项目帮助各部门搭建方法论和工具,并研发多种移动学习产品,将最新的理念和技术知识通过网络学习平台应用到惠普企业中。此外,惠普还参与各种调查研究、行业论坛和学术文章撰写等活动。在外部知识生态构建方面,惠普引入大数据应用平台Hadoop的培训体系认证,为上下游产业链以及各类企业提供基于行业内方法论和最佳实践的创新型咨询服务,推出"车库讲堂",邀请国内外行业专家讲授前沿动态及工程科学等知识。惠普大学2015年后建立了绩效导向的实训管理平台,参与惠普全球支持开发的HPLivingProgress创业启动学习项目,为学生、潜在创业者和小微企业主提供免费商业技能培训、创业建议和技术解决方案。随着惠普大学逐步承担企业内外部知识聚合的功能,以及对精益六西格玛的方法论等工具不断创新,惠普大学探索和掌握了分析实验数据的数学理论和方法。惠普大学逐渐演变为惠普的知识中心,不仅将实训基地建成集培训、教育和技术服务为一体的"人才孵化基地",更积极构建了产学研用相结合的技术创新孵化体系。

请分析:
惠普大学有哪些职能?惠普大学的职能是如何演进的?

第十章 企业数字化学习与智慧教育

 教学目标

学习本章后,应该能够:
- 理解企业数字化学习的内涵和作用
- 了解数字化学习的发展和研究现状
- 掌握数字化学习的设计和评价体系
- 理解智慧教育的概念、意义和作用
- 理解智慧教育在当今社会的现状和发展
- 认识智慧教育在人力资源开发中的作用

第一节 企业数字化学习概述

 本节案例

漱玉平民大药房——九大专员项目

漱玉平民大药房成立于2002年,是山东省医药零售连锁行业的领军企业。历经十余年的发展,公司拥有连锁门店1 800余家,公司现有职工8 600余名。

漱玉平民大药房九大专员项目从前期盘点人才资源,规划各类专员培养路径,到启动混合式项目,大班教学小班任务的形式,并定期复盘项目,采用四级评估跟踪学员学习效果,最终实现四个"专业"项目目标。

1. 盘点人才资源,规划人才培养路径

漱玉平民大药房通过人才盘点筛选确定目标人群,通过设置九大专员,培训经理有针对性地制定培养方案,在企业内部实现快速复制人才。

中药养生专员	气血专员	慢病专员
掌握重要养生饮片功效应用、服用方法,能够结合顾客病症给出专业解决方案,并带教门店中药销售	培养专员辩证气血不足的表现,掌握中药以及中成药补气血的产品,能够带教门店气血产品销售	了解基础慢病知识,掌握常见的三高人群用药,能够指导销售,并在门店完成销售带教

器械专员	营养专家	儿童专员
掌握家用护具、呼吸系统器械、检测类器械、胰岛素笔的功能及操作使用,服务顾客,带教门店	掌握人体需要的营养素及矿物质缺乏的表现及相关疾病,了解相应的补充产品	掌握儿童常见疾病、门店常用的儿童用药的种类及用法,并在门店形成带教
肝病专员	骨病专员	西药养生专员
掌握肝病的分型与基础治疗方案、常见的保肝护肝药品与使用方法	掌握基础关节知识、常见的补钙和健骨的药品,并能完成销售带教	掌握季节性皮肤病和普通湿疹等皮肤疾病的诊断方法,熟练掌握用药及疗程

2. 大班教学小班任务,提高学员积极性

九大专员项目中,每期每类专员为一个大班级,讲师作为班主任,负责安排课程内容、审核学习课件、发布学习任务、课后作业及安排考试等。按照不同公司、片区将大班学员分为若干小班,建立小班钉钉群并选出班长,由班主任赋能班长督促班内学员学习的权利,来提高各班完成任务的积极性。

3. 讲师分组教学,混合式项目启动

利用线上学习平台O2O模块,通过在专项任务指派学习及考试,讲师可以直接查询每位学员及每项任务的完成进度、考试分数。项目运营期间,布置课下作业,学员通过拍照上传作业,讲师随时随地可以追踪学员作业情况。

同时,根据学习平台的线上考试及线下作业的通过率及完成率数据,可以较为全面及客观地反馈学员的学习情况。课程阶段结束后,漱玉平民组织线下结业、讲师考评并颁发证书。通过线上线下结合的形式,提高培训效率,更好地实现项目目标。

4. 定期项目复盘,持续追踪学员运用

公司通过复盘项目总结经验及不足,总结成项目管理运营手册,并持续优化、丰富手册,从而形成标准化的项目执行方案。同时,做好培训后销售业绩变化的持续追踪,在业务端形成培训效果反馈。

5. 四级评估保证效果,项目借鉴程度高

公司通过专项学习的形式将庞大而精细的医药知识体系分化,降低学习难度,增强学习精度,具有较高的行业借鉴性。

一级评估 反应	二级评估 学习	三级评估 行为	四级评估 业绩
线下培训讲师培训评估表,评估实用性、互动性和专业性等	训前摸底,训后随堂,通过学习平台生成数据量化知识点掌握情况	课后带教,案例视频,贴拒培训,工作计划表	评估同比、环比等销售业绩变化情况,评估培训对业务带来的实际影响

案例来源:组织与人才发展研究院:《医药行业企业数字化学习标杆案例》。

请分析:潄玉平民大药房是如何开展企业数字化学习的?除了案例中提到的措施之外,还可以怎样建设企业数字化学习系统?

一、企业数字化学习的基本问题

1. 企业数字化学习的概念

企业数字化学习作为一种新型的学习方式,已经引起了全社会的关注。广义上讲,数字化学习是指在由通信技术、微电子技术、计算机技术、人工智能、网络技术、多媒体技术等技术所构成的人类生存的电子化环境中进行的学习,是基于技术的学习。狭义上讲,数字化学习是在线学习或者网络学习,即在学习领域通过网络化的平台让学员进行学习的一种全新学习方式。

企业数字化学习主要是通过计算机网络进行的学习与教学培训活动,它充分利用现代化信息技术所提供的、具有全新沟通机制与丰富资源的学习环境,实现一种全新的学习方式和培训模式;它不简单等同于电子培训或远程教育,它包含了员工之间的相互沟通,知识的创建、管理和共享,同时为整个学习经历的交付、评估与管理提供解决方案。企业数字化学习的物化表现就是在企业中建立一个学习交流的网络化平台,通过这个平台对企业中的员工进行有效的培训和考核,为企业的员工提供一个良好的企业知识创建、管理和共享环境。

2. 企业数字化学习的主体

企业数字化学习的主体包括个人、小组和组织。个人学习是组织学习的基础,组织学习只能由个人行动来完成。但个人学习并不是组织学习的充分条件,个人学习只有上升到组织层面,在组织中传播并为其他组织成员分享,才能叫作组织学习。总之个人学习、小组学习和组织学习相互影响、相互制约,都是企业数字化学习的重要组成部分。

3. 企业数字化学习的内容

企业数字化学习的内容既包括显性知识,也包括隐性知识。数字内容从技术层面表现的形式可以分成网络课程、成功案例、解决方案、数据库、技巧文档等,它要满足企业个体、小组与组织三个层面的学习需要。

4. 企业数字化学习的过程

关于组织学习过程的解释有两种主流观点:第一种是信息处理观,它认为学习过程是信息获得、传播、解释、信息和经验储存在组织记忆中的线性发展结果。持此理论的学派提出了单循环学习、双循环学习等学习方式;第二种是社会建构观,认为组织学习着眼于人们对工作经验的感知方式,学习在社会交互中产生,是从个人与群体的不同价值观和思想中提取的共同观点的发展过程。为了促进组织学习,建议促进不同主张者之间进行对话。持此理论的学派强调情景学习、实践社群等。

(1) 经典过程模型

Argyris 最早从学习方式的角度给出一个组织学习的经典过程模型:发现→发明→执行→推广。"发现"包括发现组织的内部问题和外部环境的变化,然后在"发明"阶段,组织寻找解决问题的方法,并在"执行"阶段加以实施,产生了修正过的操作程序或规章制度,最后,学习不仅应从个人水平上升到组织水平,还必须贯穿组织各部门或组织边界,这就是"推广"。

(2) 四阶段模型

Slater 从信息处理的角度,给出了"信息获得→信息扩散→共同解释→组织记忆"的四个阶段模型。① 信息获得:是指组织中的个人通过天赋或自身经验,委托学习或移植、搜寻等方法来取得知识;② 信息扩散:是指将不同来源的信息与组织中的成员共享,获取新信息的过程;③ 共同解释:解读所获的信息,并进一步对成员认知不同与不理解信息展开沟通学习,以对信息意义产生了解及共识的过程;④ 组织记忆:指将所获得及解释的知识以档案、惯例、信息系统或其他标准作业程序加以储藏的过程。

(3) SECI 模型

野中郁次郎认为知识包括显性知识和隐性知识,二者在创造性活动过程中会相互转化。SECI 模型也是来源于知识动态转换的四个过程:① 社会化(Socialization),即隐性知识转化为隐性知识。观察者通过共享经验,即看、模仿、练习等方式获取隐性知识;② 外化(Externalization),即隐性知识转化为显性知识。通过比喻、概括、类比等方法将隐性知识形象生动地表达出来,使别人能够清楚地理解和接受;③ 结合(Combination),即显性知识和显性知识结合的过程。这个过程是指通过信息技术等各种媒体,对显性知识进行选择、分析、重组、补充,从而产生新的显性知识;④ 内化(Internalization),即显性知识转化为隐性知识。将显性知识进一步具体化和明确化,通过知识之间的相互作用来产生更有用的知识,采用练习、实训等方式帮助学生理解并转化为自己的隐性知识。

上述模型都在强调企业内知识的转化、扩散、共同理解和积累。在企业数字化学习系统的设计过程中,可以将组织学习过程模型与数字化学习技术架构整合起来,为企业的学习和知识创新创造良好的学习环境。

二、企业数字化学习的模式

1. 单循环学习

单循环学习是指发现并改正组织错误,使得组织能够保持当前政策,去实现既定目标。根据 Dodgson 的观点,单循环学习可以被视作一种将组织所需的知识、技能或规则植入组织,同时不改变组织现有形态特征的组织活动。单循环学习亦被其他学者指称为"低层次学习""适应性学习""复制式学习"等。

2. 双循环学习

双循环学习是指除了发现并改正组织错误外,对组织现有的规范、流程、政策和目标提出异议和修正。双循环学习包括对组织的学习基础、特殊能力、例行常规进行变革。双循环学习也被其他学者指称为"高层次学习""创造性学习""拓展型学习"。

三、企业数字化学习的未来趋势

1. 社会性学习

传统的学习过程中,从知识产生、知识沉淀到知识传递和应用,都需要借助书籍、课堂、数字化资源等多种载体传递,最终才能走到学习者的视野。而社会性学习是直接找到解决问题的人,迅速解决问题,具有革命性的意义。

2. 移动化学习

传统的数字化学习不能完全满足随时随地学习的要求,学习终端、网络限制,往往使数字化学习成为在特定地点、特定时间的有限学习。只有移动化学习才能真正满足学习者随时随地学习的要求。目前国内已经有企业在开展基于智能手机的学习培训项目,未来移动化学习的趋势将会更加明显。

3. 沉浸式学习

沉浸式学习是指将学习者置入一个模拟真实学习的环境中,使学习者通过在环境中的互动体验达到学习的目的。随着网络技术的发展,网络沉浸式学习慢慢走向成熟。网络沉浸式学习系统将学习管理系统、虚拟教室、多点互动和传统的课件等学习技术和学习模式整合在一个网络虚拟环境中,大大提高了企业数字化学习的应用难度和可行性。目前我国部分企业已经采用了以沉浸式体验为主的培训学习,如宝马集团的 AR 培训应用,员工通过佩戴 AR 眼镜将他们手中的装备零件进行虚拟增强,员工以虚拟的形式进行实探,即使操作失误,对现实的物理零件也不会有任何影响,这种沉浸式的体验一方面降低零件损耗,另一方面学习效果无疑更好。

4. 嵌入式学习

嵌入式学习是指将培训、学习回归到工作中的一种学习理念。很多企业在培训过程中过分追求培训形式和培训效果,而忽略了对组织战略目标的支持以及满足员工日常工作业务的需求。如何将培训和工作相结合,是企业大学面临的重要课题。

5. 个性化学习

大数据和人工智能技术可以帮助跟踪记录学员学习的全过程,帮助学员生成数字化画像,针对性地为学员推送个性化培训课程,以有效提高培训的准确性、科学性和实用性。此外,对于培训师来说,大数据+人工智能技术为培训师打造了专属的"人工智能助手",协助讲师感知、管理学员的学习,并可以替代讲师讲授大量结构化内容,使教育的个性化与规模化得以兼顾,让因材施教成为可能。

6. 多样化学习

以直播大班、互动小班、翻转课堂、双师课堂、混合式教学为代表的教学方式和学习方式,突破了时空局限性。虚拟现实、虚拟实验、三维仿真、混合现实等新技术与学习融合,成为新型教学工具,学习方式、学习平台、学习内容等都变得更加多元。

第二节 企业数字化学习的实践模式

 本节案例

数字化学习环境下的企业培训:招银大学"金鹰计划"

中国的金融业自加入 WTO 以来一直面临巨大的挑战与机遇,尤其是中资银行,面临西方资本业巨头的诸多竞争压力。让银行的员工掌握更多的经济技能、学习世界级的经济管理知识,是银行业在面临国际竞争巨大压力下的突围法宝。在这个背景下,招商银行意识到人才对于一个企业生存的重要性,更认识到培训对于人才发展的重要作用,在2008年招商银行开业内培训和学习体系建设的先河,开办了自己的企业大学——招银大学,不断为自己培养着一批又一批的优秀业务人才和管理者。在模式上,招行推出了一种低成本、高效率、受训面广的远程培训模式,引进国外的先进课程,与外行各业务部门紧密合作,并计划逐步开发符合本国银行业发展的高质量培训课件。

1. 培训体系简介

以招银大学的成立为契机,招商银行在师资建设和自主品牌的课程建设上进行了尝试,推出了为期5个月的领导力培训项目——"金鹰计划"。通过研发类似项目,公司希望提高内部人员的教学研发能力,促进培训团队的实践技能,塑造招银大学的核心优势,实现"从培训到学习"理念的转变。

（1）培训背景

项目将培训对象定位为企业未来的核心人才,即分支行的中、基层管理人员。

（2）培训内容

"金鹰计划"的开展主要是为了提升中基层分支机构干部的领导能力,它采用了全球人才培养领域中一种较领先的方式:混合式学习,将面授培训、导师辅导、在线学习、体验式学习、行动学习等多种学习活动融合,经过前期测评和后期测评,辅以面授课程和在线学习,通过学员的行动学习和实践行动,达到塑造学员领导力的目标。

该计划按照学习开展的阶段分为学习前、中、后三大模块。学习前基于训前评测和行动学习理论,开展评测的内容主要包括180°评估、文件筐、结构化面谈等。这个阶段也是项目启动阶段,在培训正式开始前,通过前期测评和调研,招行确定一个行动小组和行动课题,小组历经4~5个月的访谈调研、分析讨论及导师的辅导,结合面授课程和在线课程将学习和行动结合起来,最终形成系列成果,如《项目解决方案》《管理案例》《行动学习反思》等。项目结束时,招行通过后期测评分析团队中组员的个人能力和团队能力提升成果,在学习和工作中实现培养和培训的结合,实现组织的绩效提升。

学习中包括五大阶段,学习后使用180°评估和文件筐等方式进行培训后评测,形成评测结果报告、项目总结汇报及行动学习总结汇报。

招银大学在线课程自助学习五阶段

	招商银行在线课程(E-Learning)自助学习
第一阶段	《问题分析与解决》 《创新密码》 《第一次行动学习》
第二阶段	《管理者的压力管理与情绪调控》 《领导艺术》 《第二次行动学习》

(续表)

	招商银行在线课程(E-Learning)自助学习
第三阶段	《内部讲师特约课程》 《管理执行提升》 《第三次行动学习》
第四阶段	《教练型领导力》 《跨部门的有效沟通与协作》 《第四次行动学习》
第五阶段	《商业表达》 《第五次行动学习》

（3）实施过程

"金鹰计划"的实施围绕培训内容的"两大测评＋学习过程"展开，为期5个月。两大测评主要是指训前和训后评测，前期测评掌握学员已有的能力现状，挖掘学习需求；后期测评检验学习效果，形成项目成果并提出发展建议。学习过程中的面授课程匹配个人能力需求、实现针对性的技能提升；行动学习结合现场辅导和学员的实践行动，形成解决方案；E-Learning在线学习辅助面授课程，实现线上与线下学习相结合；导师辅导机制健全，分行领导亲力亲为，全程辅导和监督学员的学习；而体验式学习通过团队实践活动实现领导力的获得与提升。

2. 培训效果

数据显示，通过混合式学习，干部层的管理素质和领导能力得到全面、系统提升。对比前后能力测评的数据显示，学员能力整体提升幅度为16.50%，在12项能力维度上均有不同程度的提高，其中提升幅度较显著的有系统思维(提升54.98%)、协调一致(提升17.89%)、激励员工(提升16.77%)等短板能力。

请思考：数字化学习在招银大学的培训中是如何体现的？

一、企业数字化学习实践模式

随着信息与通信技术在促进组织学习与知识创新中的作用越来越明显，大量的企业开始尝试应用网络技术探索数字化的学习方式。通过分析企业数字化学习已取得成功的案例与经验，可以发现一些相对成熟的实践模式。

1. 能力素质模型

戴维·麦克米兰教授于1973年提出了能力素质模型的概念。能力素质模型将员工的能力素质按内容、角色或岗位有机地组合在一起，可以广泛应用于人力资源管理的各项业务中。能力素质模型就是对员工核心能力进行不同层次的行为描述，确定关键能力和完成特定工作所需求的熟练程度。它描述了要实现企业整体战略目标各个岗位的员工所必需的行为、技能和知识配置，包括了可以量化的知识和技能和潜在的能力两大部分。模型的关键在于配置，包括对知识技能的配置，也包括对态度、价值观、个性等的配置，能够帮助管理者明确培训目标、培训内容和考核标准。目前很多企业的数字化学习系统都采用基于能力素质模型的方法,分析企业的学习需求,开发学习内容,确定考核标准等。

2. 社会建构模式

社会建构主义学习理论主张知识源于社会的意义建构,学习者应该在社会情境中积极地相互作用,学习是知识的社会协商。学习是一个社会的、主动的过程,学习者的自治和问题解决活动是学习的焦点。学习个体在学习过程中的活动主要是基于学生问题解决过程形成的,无法结构化或提前决定,学习者需要能够支持建构、呈现、反思和写作的工具,需要能够寻找与问题相关的资源的工具。

3. 组织间学习模式

信息技术进一步推动经济全球化,企业间的分工、协作与学习已成为企业生存与发展的基础。组织学习不仅仅局限于企业内部,它还在组织之间产生,如供应商网络的相关企业、跨国公司企业等。组织内的学习关注的是适应环境、获取信息、集体构建组织宗旨、组织记忆等内容,而组织间学习关注的问题是组织间关系、信用、协调与竞争、产业链知识传播等。

网络技术为产业链知识的传播与共享提供最直接的支持,基于产业链知识库的组织间学习,为提高行业竞争力,加速产品研发制造,整合知识管理,提供了重要基础,如针对PC产业链的知识库,为供应商、制造商、销售商、解决方案提供商、服务商等提供完善的专业知识,促进企业间的协作与知识创新。

二、如何构建企业数字化学习体系

1. 企业数字化学习体系的基本组成

企业数字化学习体系的构成相对复杂,涵盖了基础设置、软硬件、学习体系、学习内容、管控体系、评估体系等各个方面。从宏观角度来说,企业数字化学习体系由技术、内容、管理、组织环境构成。但是不同企业的组织环境、组织结构等具有千差万别,因此对企业数字化学习体系的需求也不尽相同。各个企业应该从自身需求出发,围绕技术、内容、管理、组织环境几个部分,构建自己的企业数字化学习体系。

2. 企业数字化学习体系构建的理论基础

(1) 知识管理理论

知识管理理论是一个庞大的理论群,其中包括了各种独立的理论,如显性知识和隐性知识的划分,以及它们之间的相互转换;知识的创造模型;知识链模型;知识增长阶段理论,知识管理的方法和技术等,对企业数字化学习都有重要的参考意义和价值。

(2) 成人学习理论

西方成人学习理论分为三个学派:诺尔斯的成人教育学思想;以麦克卢斯的余力理论和诺克斯的熟练理论为代表的成人学习生活情境理论;麦基罗成人学习知觉转换理论等。在成人学习理论的研究成果中,尤其应当关注的是有关成人学习心理特点与策略的研究。企业数字化体系的使用者和受用者都是成人,因此在建设过程中,应尽量注意以下事项:① 重视学习平台中学习活动过程与内容组织的设计;② 在学习平台中要提供对学习者的监控与评价功能和合作互动的功能,确保学习者在使用系统的过程中可以与老师或其他学习者实时互动;③ 学习平台要提供个性化的定制功能,从而保证和激发学习者的学习动机与热情;④ 开发的内容要尽可能凝练,避免长篇大论;⑤ 内容的表现形式要多样,能够有效地维持成人的注意力,促进其快速掌握和理解学习内容。

(3) 建构主义学习理论

以建构主义学习理论指导企业数字化学习体系的构建,我们首先要对学员投入更多的人文关怀,应当尊重并重视学员的个体差异,课程界面的设计要适合不同风格学员的学习需求。学习内容应该具有针对性和及时更新的特征;其次,建构主义对情境的关注,使得我们应该重视企业非正式学习的组织和开展。企业中存在正式学习与非正式学习两种数字化学习,美国数字化学习大师 Jay Cross 的调查显示员工 80% 的知识技能来源于非正式学习,通过正式学习而获得知识技能的只有 20%。因此,数字化学习如何更好地支持企业中的非正式学习,是决定数字化学习应用成败的一个关键因素。再次,从协作和会话的角度出发,应更多地为学员提供知识分享、知识交流、知识创造和协商互动的空间。最后,建构主义从学习的本质出发强调知识的意义建构,这一观点对于我们的启示在于扩展数字化学习的角色,关注对学习的支持,强调员工对知识的永久性掌握和内化,以及向个人工作绩效的转化,而不仅仅是即时技能和知识的获得。

(4) 绩效技术

绩效技术主要起源于程序教学及其以后的教学系统设计,教学设计者在实践中清楚地认识到,企业组织中存在的许多绩效问题,仅仅依靠科学的教学设计和实施是无法解决的,传统的企业培训只能满足部分需要,不能解决组织中的所有绩效问题,人员的选择、任务、动机、环境因素等都是非常重要的因素,必须加以综合考虑和配套改革,于是在教学设计的理论与思想指导下产生了绩效技术,以后,认知科学、信息技术、组织开发、改革理论与实践等又将绩效技术的研究推向深入。绩效技术为数字化学习管理系统的设计提出了明确的指导。在系统的设计过程中,需要将更多方法与功能应用在系统的各项管理与组织流程中,而不仅仅是关注学习或者教学过程本身,要使学习者在系统中可以获得知识、技术和环境的支持,以便有效率地工作,获得好的工作效果。

3. 企业数字化学习体系构建的过程

企业数字化学习体系的构建,没有固定的模式或参考程序。不同的企业根据自己不同的实际情况,可以从不同角度入手构建自己的数字化学习体系,但是总的来说,大部分企业在构建数字化学习体系的过程中,都会经历以下几个步骤:① 制定战略与发展计划;② 确定需求;③ 引进学习系统与课程内容;④ 在企业中推广数字化学习模式;⑤ 选择试点项目进行数字化学习实践;⑥ 全面展开数字化学习;⑦ 测定评估数字化学习实施成效。其中,对数字化学习成效的评估应该贯穿在整个数字化学习体系的构建过程中,以便及时修正体系的构建方向,使其切合组织的发展。

第三节 智慧教育

本节案例

智慧教育战略背景

1. 教育事业总体现状

近年来,中国的教育事业取得了辉煌成就,教育规模空前扩大,受教育人数屡创新高。与此形成鲜明对比的是各地的教育资源不均衡问题仍然突出,人们对于优质教育资源的需求还没有得到基本满足。

发展教育的本质是通过教育资源的共享,让每个人享有平等的享受优质教育的机会,然而当前我国教育发展中面临如下现状和问题:

- 传统的教学模式中教学手段和内容单一,高质量教学资源不能整合,更新缓慢、成本高;电教设备难于操作;
- 教育资源发展不平衡,分布不均,共享程度低;
- 教学、管理缺少信息化手段;管理信息系统之间缺少统一的信息化建设标准,没有互联互通,形成信息孤岛;
- 城乡各级教研的协同工作受地域限制,开展难度较大;
- 家、校、学生、教育主管部门缺少有效的沟通平台和手段。

2. 智慧教育政策背景

智慧教育是"智慧城市"的核心组成部分,是促进我国教育事业发展的重大战略,对于转变教育思想和观念,深化教育改革,提高教育质量和效益,培养创新人才具有深远意义,是实现教育跨越式发展的必然选择。党中央、国务院对教育信息化工作的重视程度前所未有,智慧教育相关政策密集出台。

《国家中长期教育改革和发展规划纲要(2010—2020年)》:信息技术对教育发展具有革命性影响,必须予以重视;到2020年,基本建成覆盖城乡各级各类学校的教育信息化体系。

《教育信息化十年发展规划(2011—2020年)》:基本建成人人可享有优质教育资源的信息化学习环境;基本实现宽带网络的全面覆盖;教育管理信息化水平显著提高,信息技术与教育融合发展的水平显著提升。

习近平主席在致首届国际教育信息化大会上的贺信:"积极推动信息技术与教育融合创新发展","坚持不懈推进教育信息化,努力以信息化为手段扩大优质教育资源覆盖面","通过教育信息化,逐步缩小区域、城乡数字差距,大力促进教育公平,让亿万孩子同在蓝天下共享优质教育、通过知识改变命运"。

新教育法:"国家推进教育信息化,加快教育信息基础设施建设,利用信息技术促进优质教育资源普及共享,提高教育教学水平和教育管理水平","国家鼓励学校及其他教育机构推广运用现代化教学方式"。

教育信息化"十三五"规划:"不断扩大优质教育资源覆盖面,优先提升教育信息化促进教育公平、提高教育质量的能力"。

3. 智慧教育建设目标

实现教育信息基础设施的全面覆盖和教育信息资源的广泛应用,各级各类教育单位基本符合教育现代化要求的信息化环境构筑,推进信息技术在教育教学工作中深度应用,形成人人皆学、时时能学、处处可学的学习型社会。

一、智慧教育的概念

1. 智慧教育的含义

智慧教育是依托物联网、云计算、无线通信等新一代信息技术所打造的物联化、智能化、感知化、泛在化的教育信息生态系统,是数字教育的高级发展阶段,旨在提升现有数字教育系统的智慧化水平,实现信息技术与教育主流业务的深度融合(智慧教学、智慧管理、智慧评价、智慧科研和智慧服务),促进教育利益相关者(学生、教师、家长、管理者、社会公众等)的智慧养成与可持续发展。21世纪人类社会已全面进入信息时代,信息技术不仅能为教育战略目标的落实提供高效率的工具,其普及与渗透还会改变我们一些重大战略实施的生态环境,从而对这些战略落实提出了变革性的思路和挑战。

对于智慧教育而言,技术不再是无足轻重,其角色已经发生"质变",跃升为整个教育生态系统关键性的一环。信息技术的合理导入和应用加速了整个教育系统的和谐运转和持续进化,带动着教育现代化事业不断向前发展。

智慧教育不是隔空建楼,而是对现有数字教育系统的升级改造,经过近十年的教育信息化发展,我国的数字教育事业取得了长足进步,信息化基础设施、数字教育资源、管理信息化水平、师生信息技术素养等方面都有了显著提升。然而,我国的数字教育仍面临一些瓶颈亟待突破,比如,信息系统维护难、数据与资源共享难、管理效率低下、决策科学化水平不足、技术与教学整合层次较低等。新一代信息技术的发展为我国数字教育转型智慧教育提供了重要机遇。

教育的本质是培养人,信息时代的智慧教育更要"面向未来",合理、有效、创新应用信息技术,培养适应未来社会发展需要、不断推动社会改革与进步的创新型人才。智慧教育要教会学生21世纪生存技能,包括学习与创新技能(批判性思考和解决问题能力、沟通与协作能力、创造与革新能力)、数字素养技能(信息素养、媒体素养、通信技术素养)和职业生活技能(灵活性与适应能力、主动性与自我导向、社交与跨文化交流能力、高效的生产力、责任感、领导力等)。

2. 智慧教育的特征

(1) 教育特征

智慧教育是技术推动下的和谐教育信息生态,其核心教育特征可以概括为:信息技术与学科教学深度融合、全球教育资源无缝整合共享、无处不在的开放按需学习、绿色高效的教育管理、基于大数据的科学分析与评价。

① 信息技术深度融合

信息技术与教育的"深度融合"涉及方方面面,包括技术与管理的融合、技术与教学的融合、技术与科研的融合、技术与社会服务的融合、技术与校园生活的融合,等等,其中,信息技术与学科教学的深度融合应该是智慧教育的首要价值追求。课堂是教育改革的主阵地,学科教学是教育系统的核心业务。如果说信息技术与课程整合是教学改革的"物理反应",那么信息技术与学科教学深度融合则是"整合"基础上的"化学反应"。智慧教育环境下电子书包、平板电脑、智能手机等移动终端将成为课堂教学的常规载具,BYOD(Bring Your Own Device)运动将在全国各级各类学校乃至企业大学逐步推广普及。移动终端的引入使得课堂教学组织将变得更加灵活多样,不囿于"排排坐"的固定形式。支持各种学科教学的专用软件(如图形计算器、几何画板、Chem Lab 等)将越来越丰富,可以实现更高效率的学科知识传授与学科能力培养。

智慧教育需要广大师生具备较强的信息技术应用能力,合理、有效、创新应用技术促进课前、课中与课后教与学活动的全程设计、实施与评价。信息技术在学科教学中的"消融",教师和学生从关注技术逐步转变到关注教学活动本身,是智慧教育成功的重要标志和核心特征。

② 教育资源无缝整合

大踏步前进的科技正在创造一个新的、更小的、更平坦的世界,"地球村"正在从预言变成现实。智慧教育要培养的不是一般意义上的国家公民,而是适应二十一世纪发展需要、具有全球视野和创新思维的世界公民。

近年来,在世界知名大学的努力推动下,OER(Open Educational Resource)运动和MOOCs(Massive Open Online Courses)运动席卷全球,优质教育资源迅速传递到世界各个角落。智慧教育秉承"开放共享"理念,通过多种途径(自建、引进、购买、交换)实现全球优质教育资源的无缝整合与无障碍流通,使得世界各地的学生和社会公众可以随意获取任何适合自己的教育资源(多媒体课件、视频课程、教学软件等)。全球优质教育资源的无缝整合与共享,是突破教育资源地域限制的"大智慧",将有可能缩小世界教育鸿沟,提升欠发达国家和地区的教育质量。

③ 无处不在的开放、按需学习

智慧教育环境不是一个割裂的教育空间,而是通过网络将学校、家庭、社区、博物馆、图书馆、公园等各种场所连接起来的教育生态系统。学习需求无处不在、学习无时无刻不在发生,云计算、物联网、移动通信等信息技术的发展为人类的学习提供了无限的可能。学习不应该固定在教室和学校,而应回归社会和生活,发生在任何有学习需求的地方。智慧教育环境下的学习将走向泛在学习(U-Learning)。泛在学习不是以某个个体(如传统学习中的教师)为核心的运转,而是点到点的、平面化的学习互联。"泛在"包含三个方面的内涵,即无处不在的学习资源、无处不在的学习服务和无处不在的学习伙伴,最终形成一个技术完全融入"学习"的和谐教育信息生态。

④ 绿色高效的教育管理

"绿色教育"强调教育事业的可持续发展,既是智慧教育的指导理念,也是其重要特征。信息技术的普及应用为实现教育管理的智慧化、推动绿色教育发展提供了条件。

云计算技术通过整合基础设施(IAAS)、研发平台(PAAS)、应用软件(SAAS)三种计算资源,可以实现管理数据的统一采集与集中存储,实现管理业务流程的统一运行与监控,有效避免"信息孤岛",减少教育管理上人力、物力和财力的浪费。

物联网通过射频识别(RFID)、二维码(QRcode)、红外感应、全球定位等技术,将各种教育装备与互联网连接起来,进行智能化识别、定位、跟踪、监控和管理,可以有效提高管理效率和质量。

大数据技术全面采集各种教育数据,进行科学统计分析与数据挖掘处理,可以为教育决策(经费分配、学校布局等)提供数据支持,而科学的教育决策又将推动教育事业的可持续、均衡发展。

办公自动化全面普及,将大幅度减少纸张浪费,实现教育领域的低碳环保。不仅仅学生的学业需要"减负",教育的管理业务也需要"减负",精简管理流程,废除或优化一些不合时宜的管理制度(如烦琐的公文审批、设备招标、经费报销等),不断提高教育管理业务系统的运行效率。

⑤ 基于大数据的科学分析与评价

智慧教育需要更具"智慧"的教育评价方式,"靠数据说话"是智慧教育评价的重要指导思想。物联网、云计算、移动通信、大数据等新一代信息技术的发展为教育评价从"经验主义"走向"数据主义"提供了技术条件,可以实现各种教育管理与教学过程数据的全面采集、存储与分析,并通过可视化技术进行直观的呈现。

(2) 技术特征

从技术的视角来看,智慧教育是一个集约化的信息系统工程,其核心技术特征可以概括为:情境感知、无缝连接、全向交互、智能管控、按需推送、可视化。

① 情境感知

情境感知是智慧教育最基础的功能特征,依据情境感知数据自适应地为用户提供推送式服务。常用的情境感知技术包括 GPS、RFID、QRCode 以及各类传感器(如温度、湿度、二氧化碳、光照等)。情境感知的对象包括两类,分别是外在的学习环境与人的内在学习状态,具体感知内容包括:1) 感知教与学活动实施的物理位置信息;2) 感知教与学活动发生、进行与结束的时间信息;3) 感知教与学活动场所的环境信息,如温度、湿度等;4) 感知学习者的专业知识背景;5) 感知学习者的学习状态,如焦虑、烦躁、开心等;6) 感知学习者的知识背景、知识基础、知识缺陷等;7) 感知学习者的认知风格、学习风格等;8) 感知学习者的学习与交往需求。

② 无缝连接

泛在网络是智慧教育开展的基础,基于泛在网络的无缝连接是智慧教育的基本特征。无缝连接具体体现在如下几个方面:1) 系统集成:遵循技术标准,跨级、跨域教育服务平台之间实现数据共享、系统集成;2) 虚实融合:通过增强现实等技术实现物理环境与虚拟环境的无缝融合;3) 多终端访问:支持任何常用终端设备无缝连接到各种教育信息系统,无缝获取学习资源与服务;4) 无缝切换:学习者的多个学习终端之间实现数据同步、无缝切换,学习过程实现无缝迁移;5) 连接社群:为特定学习情景建立学习社群,为学习者有效联接和利用学习社群进行沟通和交流提供支持。

③ 全向交互

教与学活动的本质是交互,智慧教育系统支持全方位的交互,包括人与人之间的交互、人与物之间的交互。全向交互具体体现在如下几个方面:1)自然交互:通过语音、手势等更加自然的操作方式与媒体、系统进行交互;2)深度互动:实现师生之间、生生之间的随时、随地的互动交流,促使深层学习发生;3)过程记录:自动记录教与学互动的全过程,为智慧教育管理与决策提供数据支持。

④ 智能管控

教育环境、资源、管理与服务的智能管理是智慧教育的核心特征。智能管控具体体现在如下几个方面:1)智能控制:基于标准协议,实现信令互通,进而实现教育环境、教育资源、教育管理和教育服务等全过程的智能控制;2)智能诊断:基于智能控制数据和结果,辅助管理者快速、准确诊断问题,及时、有效解决教育业务开展过程中、教育装备使用过程中存在的问题;3)智能分析:在系统内各类数据的汇聚与处理的基础上,进行挖掘分析,为智慧教育系统的数据共享和业务流程升级改造提供科学决策依据;4)智能调节:感知教室、会议室、图书馆等物理场所的环境,依据教与学的实际需求,动态调节声、广、电、温度、湿度等环境指标;5)智能调度:基于智能诊断、智能分析的结果,科学调度教育资源、调整教育机构布局、分配教育经费等。

⑤ 按需推送

智能教育要达成"人人教、人人学"的美好愿望,教育资源可以按需获取和使用,教与学可以按需开展。按需推送是智慧教育的另一重要特征,具体体现在如下几个方面:1)按需推送资源:根据用户的学习偏好和学习需求,个性化推送学习资源或信息;2)按需推送活动:根据用户的现有基础、学习偏好和学习目的,适应性推送学习活动;3)按需推送服务:根据用户当时的学习状态和需求,适时推送学习服务(解决疑问、提供指导等);4)按需推送工具:根据用户学习过程记录,适应性推送用户学习所需的各种认知工具;5)按需推送人际资源:根据用户的兴趣、偏好、学习的内容等,适应性推送学伴、教师、学科专家等人际资源。

⑥ 可视化

可视化是信息时代数据处理与显示的必然趋势。可视化是智慧教育观摩、巡视、监控的必备功能,也是智慧教育系统的重要特征,具体体现在如下几个方面:1)可视化监控:通过视窗可以监看智慧教育应用系统的运行状态;2)可视化呈现:通过图形界面,清晰、直观、全面地呈现各类教育统计数据;3)可视化操作:提供具有良好体验的操作界面,以可视化的方式操作教育设备和应用系统。

二、智慧教育的意义和应用

1. 智慧教育的意义

(1) 社会的发展需要智慧教育

社会的形成建立在人与人之间需要的扩大,因此,社会的发展离不开人的发展,而人的发展又离不开社会。社会如何发展?人如何发展?根本上在于教育的发展,教育的发展才是人和社会相互发展的基石。归根结底说来,只有教育发展成功,才能在根本上促进人和社会的共同、和谐发展。因此,只有转变过去旧有的、僵化的教育发展模式,转而向智慧教育迈进,才是人和社会共同发展所希冀的期望。

(2) 教育环境需要智慧教育

现代的教育环境同古代、过去的教育环境有所不同，更加主张教育本身面向人本身、向着唤醒人的灵魂和刺激被教育者思维的独立性和开放性展开，而过去僵化的以灌输式教育为主的教育不再被更多的人认同。现代教育更加强调启发式的教育，启发式的教育之所以受到欢迎就在于它保留了人思考的独立性，使思维具有活力，而这种能力正是现代社会强调创新的来源。只有创新科技才能进步，只有创新社会才能进步，只有创新教育本身才能进步。因此，智慧教育不是某个人的一厢情愿，事实上，它是整个教育环境的需要。

(3) 人的发展本身更需要智慧教育

马克思在他的社会三形态理论中强调：在第三形态中，人的发展状态将不再是建立在对物的依赖性基础上，在更高层次上，它将是人的全面独立和自由的状态。人的全面发展和自由状态不仅需要经济、物质即社会层面发展的提升，事实上，它更需要教育的努力。教育只有向着人的全面发展和自由去努力，马克思曾说的预言才将成为现实。从根本意义上讲，教育是为了人本身而开展的，绝非过去的为了知识而学习知识，教育需要将外在世界本身展开，但是需要清楚的是，教育不是一味地使人关注外部世界，了解和学习外部世界的目的是为了人更好地生存和生活。因此，教育的目的和任务应是使人更清楚地认识自身，了解自身，而智慧教育之所以会突破和超越传统教育，正是在于智慧教育能帮助人们了解自身，使教育不再只关注外部世界和知识本身，而是更关注人本身。

2. 智慧教育的应用

基于人们对教育行为的理解，依托强大的大数据应用手段，智慧教育在诸多领域已经得到了广泛应用，在应用层面的表现形式是多种多样的，较为典型的应用可体现为以下形式。

(1) 分类教学

在一个集体中的多个学生，其学习能力和接受能力往往是参差不齐的，由于教师资源是有限的，不可能为每个学生配备专属的教师去指导学习，因而通过海量数据的分析，预先对学生学习能力、接受能力进行预判，再由预先配置的信息系统去选择适合的教学方案，让大数据来决定学生学习的方案，循序渐进，从而取得事半功倍的效果。

(2) 智能记忆

学生在学习过程中会遇到一些需要记忆的知识点，人的记忆通常会有一个反复遗忘的周期，记住的知识点会在几天后、几周后最容易遗忘。依靠智能的助学系统，可以将需要记忆的知识点在最容易遗忘的时间点进行提醒并强化记忆，做到记忆知识点的智能提醒，提高记忆效率。

(3) 智能选题

通过对海量试题数据的分析比对，选择错误率较高的试题，有针对性地进行练习，把其他同学做题的过程作为经验去借鉴，同学之间可以相互彼此借鉴，使学生可以在有限的时间内掌握更多的知识点。

(4) 智能自我评价

以往对学生学习成绩的评价只有通过考试、排榜才可以实现，老师需要出题、监考、阅卷、排榜得出学生的最终排名，周期长、成本大，而依靠大数据分析可以随时获得学生的单项排名、综合排名以及各种评价，学生做的每一道试题都可以被系统作为数据录入，通过多结果的分析比对,即可得出学生的各学科水平、综合能力和综合排名等各项指标。通过取得可观的自我评价,学生有针对性地进行学习,可以提高学生学习的积极性。

以上为较为常见的智慧教育表现形式,根据学习环境不同、学生条件不同,智慧教育的表现形式也会有所不同。

三、智慧教育的发展变革

1. 智慧教育的起源

"智慧教育"这一理念的兴起,是由IBM提出的"智慧地球"战略延伸而来的。2008年,时任IBM首席执行官的彭明盛在所做的报告——《智慧地球:下一代领导议程》中首次提出了智慧地球(Smarter Planet)的概念。"智慧地球"表达了IBM对于如何运用先进的信息技术构建这个新的世界运行模型的一个美好愿景,即借助新一代信息技术(如传感技术、物联网技术、移动技术等)的强力支持,使地球上几乎所有东西都实现感知化、互联化和智能化。智慧地球思想渗透到不同领域中,不断催生出许多新的概念,如智慧城市、智慧交通、智慧教育等。

IBM认为智慧教育的五大路标为:学生的技术沉浸;个性化、多元化的学习路径;服务型经济的知识技能;系统、文化和资源的全球整合,以及教育在21世纪经济中的关键作用。

众所周知,IBM是全球最大的信息技术和业务解决方案的商业公司,它的本意是想借助新技术让身边的事物实现感知化、互联化和智能化。这一出发点固然是值得提倡的,但隐约中也将"智慧教育"从兴起的那天起就蒙上了一层商业化的色彩。

因此,国内有些学者就将"智慧教育"追溯到了我国科学家钱学森先生早在1997年就倡导的"大成智慧学"概念。"大成智慧学"的特点是沉浸在广阔的信息空间里所形成的网络智慧,是在知识爆炸、信息如潮的时代里所需要的新型的思维方式和思维体系,其目的是引导人们在面对各种复杂事物时,能够快速做出准确而明智的判断,在做好事情的基础上有所发现,有所创造。在大成智慧学指导下的智慧教育内涵包括:打通学科界限,重视通才培养;掌握人类知识体系;实现人机结合,优势互补;培养高尚的道德情操。这足以展现了钱先生的前瞻性眼光,强调了学习者需要这么一种智慧的思维能力,来解决各个学科在融合的过程中产生的问题,并在我国信息化发展的初期阶段,预见了信息技术对人的思维发展的巨大促进作用。

2. 从传统教育到数字教育

通常情况下,我们将传统教育分为两类:一是专指德国教育家赫尔巴特及其学派的教育理论和教学模式。该学派把教学过程分为:明了、联想、系统、方法四个阶段。美国教育家杜威在《学校与社会》一书中,首次把赫尔巴特的教育思想及其实践模式称为"传统教育"或"旧教育"。传统教育学派重视课堂教学、教师的主导作用,传授系统的科学知识。二是泛指在一定历史时期形成的、具有影响的教育思想、制度和方法。中国传统教育包含的内容十分广泛,大致包含:中国儒家的崇尚道德修养、尊师重道、因材施教、循序渐进的传统;五四运动以来讲求民主、科学、进步,振兴中华的传统;近代西方教育科学传入后形成的传统教育;19世纪二三十年代以来中国众多的教育家和教育流派,通过教育实践和教育理论创新形成的传统教育等。传统教育重知识轻能力、重理论轻实践、重记忆轻思考、重纪律、重知识灌输,这与现代社会经济及科技的发展是不相适应的。

现代教育的含义也有两种解释。一种是狭义的解释，主要指由杜威所倡导的、有别于赫尔巴特的"传统教育"的一种新的教育，也称"进步教育"；另一种是广义的解释，主要指在现代时期形成的教育，它既包含杜威所倡导的、与传统教育不同的"进步教育"，也包含与杜威的"进步教育"不同的或有一些联系的处于现代时期的教育。现代教育的理念有以人为本、自由全面发展、加强创新教育、提高学生的学习能力、注重因材施教、教育内容的开放性、健全教育社会化网络等。

随着网络技术的迅速普及，整个社会的发展与信息技术的关系越来越密切，人们越来越关注信息技术对社会发展的影响，中国自20世纪90年代末开始，出现了"教育信息化"的提法，并高度重视教育信息化的工作。数字化技术改变了传统的教育形态，使信息的表达和传递产生了质的飞跃，计算机辅助教学、数字电视、数字广播、远程教育、网络教学等，使教育过程变得更加开放共享、交互协作。

数字教育基本上等同于信息化教育，指的是在现代教育思想和理论的指导下，运用现代教育信息技术，大力开发并合理配置教育资源，优化教育过程，以培养和提高学习者信息素养为重要目标的一种新的教育方式。数字教育中所运用的计算机技术、多媒体技术，主要起着工具的作用，是高效率传递知识的载体。各种CAI课件、网络课程、数字图书、专题网站使学习者能够进行基于多媒体及网络的学习。这一阶段虽然提倡以学习者为中心，但实际中还是以教师为主导来进行多媒体辅助教学、网络教学、远程教学等。因此，数字教育只是对教育的某个组成部分或某一运行环节进行了数字化，严格来讲只是给教学提供了一些便利的技术手段，在一定程度上能够提高教学的质量与效率。

3. 从数字教育到智慧教育

上文中说的智慧教育的目标是培养具有较好思维能力与创造能力的人才，促进学生高级思维能力的发展，对比数字教育着重各种信息技术在教育教学中的应用，提高教育质量与效率的发展目标，智慧教育可以说是数字教育的高级发展阶段，是对现有数字教育系统的升级改造。智慧教育将整合大数据、物联网、云计算、增强现实等先进信息技术，实现无缝的信息生态环境；通过移动终端、学习分析、个性化学习支持系统等，实现以学习者为中心的、无处不在的泛在学习。

在智慧教育提出的初期阶段，多数研究关注的重点偏向于技术的"智能"方面，即着眼于物的"智慧"为主，更多关注"智能"等技术，重点在技术层面特征的挖掘，强调将技术融入学校、家庭、社区等现实教育环境以及在线课堂、远程教学等虚拟教育环境。随后才充分而有效地利用现代信息技术实现智慧化教学、智慧化学习、智慧化评价、智慧化管理、智慧化服务以及增进学生高级思维能力和创新创造能力培养的教育，其目标是实现教育由不完全适应社会发展向适应社会发展再向引领社会发展的重大转变与超越。

这个阶段的智慧教育除了要与物联网、云计算、大数据这些现代化技术相结合之外，更重要的是教育体制的优化和教育理念的普遍进步。

一是要求教师从知识传授者转变为学生知识的提供者和辅助者，学生也应发生态度上的转变，以积极主动的心态来进行自主学习。

二是教学要从机械的强化训练转变到重视活动的设计与引导，并适时进行评价，以对学习活动进行干预而达到更好的学习效果。

三是要支持多种学习方式的混合。

四是重视即时反馈与评价。借助技术获取教育过程中的数据,依据精确的数据对问题精准定位,使评价由经验主义走向数据支持。

四、智慧教育的现状分析

1. 美国北卡罗来纳州——个性化云

美国北卡罗来纳州格雷汉姆小学开展的教育云计算项目,通过云计算技术,多所学校间实现了互联互通,学生可以根据各自的不同情况为自己设定不同的学习路径,既可以选择本校的课程,也可以选择其他学校的课程。该州所采取的做法的好处在于学校就不需要管理云端复杂的技术架构,而只需要提供开放的标准,使得其教学资源、方法、工具能够在网络上被购买支付、被使用。

2. 新加坡——智慧教育

新加坡在其 IN2015 计划中提出实施智慧教育计划,该计划的目标是培养满足社会多样化需求的学生。在新加坡 2015 计划中,主要通过 Edvantage 项目的实施来落实,目标是提供一个延伸至课堂以外的以学习者为中心的交互式学习环境,包括三部分:

Access,为学习者提供随时随地的学习机会;

Learn,为学习者提供交互式数字学习资源,激发学生进行独立的、个性化学习;

Experince,通过整合各类应用程序和信息技术,为学习者提供交互式智能学习,促进师生合作学习,提高学生的学习效果。在该项目中特别强调学习者的学习经历和过程评价。

3. 韩国——与传统并行的数码教科书

韩国《智能教育推进战略》中指出:自 2015 年起,韩国将在所有学校建设以云技术为基础的教育环境,在一线学校正式实施"量体裁衣"式的智能教育,用纸张制作的传统教科书将从学校消失,取而代之的是数码教科书,学生们可以通过计算机、智能平板、智能电视等各种数码终端灵活使用。特别强调电子课本的设计与学生智慧学习(Smart Learning)之间的关系。韩国智慧教育战略体系的核心是数字教科书的普及推广,期望通过教材的彻底革新来带动整个教育体系的升级改造。

4. 南京——智慧教育

南京"智慧教育"系统在硬件部署、软件应用、服务方式等多方面可以紧密依靠南京市政务数据中心云计算平台所提供的 saas、Paas、Iaas 服务进行建设。信息技术应用深入开展,镇海教育门户网站成为全区教育系统信息发布、政务公开、资源共享、业务交流的重要平台,E-mail、FTP、DNS、区域版杀毒软件、VOD 视频点播、音频点播、网络直播等应用全面展开。

五、智慧教育的未来趋势

在社会飞速变化的今天,终身学习越来越成为一种共识,在互联网、人工智能、虚拟现实等技术应用的引领下,传统的学习方式正在改变,智慧教育的模式快速普及,学习的目的、方式、人群、场地、时间都在变得更加多元化。

智慧教育是"教育+科技"的深度融合,即通过互联网、人工智能以及区块链等先进技术,推动传统教育模式与内容实现平台化、数字化发展,通过智能设备终端输出教育内容,由传统的借助纸媒和传统教具的单向授课、课堂教学转变为数字化的互动体验、现场模拟和移动学习,增加了教育的多样性和可能性。

(1) 互联网技术兴起,推动未来教育发展智慧化和共享化

以可汗学院、翻转课堂、慕课为代表的智慧数字内容教育,掀起教育变革新浪潮。智慧教育平台兴起,教育形式多样化、教育产品差异化及渠道多元化成为态势,综合类及共享教育类成大热门。目前中国智慧教育细分领域众多且发展阶段差异化明显,共享教育、文化教育以及技术教育等细分市场优势突出。

智慧教育由在线教育功能向社交及行业就业功能发展。智慧教育由最初的网络视频教学,逐渐向论坛、社区等社交端口发展转型,对于一些技术教育,联结行业企业,向智慧教育的学习者搭建高质量的就业通道,使"在线学习—线上择业—线下就业"成为一体化。

(2) 人工智能加持,深度学习技术加速未来教育发展个性化和定制化

深度学习和人工智能技术推动在线教育的精准化和个性化发展。个性化学习是技术与教育深度融合在高级阶段的表现形式。在"人工智能+"时代,个性化学习应具备"一个中心、三个导向"的理论支撑,即以学习者为中心,以目标、过程和评价为导向,包括心智分析、服务差异和目标导向三个层面。

个性化教育的应用层面。通过对国内外数字化学习环境下的个性化学习的分析,目前针对个性化学习的研究主要集中在以下三个方面:个性化特征分析及其对网络学习行为研究;个性化学习教学模式与服务策略研究;个性化网络学习系统与平台设计研究。

(3) 混合现实(Mixed Reality)技术,推动未来教育虚拟化和协同化

基于 AR 和 VR 技术升级的混合现实技术成为未来主导趋势。混合现实技术(MR)将虚拟现实技术(VR)和增强现实技术(AR)合二为一,该技术通过在现实场景呈现虚拟场景信息,在现实世界、虚拟世界和用户之间搭起一个交互反馈的信息回路,以增强用户体验的真实感,有如下特点:结合虚拟和现实;虚拟的三维;实时运行。

传统技术教育模式因混合现实而升级创新。已经有很多科技企业开始布局混合现实技术 MR 教育,各种 MR 教学系统相继被开发。目前市场上最成熟的产品仅有微软 HoloLens 和 MagicLeap 两款产品,市场饱和度低,未来作为混合现实的载体,头戴设备等其他 MR 硬件设备将成为未来教育的热门媒介。

(4) 区块链技术,推动未来教育数据资源的溯源化和可靠化

区块链为教育产业数据的安全和真实性保驾护航。2016 年 10 月,工信部颁布《中国区块链技术和应用发展白皮书》,指出区块链技术对教育产业发展具有重要价值。区块链技术有望在互联网+教育生态的构建上发挥重要作用。区块链可以应对教育行业中的很多挑战,比如数字认证、多步骤认证、识别,等等。

六、智慧教育的建设运营

1. 智慧教育的建设内容

(1) 建设原则

① 均衡性与集约性结合。不同地区教育发展阶段不同,信息化程度不同,智慧教育在建设过程中应兼顾不同地区、不同发展阶段,注重教育均衡性。此外,在操作过程中,还要注

意不同项目间投入的均衡性,防止出现投入不均衡、项目开发不均衡的现象。但是需要注意的是,均衡不等同于平均,对于优势产业、强势群体,还是要依据实际情况分类发展。因此智慧教育还要注意集约性,尽量充分地利用一切资源。

② 系统性与时效性。智慧教育作为一项复杂的系统工程,需要考虑建设模式、资源投入等多方面的因素,只有系统规划,才能有条不紊推进智慧教育的建设发展。但信息时代瞬息万变,因此智慧教育的建设不仅要系统规划,还要结合实际与时俱进。

③ 标准化与个性化。统一标准化可以使智慧教育建设更有针对性和方向性,可以使不同地区教育系统的联动成为可能。但统一标准的同时也要注意个性化建设,根据教育建设地的实际情况来规划和部署智慧教育。

④ 协调性与责任性。智慧教育的建设和推进,需要联合教育者、受教育者、管理者等多方面,因此在建设过程中要注意协调性。此外,还要明确各方面的权责分配情况,防止出现责任推诿的情况。

(2) 建设框架

智慧教育建设的主体是技术体系,其遵循智慧城市的基本技术架构,并重视通过标准化的接口与智慧城市中其他智慧系统进行联通,共享基础数据。技术体系建设分为感知层、网络层、平台层、应用层、用户层五个层次,全面展现信息由采集到传递、处理、系统分析指导,最终应用于教育活动的整体流程。此外智慧教育建设还包含保障体系部分,通过保障体系为智慧教育的建设、运行、管理提供规范和指导。

① 技术体系建设

感知层:数据采集层。感知层的建设重点是服务器、多媒体等信息采集基础设备,这些设备广泛嵌入到教育所处的外围环境中,对教育相关信息进行识别、采集和监控。感知层是智慧教育的技术底层,更上层的数据分析、应用等都要依靠感知层的基础信息采集。

网络层:数据传输层。网络层负责传输教育数据和相关信息,通过互联网、物联网传递感知层的信息。网络系统建设主要存在于智慧城市网络通信中,智慧城市网络通过网络通信基础设施建设,为信息流动提供共享通道。

平台层:数据存储与分析层。平台层由各类数据中心和支撑公共平台的应用构成,通过云计算、大数据实现信息整合共享和分析处理。智慧教育平台层包括大数据平台、教育资源服务平台和教育管理服务平台三部分,大数据平台提供数据采集、存储、分析等服务。教育资源服务平台实现资源共享与对接。教育管理服务平台实现教育服务的开发共享以及为管理决策提供依据。

应用层:数据的项目化使用。应用层是智慧教育系统的中枢,主要在感知层、网络层、平台层上建立具体运用项目,如智慧校园、智慧图书馆等。它与日常生活联系最紧密,直接面向用户。

用户层:数据的最终应用者。用户是智慧教育系统服务的目标,也是智慧教育系统建设最直接的利益相关方,对教育系统的建设发展影响重大。

② 保障体系建设

保障体系建设包括标准规划体系、安全保障体系、运维管理体系、运营推广体系四个部分。其中标准规范是智慧教育系统建设的基础,包括智慧教育总体标准、智慧教育技术标准、智慧教育服务标准和相关行业标准四个方面。安全建设教育也是智慧教育保障体系的重要组成部分，主要包括物理安全、数据安全、网络安全、应用安全四个方面。运维管理体系主要负责保障智慧教育系统的日常运行和维护，包括组织管理体系和运维保障体系两大体系。运营推广体系负责保障智慧教育确定正确的发展方向，包含产业链优化、产业运营模式、应用推广策略等组成部分。

2. 智慧教育的建设模式

智慧教育的建设模式主要分为两种：一种是以建设突破点为划分标准，包括产业联动、设施驱动、应用带动三种模式；一种是聚焦建设的主要投融资主体，分为政府自建、政府主导下的多方参与建设、多方协同建设、第三种主导下的政府配合建设和企业自建五种。

（1）建设驱动模式

① 产业联动模式。智慧教育产业建设的突破口往往不在于教育本身，而在于产业联动。例如，百度文库等在线分享文档的信息平台，并非针对教育建立，但随着其自身发展的同时汇集了大量教育相关信息，最终成为教育信息资源库。

② 设施驱动模式。设施驱动主要指以基础设施建设为突破口，提升教育的信息化能力，驱动智慧教育的建设发展。例如，我国"三通两平台"的政策设置，就将信息采集设备、网络设施建设放在了重要的战略高度位置。

③ 应用带动模式。应用带动是以具体的应用为突破口，这些应用直面用户需求，具有极强的示范作用。例如，美国科学基金会资助的全国学校网络试点项目、加拿大的校园网工程等，这些应用可能是政府试点，也可能是自发行为，但都在带动智慧教育产业建设发展过程中起到了重要作用。

（2）投融资模式

① 政府自建。政府自建是指政府不借助于其他主体，而采用直接投资、投资补助等方式，承担整个智慧教育工程的规划、建设、运维。在这种建设模式下，政府对系统的控制较强，但也承担着大量的风险。

② 政府主导下的多方参与建设。这种模式包含政府与其他主体共同出资进行项目建设，或企业建设后移交政府，或由政府安排专项资金向相关企业收购服务。政府在项目建设运营中起着主导作用，同时充分利用了企业的建设经验。但这种模式下，问题的反馈机制相对较弱。

③ 多方协同建设。多方协同建设强调多主体的共享共建，包括政府、企业、市民三方合作，以及政府、企业、科研机构、高校协同创新。这种模式可以使各主体的优势都能充分发挥，同时各方需求也得到了表达。但是主体繁多，容易引起混乱。

④ 第三方主导下的政府配合建设。第三方主导下的政府配合建设是指高校、科研单位等第三方主体在政府配合下建设智慧教育项目。这种模式下政府投资较小，企业与科研机构成为主力，操作反馈更为灵敏。但是政府的控制力相对较弱，因此需要第三方主体拥有强大的资本和组织实力。

⑤ 企业自建。企业自建是指私人企业自发投资建设，这类项目建设与实际需求联系紧密，拥有较大灵活性且效率较高，但覆盖面相对狭窄。

3. 智慧教育的运营模式
(1) 商业模式
① B2B 模式。B2B 模式指机构与机构间的商业模式,包括服务机构向教育培训企业提供的广告服务,教育培训机构向政府提供的教育服务等。侧重于教育相关服务的提供,与具体教育内容间的联系并不紧密;
② B2C 模式。B2C 指机构与个人间的商业模式,通常指教育内容提供方不经过其他平台而直接将内容提供给用户。这一模式掌握着产业链中丰富的优质上游资源,用户量大,被众多资本看好。但是这种模式中教育者与受教育者不能直接对接,而要经过 B 这一中间环节;
③ C2C 模式。C2C 模式指个人与个人之间的商业模式,该种模式不用经过中间端 B,因此中间环节的花费成本低,但教育资源质量缺乏保证;
④ O2O 模式。O2O 模式指线上与线下结合的一种运营模式,具体包括原有线下培训机构开展在线教学业务,或是原有在线教育企业开展线下业务。该种模式需要企业同时具有线上与线下、平台与教育两种思维,另外同时线上线下的投入侧重也是问题,实际操作难度较大。
(2) 营利模式
① 内容收费。主要方式包括就部分专业性较强的,具有独特价值的内容向用户收费。收费的方式包括直接支付、会员充值等;
② 增值服务。主要方式是先提供免费的基础服务,而后提供有价值的增值服务。增值服务的提供形式多样,包括为提供考试、就业咨询等服务收取费用,周边产品售卖等;
③ 广告收费。广告形式包括横幅、图标、多媒体视频等。收费形式包括按点击收费等;
④ 平台佣金。平台对进驻平台的教育机构收取佣金,进而允许机构在平台上提供教育资料与服务。

七、智慧教育的评价体系

1. 智慧教育评价体系概况
(1) 智慧教育评价体系的内涵
智慧教育是教育信息发展的最新阶段,有关智慧教育的评价还未达成统一标准。目前国内使用得较多的定义是:智慧教育评价就是依据一定的评价原则,运用一系列评价指标,对智慧教育的组织保障、基础设施、数据资源、应用服务和应用成效等进行全面评估。
(2) 智慧教育评价体系的研究现状
国内关于智慧教育评价的研究较少,大多停留在评价框架的理论层面,具体的指标体系和实证研究较少。
2. 智慧教育评价体系的设计
(1) 评价体系的设计原则
① 系统性原则。评价体系要全面,尽可能包含智慧教育的各方面内容;其次要把握主次,区分轻重;最后要结合定性评价和定量评价,以求全面客观准确地评价智慧教育;
② 科学性原则。首先评价标准要客观科学,充分利用新理论新成果对评价体系进行完善;其次评价方法和评价工具要科学化,要能反映智慧教育的真实情况;
③ 可操作原则。在智慧教育评价指标的设计过程中,要尽可能地利用便于采集和处理

的数据,注意评价方法的科学性和可操作性;

④ 动态性原则。智慧教育是一个动态发展和实时变化的过程,评价体系也要反映出智慧教育的这一特性。要具有前瞻性,能够依据不同化境对评价体系进行调整;

⑤ 公平性原则。当前智慧教育的发展很不平衡,不同地区和不同教育信息化水平的智慧教育评价难以平衡。智慧教育的评价体系应充分考虑这些差异,评价体系的内容也应遵循公平的原则进行调整。

（2）评价体系的总体框架

智慧教育评价的核心要素主要包括五个方面:组织保障、基础设施、数字资源、应用服务和应用成效。组织保障是智慧教育有效运行和持续发展的支撑与保障,为智慧教育建设与应用提供体制、机制、人力、财力,是智慧教育的投入与付出。智慧教育建设在环境、资源和人才建设方面投入的只管产出,包括基础设施的完善和数字资源建设规模的扩大,属于第一层次的直接产出。智慧教育的应用过程是环境、资源和人才建设成果在教育教学领域中的应用,即应用服务,属于第二层次的间接产出。智慧教育的目标是师生的发展、教育事业的发展,因此应用成效就是智慧教育的最终产出。

八、智慧教育的核心技术

1. 物联网

物联网基于传感器和电子标签两大主要技术,可以在课堂教学、课外学习和教育管理三个方面给教育提供支持,优化教育环境,丰富教学资源,改善学习方式,节省管理成本,提高管理效率。智慧教室是一种基于物联网技术及智慧教学、人员考勤、资产管理、环境智慧调节、视频监控及远程控制于一体的智能化教学环境,运用智慧技术,支持智慧教与学,实现教室的智慧管理。目前国内一些厂商已经推出了智慧教育解决方案,并在大中小学、各个政企事业单位当中得到了广泛的应用。

物联网技术除了可以用于构建智能化教学环境、丰富实验教学、辅助能源管理之外,还可以在以下几个方面发挥优势:① 学习情境数据采集,通过传感器结合定位技术,可以实时捕获学习者的学习地点、时间、内容、状态、环境信息等学习情境信息,用于适应性推送学习资源、活动、工具和服务;② 拓展课外教学活动,比如,开展基于物联网的"数字化微型气象站"在科学教育中的应用实践,将先进的测量技术、传感技术与现代教学理念相结合,支持正式学习、户外学习和区域合作性学习;③ 教学设备管理,学校的教室设备、会议室设备、实验器材等分布离散、信息透明度小、管理难度大,通过给这些物理教学设备粘贴 RFID 标签或传感器,分配专人管理,可以进行统一管理和调度,有效检测设备的工作状态。

2. 云计算

相比物联网技术,云计算在教育中的应用更为普及。目前云计算在国内部分高校和政企事业单位得到了应用,并取得了良好的效果。云计算技术在智慧教育体系中的应用主要集中在教育资源(硬件、平台、软件、学习资源)的共享上,可以有效解决我国教育信息化推进过程中长期存在的重复投资、信息孤岛等"顽疾"。此外,云计算技术还可以用于打造云学习环境,学生通过电子书包等终端随时随地享受云端的各种学习服务。学习者的学习过程数据也将及时存储到云端,保证学习数据的永不丢失,为学习行为的分析提供数据支持。

目前,云计算在国内企业得到了广泛运用,据华为预测,2025年企业云化率将达85%,AI利用率达86%,数据利用率将剧增至80%,每年1 800亿TB新增数据将源源不断创造智能和价值。

3. 大数据

随着教育信息化进程的推进,学习、教学、科研、管理过程中无时无刻不在产生海量数据。大数据技术将对我国的教育信息化产生巨大冲击和深刻影响。近年来,国内一些高校已经开始应用大数据技术辅助教育教学管理,并取得了不错的效果。

此外,大数据技术还可以在以下几个方面发挥优势:① 教育舆情监测与剖析,通过大数据技术可以准确把握网民的言论动向,预测网络舆情,并进行舆情发生原因的深层剖析;② 教育信息化与现代化发展水平评估,依据信息化与现代化发展评价指标,全面、动态、持续采集各方数据,对国家或地区的教育信息化与现代化发展现状进行准确评估,同时自动诊断薄弱环节,全面推进教育信息化与现代化事业;③ 学生的发展性评价,持续跟踪、采集学生成长过程中的各种数据,进行全面、系统的统计分析和数据挖掘,为学生提供更加科学、全面的发展评价报告。

九、智慧教育在人力资源开发过程中的应用和问题

1. 智慧教育在人力资源开发中的应用

(1) 教育云平台

云计算是一种新型的计算模式,它把信息资源(服务器、存储器、宽带)、数据、应用作为服务通过网络提供给用户,把大量的计算资源组成资源池,为用户动态创建高度虚拟化的资源。利用共享平台可以方便地进行应用的个性化定义,以满足教学需要。可见,建立教育云平台具有积极的经济效益和社会需求。

(2) 智能课堂平台

智能课堂平台包括两方面的内容:传统教学课堂的智能化和网上虚拟课堂(或称网上学习社区)。对传统教学课堂和以电子白板为工具的教学课堂进行全面改造,实现现有课堂与信息化技术的紧密融合,充分利用网络信息资源,对教学内容、展示方式、互动方式进行全面改革,实现以学生为主体、个性化教学的新的教学模式。

(3) 电子书包

电子书包,以电子课本为核心,集成自助式学习管理、自助考试管理、师生互动管理等多项功能,为学生上课、学习、作业提供极大的便利。该平台以教育云为基础,以智能终端(计算机、移动终端等)为学习手段,让学生充分利用网络、计算机和教育资源进行课后学习、作业等工作。

(4) 教师智能工作平台

整合白板系统、学校管理系统、电子书包、虚拟课堂等,为教师提供一个集成教学、管理、自我提高的平台。该平台是一个智能备课、学习、工作平台,构成一个智能环境,能同学校数字校园系统、白板系统、教学资源库进行无缝连接,可以制作课件,也可以调用学校对教学情况的评价,调用学生学习情况,为教师有针对性地备课提供支撑,还可以进行试卷评阅、与学

生、领导互动。

(5) 网上学习社区/社群学习

建立网上学习社区,让学生之间、学生与教师之间、社会个人之间按需组成学习社区,而网络学习社区管理者提供广泛的学习资料、课件、参考文献供社区共享(分有偿和无偿两类),社区管理者与教育管理部门对网络学习社区实施共同监督和管理。

网上学习社区集成智能课堂平台、学生智能学习平台、教师智能工作平台,增加个人终生学习管理相关功能,加入学习网上社区申请、建立个人终生学习档案,定制学习计划,接受终生学习管理系统的推送服务等功能。

(6) 智能综合管理平台

在企业员工综合管理的基础之上,增加一卡通管理,可以查看教师工作业绩数据挖掘,学生学习效果综合评价、学生行为综合评价等功能,并实现与智慧城市的相关系统互联互通,如同人口数据管理系统、个人电子病历管理、社会保障系统、员工档案管理系统等数据共享。

2. 智慧教育在人力资源开发中的问题

到目前为止,智慧教育在人力资源开发领域还不够成熟,具体来讲:

(1) 在企业培训中的应用还不够广泛

现如今,许多企业并不重视人力资源培训和开发过程中的硬件升级工作,在培训过程中仍使用多年前的老旧设备,甚至没有设备,而有的企业在培训员工时还在沿用传统教学思路。究其原因,主要还是企业对员工培训工作还没有做到足够重视。

(2) 信息上不是很安全

传统的教学方案安全机制比较简单,系统上的安全防护能力也就比较低,它的安全性就会比较低,这就导致数据安全可能面临着风险。在企业培训中,有很多关于学生和老师的个人信息,所以,这方面的信息一定要保证安全。这也是智慧教育中十分重要的一点。

(3) 权限上管控比较难

正是因为上网权限不好分配,所以我们一般比较简单的 IP 的策略限制,没有办法做到精细化。

(4) 管理上不好维护

数据的流量性会比较大,所以还需要兼顾一些有线的网络,这样就会导致维护的工作量加大。

本章小结

本章内容结构如下所示:

```
企业数字化学习与智慧教育
├── 企业数字化学习概述
│   ├── 企业数字化学习的概念
│   ├── 企业数字化学习的主体
│   │   ├── 个人
│   │   ├── 小组
│   │   └── 组织
│   ├── 企业数字化学习的内容
│   ├── 企业数字化学习的过程
│   │   ├── 经典过程模型
│   │   ├── 四阶段模型
│   │   └── SECI 模型
│   ├── 企业数字化学习的模式
│   │   ├── 单循环学习
│   │   └── 双循环学习
│   └── 企业数字化学习的未来趋势
│       ├── 社会性学习
│       ├── 移动化学习
│       ├── 沉浸式学习
│       ├── 嵌入式学习
│       ├── 个性化学习
│       └── 多样化学习
├── 企业数字化学习的实践模式
│   ├── 能力素质模型
│   ├── 社会建构模式
│   └── 组织间学习模式
└── 智慧教育
    ├── 智慧教育的概念
    │   ├── 智慧教育的含义
    │   └── 智慧教育的特征
    ├── 智慧教育的意义和作用
    │   ├── 智慧教育的意义
    │   └── 智慧教育的应用
    ├── 智慧教育的发展变革
    │   ├── 智慧教育的起源
    │   ├── 从传统教育到数字教育
    │   └── 从数字教育到智慧教育
    ├── 智慧教育的现状分析
    │   ├── 美国北卡罗来纳州——个性化云
    │   ├── 新加坡——智慧教育
    │   ├── 韩国——与传统并行的数码教科书
    │   └── 南京——智慧教育
    ├── 智慧教育的未来趋势
    ├── 智慧教育的建设运营
    │   ├── 智慧教育的建设内容
    │   ├── 智慧教育的建设模式
    │   └── 智慧教育的运营模式
    ├── 智慧教育的评价体系
    │   ├── 智慧教育评价体系概况
    │   └── 智慧教育评价体系的设计
    ├── 智慧教育的核心技术
    │   ├── 物联网
    │   ├── 云计算
    │   └── 大数据
    └── 智慧教育在人力资源开发过程中的应用和问题
        ├── 智慧教育在人力资源开发中的应用
        └── 智慧教育在人力资源开发中的问题
```

 **复习思考题**

1. 简要概述企业数字化学习的发展阶段。
2. 企业数字化学习的过程有哪些？
3. 企业数字化学习的实践模式有几类？
4. 智慧教育的建设内容、建设模式、运营模式有哪些？
5. 如何设计智慧教育的评价体系？要注意哪些事项？

 案例讨论

中国电信网上大学企业数字化案例研究

中国电信学院是中国电信集团成立的企业大学，它的定位是：致力于成为中国电信领导力发展的研究支撑和培养基地；面向集团全体员工，传播企业文化、宣贯企业战略、统一员工理念、推动企业转型变革的平台；汇聚和传递最佳实践，成为成功经验快速复制和分享的知识管理平台；根据中国电信战略需要，发展员工关键能力的平台；面向内外客户，以知识共享创造价值的平台。中国电信学院由四个教研中心和两个部门组成，它们分别是：教务部、领导力教研中心、核心员工教研中心、VIP客户教研中心、在线学习教研中心、综合管理部。四个教研中心各自拥有独立的课程体系和产品。2009年12月，由中国电信学院、移动学院等几家通信行业企业大学共同成立了中国通信业企业大学委员会，主要职责是服务于整个通信行业的企业学习。

作为中国电信的数字化学习平台，中国电信网上大学于2003年开始投资建设，2004年初投入使用，至今已经过多次升级。中国电信实施数字化学习的主要动机分别是：提高培训覆盖率、促进绩效管理和促进知识管理。网上大学由中国电信学院在线学习教研中心管理和运营。

中国电信网上大学是中国电信学院的核心产品之一。员工登录网上大学首页之后，可以看到学院以打包形式不定期推销给员工的课程资源，包括课程、案例、文档等，并且将这些资源进行分类，如世博专辑、科学发展观专辑、学院运营专辑、财务、人力资源管理、管理创新成果等。学院用此方式将资源推送给学员的好处是，使得员工们能够在登录以后，即使不去找资源，也能够看到比较优质的资源，以使员工的学习具有针对性。网上大学首页涵盖了检索功能、通知模块以及各类品牌培训项目入口。每周都会上挂每周精选的案例，并与最新资源库连接。学院专门有人负责筛选资源，每个星期都会从各公司上传的材料里筛选出来一些精品，推荐给学员。

网上大学同期开展多个品牌培训项目，有"天翼大讲堂""添翼振翅""对话发展"和"光点·星课堂"等，以不同互联网互动学习形式，覆盖不同层级学习对象。其中，"天翼大讲堂"和"对话发展"分别以大讲堂与多方互动形式，覆盖中高层管理人员；"添翼振翅"则以实时营销案例解析的形式覆盖一线营销人员；"光点·星课堂"则以小型课堂形式覆盖基层员工和管理者。目前实时互动学习平台能支持8 000人以上同时在线参与学习。

网上大学目前累计有7 000多门电子课件。各省公司和地市分公司都有权限上传电子课件，上传之后由所在公司的培训管理人员对课件质量进行审核，通过之后进行发布。然后，网上大学学习服务中心每周会从约400多门分公司上传的课件里面挑选优秀课件推荐给在线学习教研中心，中心再从中寻找精品课程，推荐给所有员工。网上课程分类由学院来规定，其他级别管理员没有权限，所申报课程必须在学院大类之下；如果没有对应大类，可以放在待分类中，然后由学院专业人员帮助转移；也可以申请增加分类，但新增分类在通过审核之前不被认可。学院不定期会进行课程清理和整顿工作。对课程的打分是员工自愿的。

中国电信学院认为知识管理方面最重要的运营经验是激励员工进行分享。同时，为了促进网上学习，学院也制定了相应的管理政策。例如，学院制定了针对资源库的《资源管理办法》和《培训管理办法》，制定了分阶段的成套验收标准，也制定了约束供应商的《电子课件开发管理办法》，其中规定了供应商所提供的课件必须符合的logo位置、时长等标准，还有一些团队管理办法等。

请分析：

中国电信学院是如何建设企业数字化学习系统的？

参考文献

[1] Gardner, H. Multiple Intelligences: The Theory in Practice. New York: Basic Book, 1993.

[2] Gardner, H. Multiple Intelligences: The Theory in Practice. New York: Basic Book, 1993.

[3] Locke, E. A., & Latham, G. P. A Theory of Goal Setting and Task Performance. Englewood Cliffs, New Jersey: Prentice Hall, 1990.

[4] Onwuegbuzie, A. J. 2003. Effect Sizes in Qualitative Research: A Prolegomenon. *Quality & Quantity*, 37(4): 393–409.

[5] Rennie, D. L., Watson, K. D., & Monteiro, A. M. 2002. The Rise of Qualitative Research in Psychology. *Canadian Psychology/Psychologie Canadienne*, 43(3): 179–189.

[6] Vroom, V. H., & Yetton, P. W. Leadership and Decision-Making. Pittsburgh: University of Pittsburgh Press, 1973.

[7] 陈国海,霍文宇. 员工培训与开发(第3版)[M]. 北京:清华大学出版社,2019.

[8] 陈胜军. 培训与开发——提高·融合·绩效·发展[M]. 北京:中国市场出版社,2010.

[9] 董克用. 关于人力资源开发的理论思考[J]. 中国人力资源开发,1997(7):21–22.

[10] 葛寿昌. 关于我国人力资源开发理论和机制的探讨[J]. 中国人力资源开发,1992(2):4–9,20.

[11] 韩保霞. 多媒体课件在职工培训中的应用[J]. 现代企业教育,2008(8):29.

[12] 胡容华. 基于职业锚理论的人力资源开发[J]. 企业改革与管理,2009(6):56–58.

[13] 课思课程中心. 培训课程开发实务手册[M]. 北京:人民邮电出版社,2017.

[14] 李德伟. 人力资源培训与开发技术[M]. 北京:科学技术文献出版社,2006.

[15] 李建鹏. 我国网络远程教育的现状和发展趋势综述[J]. 神州,2012(2):32–33.

[16] 刘雪梅. 我国家庭农场人力资源开发的途径探索[J]. 农业经济问题,2013(10):104–107.

[17] 刘永芳. 心理学:人力资源管理和开发的一条独特途径[J]. 心理科学,2005(3):224–226.

[18] 马春阳. 多媒体技术在员工培训中的应用[J]. 石油教育,2007(1):106–107.

[19] 欧阳泽华. 人力资源开发理论研讨会综述[J]. 中国劳动关系学院学报,1989(3):75–77.

[20] 欧阳忠明,刘琼. 学科互涉视角下的人力资源开发理论研究[J]. 理论与改革,2009(4):39–41.

[21] 任改梅,汪晓东,郑艳敏,等.教育信息化发展过程中的人力资源开发[J].远程教育杂志,2014(4):3-13.

[22] 盛婷婷,夏紫菱.数字化时代企业大学建设的思考[J].商讯,2021(1):183-184.

[23] 王婷.直播培训:打造企业数字化学习最佳范式[J].杭州金融研修学院学报,2020(10):23-25.

[24] 王玉龙,蒋家傅.智慧教育:概念特征、理论研究与应用实践[J].中国教育信息化,2014(1):10-13.

[25] 吴峰.企业大学研究的国际视野:概念、模型与趋势[J].开放教育研究,2014(1):67-73.

[26] 吴峰.企业大学:当代终身教育的创新[J].北京大学教育评论,2016(3):163-174.

[27] 萧鸣政,谢凌玲,张玉霞,等.人力资源开发实践中的几个理论问题[J].中国人力资源开发,2004(3):5-8.

[28] 谢臣.多媒体技术在企业培训中的应用分析[J].中国集体经济,2011(16):196.

[29] 徐芳,张成刚.培训与开发理论及技术[M].上海:复旦大学出版社,2019.

[30] 徐雨森,陈蕴琦.企业大学的功能体系及其演进过程研究——海尔大学和华为大学的纵向案例分析[J].科学学与科学技术管理,2018(2),95-103.

[31] 袁声莉,刘莹.培训与开发.北京:科学出版社,2012:4-5.

[32] 张德信,李军鹏,薄贵利,等.人力资源开发的基本理论与基本方法[J].国家行政学院学报,2004(3):60-63.

[33] 张继梅,易丞浩.浅谈我国现代远程教育的现状与发展趋势[J].网友世界,2013(4):24,26.

[34] 赵曙明,张正堂,程德俊.人力资源管理与开发[M].北京:高等教育出版社,2009.

[35] 赵曙明,赵宜萱.人员培训与开发——理论、方法、工具、实务(微课版,第2版)[M].北京:人民邮电出版社,2016.

[36] 赵中学.多媒体课件在员工培训中的应用[J].中小企业管理与科技(上旬刊),2016(1):256.

[37] 中国就业培训技术指导中心.企业人力资源管理师(三级)(第三版)[M].北京:中国劳动社会保障出版社,2014.

[38] 周平,范歆荣.培训课程开发与设计[M].北京:北京联合出版公司,2015.

[39] 周志明.企业数字化学习资源建设研究[J].现代教育技术,2013(6):52-57.

[40] 祝智庭,贺斌.智慧教育:教育信息化的新境界[J].电化教育研究,2012,33(12):5-13.